Museumsstück

Kunstsammlungen zu Weimar

Schloß Belvedere

kunst zu weimar
sammlungen

Schloß Belvedere

Schloß, Park und Sammlung

Gert-Dieter Ulferts
und andere

1998
Deutscher Kunstverlag

Die Deutsche Bibliothek – CIP Einheitsaufnahme

Schloß Belvedere : Schloß, Park und Sammlung / Gert-Dieter Ulferts
u. a. – München ; Berlin : Dt. Kunstverl., 1998
(Kunstsammlungen zu Weimar) (Museumsstück)
ISBN 3-422-06180-0

Autoren
Dorothee Ahrendt (D. A.)
Burkhard Dube (B. D.)
Adelheid Mahnert (A. M.)
Elisabeth Reissinger (E. R.)
Helmut Scherf (H. Sch.)
Gert-Dieter Ulferts (G.-D. U.)
Bernd Vogelsang † (B. V.)

Redaktion
Horst Roeder, Gert-Dieter Ulferts

Lithos
Repro-Center Färber, München

Druck
Hofmann-Druck Augsburg GmbH, Augsburg

Verarbeitung
Großbuchbinderei Monheim, Monheim

Schrift
Janson

ISBN 3-422-06180-0

Inhalt

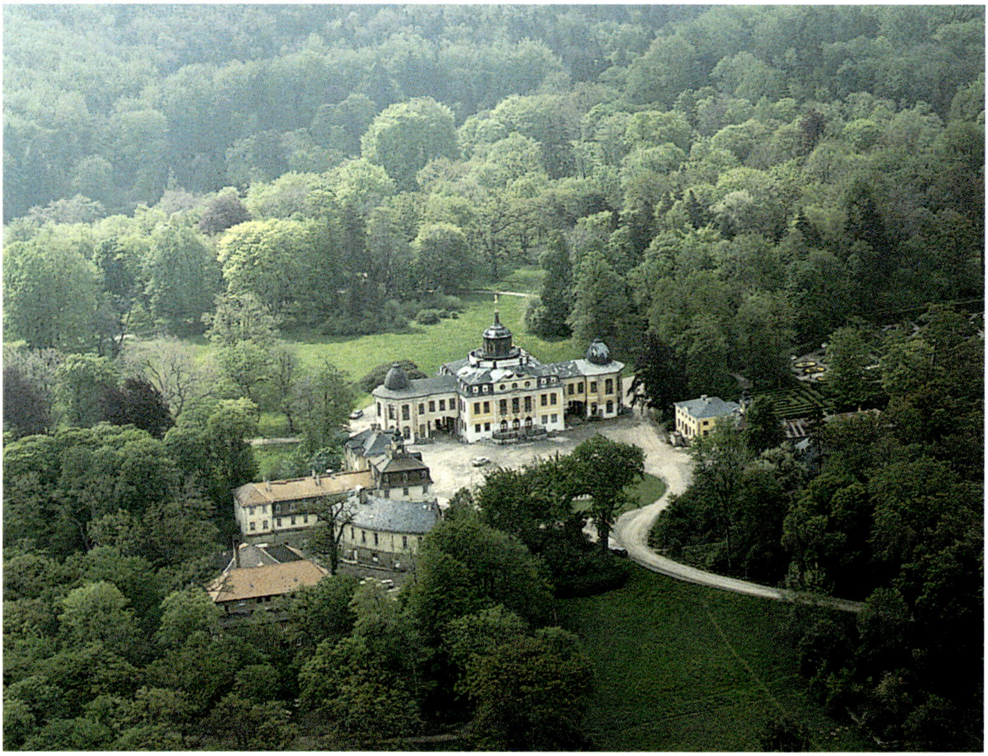

Abb. 1: Gesamtanlage von Schloß Belvedere, Ansicht von Norden, Luftaufnahme 1991

Vorwort

Denkt man an Weimar, denkt man aus guten Gründen zuallererst an Johann Wolfgang von Goethe, an die Kunst und Kultur seiner Zeit. Daß es in der Residenzstadt des sächsisch-weimarischen Herzogshauses davor und danach historisch Bemerkenswertes gab, mag weniger bewußt sein. Der Bogen spannt sich von den Bildern Cranachs aus der Reformationszeit bis ins 20. Jahrhundert mit den Leistungen des Bauhauses. Eine der Epochen, die weniger im Blick der Öffentlichkeit liegen, ist die Zeit, die der Weimarer Klassik unmittelbar vorausgeht. Diese »vorklassische Epoche« prägte nachhaltig Herzog Ernst August, der anfangs als Mitregent seines Onkels Wilhelm Ernst und seit 1728 allein die Geschicke des Herzogtumes bestimmte. Bekanntlich trug noch Herzogin Anna Amalia schwer an der Hinterlassenschaft ihres 1748 verstorbenen Schwiegervaters. Denn der absolutistische Glanz, den Ernst August seinem Hofstaat verleihen wollte, überstieg die wirtschaftlichen Möglichkeiten des Landes und zerrüttete die Staatsfinanzen. Der Wunsch nach standesgemäßer Prachtentfaltung aber ist durchaus zeittypisch zu nennen, und die oft negativ bewertete Regierungszeit Ernst Augusts mit all ihren Schattenseiten kann nur im historischen Vergleich betrachtet werden. Der Glanz seiner Epoche geht noch heute von Bauwerken und Kunstgegenständen aus, die von ihm beauftragt oder gesammelt wurden.

Schloß Belvedere ist eines der wenigen erhaltenen unter den vielen von Ernst August veranlaßten Bauvorhaben. Seit den zwanziger Jahren unseres Jahrhunderts, nach der Abdankung des großherzoglichen Hauses, ist es Ausstellungsort der Kunstsammlungen zu Weimar. Gezeigt werden hier die umfangreichen Bestände an Kunsthandwerk mit dem Schwerpunkt auf dem 18. Jahrhundert, der Epoche, die mit den Stilbegriffen des Spätbarock und Rokoko zu umschreiben ist. Bei der Ersteinrichtung des 1921/22 ohne Ausstattung an den thüringischen Staat gelangten Schlosses als Museum verfuhren Wilhelm Köhler und Eberhard Schenk zu Schweinsberg hinsichtlich der zeitlichen Grenzen nicht pedantisch; im Kern aber ist es das Kunsthandwerk der Jahrzehnte Ernst Augusts, des Bauherrn des Belvedere, das hier gezeigt wird und mit der Architektur eine glückliche Verbindung eingeht. Es ist die Epoche, in der die Porzellanmanufaktur in Meißen ihren ersten künstlerischen Höhepunkt erreicht und in der auf dem Gebiet der Glaskunst in Thüringen bedeutende Leistungen zu verzeichnen sind. Die Sammlung im Belvedere weist dafür hervorragende Beispiele auf – und nicht nur hierfür. Die Bestände gehen im wesentlichen auf die Ausstattung der herzoglichen Schlösser zurück, die bereits vor dem Ersten Weltkrieg durch Karl Koetschau im Museum für Kunst und Kunstgewerbe am ehemaligen Karlsplatz (heute Goetheplatz) nach musealen Erwägungen zusammengeführt wurden. Daß in den folgenden Jahren die Sammlung insbesondere in bezug auf die bedeutenden Thüringer Fayence- und Porzellanmanufakturen ausgebaut wurde, war nur konsequent und zeigt sich heute an der breiten Präsentation regionalen Kunsthandwerks des 18. Jahrhunderts. Die ständige Ausstellung im Belvedere vermittelt den Besuchern einen Begriff von höfischer Lebenskultur des Rokoko, das künstlerisch vom aufkommenden Klassizismus abgelöst wird und dessen gesellschaftliche Grundlage in der Revolutionszeit am Ende des Jahrhunderts auch politisch untergeht.

Schloß Belvedere hat seit den zwanziger Jahren verschiedene Neueinrichtungen der Sammlung erlebt, die aber die historische Ausrichtung der Präsentation weitgehend beibehielten. Der Zweite Weltkrieg führte zur teilweisen Räumung des Schlosses und auch zu Verlusten in der Sammlung, die der damalige Direktor Walther Scheidig konstatieren mußte. Fast zwei Jahrzehnte war das Belvedere

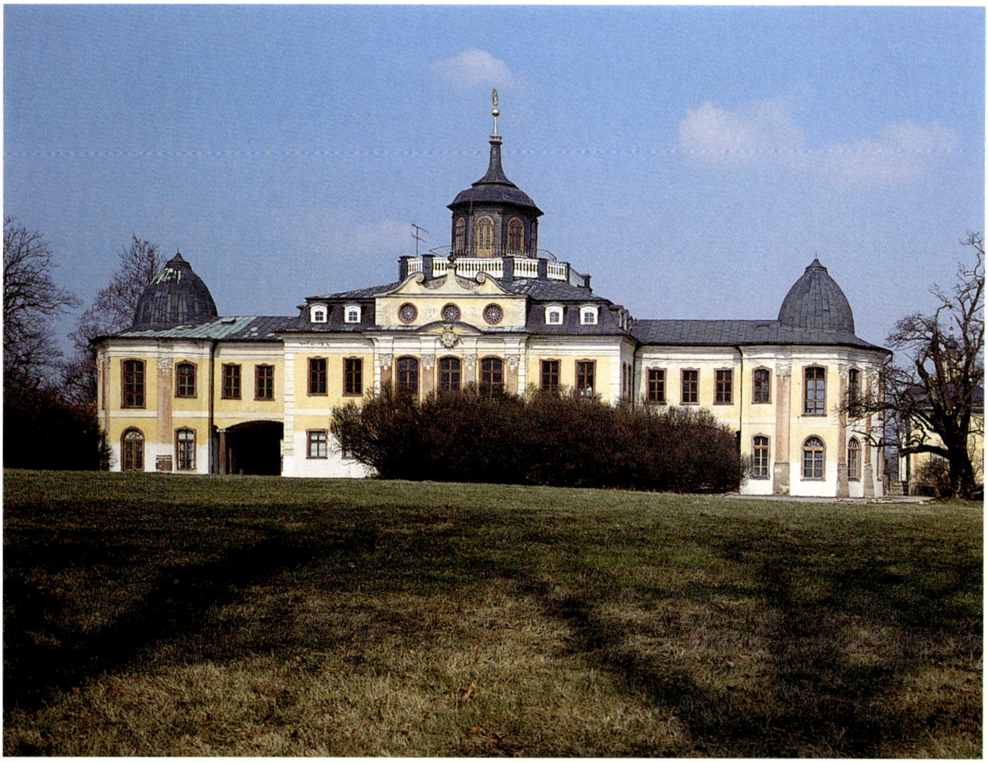

Abb. 2: Schloß Belvedere, Corps de Logis, Ansicht der Gartenseite, Aufnahme 1992

der Öffentlichkeit entzogen, und schon nach relativ kurzer Zeit der Öffnung mußte das Gebäude Anfang der siebziger Jahre wegen notwendiger Sanierungen erneut geschlossen werden. Gegen Ende einer langen Phase denkmalpflegerischer Maßnahmen wurde 1992 Schloß Belvedere wiedereröffnet. Nach der politischen Wende 1989 waren die Räume inzwischen mit moderner Ausstellungstechnik versehen worden. Die Einrichtung der gegenwärtigen Präsentation ist das Ergebnis mehrerer Mitarbeiter der Kunstsammlungen, die während der letzten Jahre das Haus betreut haben.

Ein Führer durch die Sammlungen, der eine Beschreibung der Architektur und auch der weitläufigen Parkanlagen von Belvedere einschließt, kann nun vorgelegt werden. Er ist eine Handreichung für das Publikum, das jedes Jahr von Frühjahr bis Herbst zahlreich das Schloß vor den Toren Weimars aufsucht und hier nicht nur kulturelle Anregungen erfährt, sondern in diesem in die Parklandschaft eingebetteten Ensemble Erholung in der Natur finden kann. Zugleich gibt der Führer Einblick in die vielfältigen kunsthandwerklichen Bestände der Kunstsammlungen zu Weimar, vornehmlich in die des 18. Jahrhunderts. Verfaßt wurde der als weitere Veröffentlichung der Kunstsammlungen in der Reihe »museumsstück« des Deutschen Kunstverlags erschienene Band von Gert-Dieter Ulferts unter Mitarbeit von Fachkollegen aus dem eigenen Haus, aber auch – und dafür ist hier den Autoren besonders zu danken – von Kollegen benachbarter Institutionen. Dorothee Ahrendt (Stiftung Weimarer Klassik, Dezernat Gartendenkmalpflege) beschäftigte sich ausführlich mit der Parkgeschichte, Adelheid Mahnert (Angermuseum Erfurt) stellt die Geschichte der Thüringer Fayence dar. Helmut Scherf, ehemals Leiter des Thüringer Museums Eisenach und Doyen der Forschungen zur Thüringer Porzellankunst, ist für den Beitrag zu den Sammlungsstücken der regionalen Manufakturen zu danken.

Bei der Wiedereröffnung 1992 war bewußt, daß sich die Restaurierung des Gebäudes, insbesondere der beiden Pavillonbauten, noch hinziehen würde. Inzwischen sind die Arbeiten soweit vorangeschritten, daß mit einer vollständigen Nutzung des Gebäudes im Kulturstadtjahr 1999 zu rechnen ist. Beabsichtigt ist, in den ebenerdigen Räumen der Pavillons zukünftig Ausstellungen zu zwei speziellen Themen einzurichten: im östlichen, unter anderem mit den reichen Beständen an Jagdwaffen des 18. Jahrhunderts, eine Darstellung der Jagd im Weimarer Land und im gegenüberliegenden westlichen Pavillon eine Präsentation zu der in diesem Band bereits berücksichtigten Geschichte des Parks von Schloß Belvedere.

Rolf Bothe
Direktor der Kunstsammlungen zu Weimar

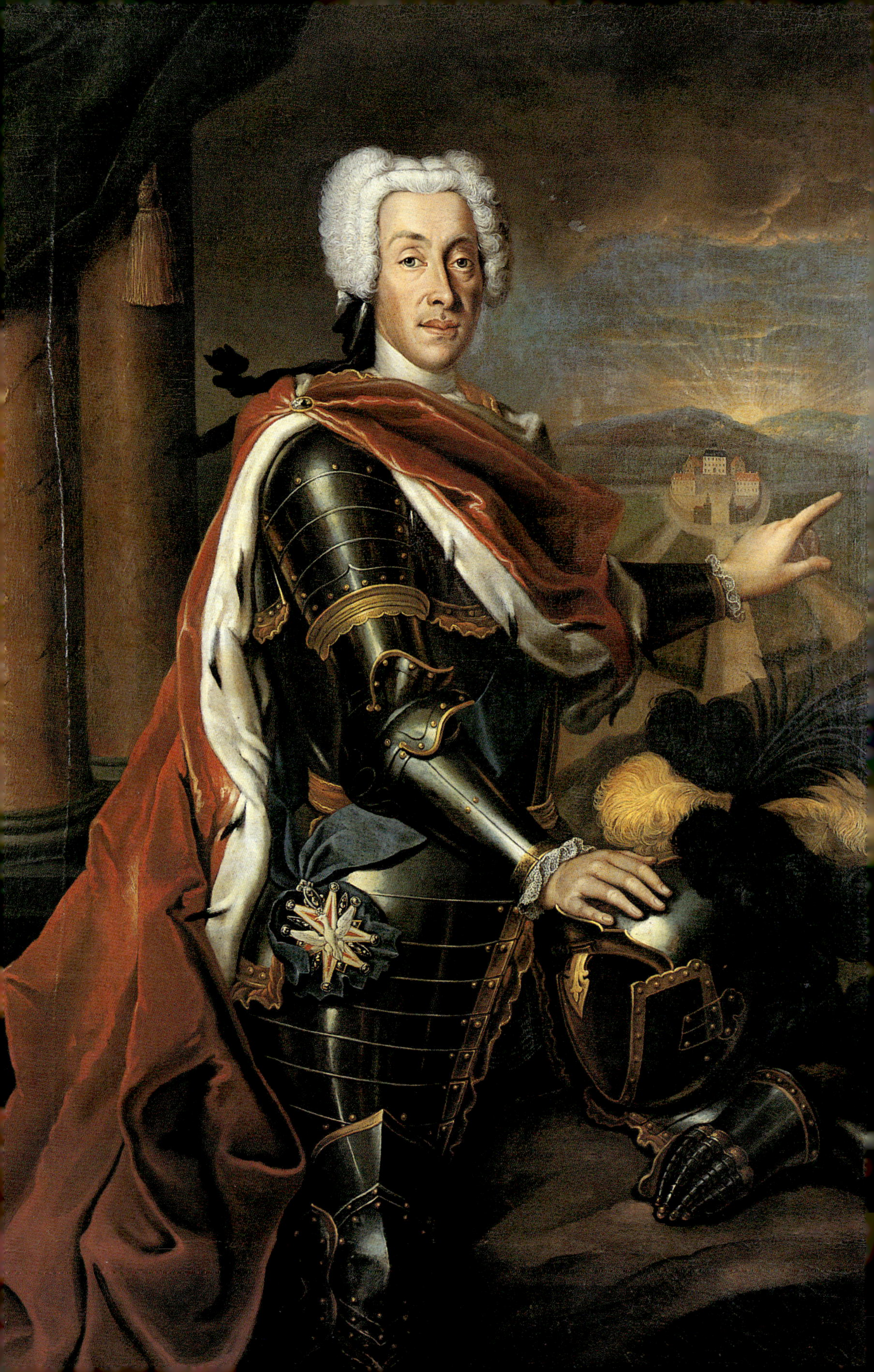

Zur Geschichte und Baugeschichte von Schloß Belvedere

Belvedere – dieser Begriff steht seit Generationen für die Gesamtheit der Anlage – ist eine Stätte eigenwilliger Anmut, die ihren Reiz auch aus ihren Brüchen bezieht. Intentionen verschiedenster Zeiten haben Belvedere geprägt und mit den Wandlungen des Verständnisses manche ursprüngliche architektonische Bindung aufgelöst, andere Elemente verstärkt.

Die fast 280jährige Bau-, Park- und Nutzungsgeschichte macht der heutigen Denkmalpflege die Abwägungen nicht leicht.

Die nähere kunsthistorische Beschäftigung mit Schloß und Park setzte in der Folge der Verstaatlichung des Areals von 1919 und beginnend mit der Einrichtung eines Rokoko-Museums im Schloß ein. Belvedere wurde Bestandteil wissenschaftlicher Abhandlungen über den sachsen-weimar-(eisenachischen) Schloßbau des frühen und mittleren 18. Jahrhunderts und über das Wirken seiner Baumeister.

I

Der Ort ist ein sanft zur Stadt nach Norden und zu den Dörfern nach Osten abfallender, vom Westen sich erstreckender Höhenzug mit einem kräftig eingeschnittenen Tal eines Bachlaufes im Rücken, nach Süden. Er bot dem zukünftigen herzoglichen Bauherrn ein größeres Plateau, des Baumbestandes wegen Eichenleite genannt.

Die kleine Residenzstadt Weimar in der Senke, in der Nachbarschaft des befestigten Schlosses Wilhelmsburg gelegen, löste sich allmählich aus ihren Mauern und begann in den Jahren um 1720, den vor dem südlichen Tor gelegenen Frauenplan städtisch zu bebauen.

Das Herzogtum Sachsen-Weimar war mit einer Doppelregierung der Brüder Wilhelm Ernst und Johann Ernst III. in das neue Jahrhundert gegangen, gemäß einer auf die Verhinderung weiterer Landesteilungen gerichteten Verfügung ihres Vaters, Johann Ernst II. (gest. 1683). Die Regierungsgewalt wurde de facto jedoch von Wilhelm Ernst ausgeübt. Nach dem Tode Johann Ernst III. 1707 lebte diese politische Konstellation fort, als dessen volljährig gewordener Sohn Ernst August (1688–1748) als Thronfolger an die Seite seines kinderlos gebliebenen Onkels trat.

Dieser für den Jüngeren nicht zufriedenstellende Status mag in den Jahren bis zum Tode Wilhelm Ernsts 1728 einer der Antriebe für Ernst Augusts rege, stark auf Repräsentation gerichtete Bautätigkeit gewesen sein. Eine andere Quelle lag in einer seiner herzoglichen, zeittypischen Leidenschaften, der Jagd. Ernst August betrieb innerhalb von dreißig Jahren zweiundzwanzig größere, der eigenen Verwendung gewidmete Vorhaben.

Gegen Ende des Winters 1721/22 führte ihn eine Jagd auf die Eichenleite, und er soll augenblicklich entschlossen gewesen sein, diesen Platz für sich zu gewinnen, wozu er umgehend die erforderlichen Tauschverhandlungen mit der Ehringsdorfer Kirchgemeinde anordnete. Seine Wurzeln hatte das nun einsetzende Unternehmen etwas früher und südlicher, bei München in der Nähe von (Bad) Berka. Dort unterhielt Ernst August bereits eine Wilde Fasanerie, in der die Tiere sich in einem größeren Gehege freier bewegen konnten. Er plante dort, belegbar seit 1719, den Bau eines Jagdschlosses mit einem französischen Garten. München sollte die Frucht der frühen Jahre der Mitregentschaft werden, bevorzugter Aufenthalt während der Jagd und fernab der Resi-

Abb. 3: Unbekannt, Bildnis Herzog Ernst August von Sachsen-Weimar, Öl/Leinwand, um 1725/30. Im Hintergrund ist die geplante Anlage von Schloß Belvedere zu erkennen. Das Corps de Logis zeigt noch den Zustand vor der Erweiterung durch die seitlichen Pavillons.

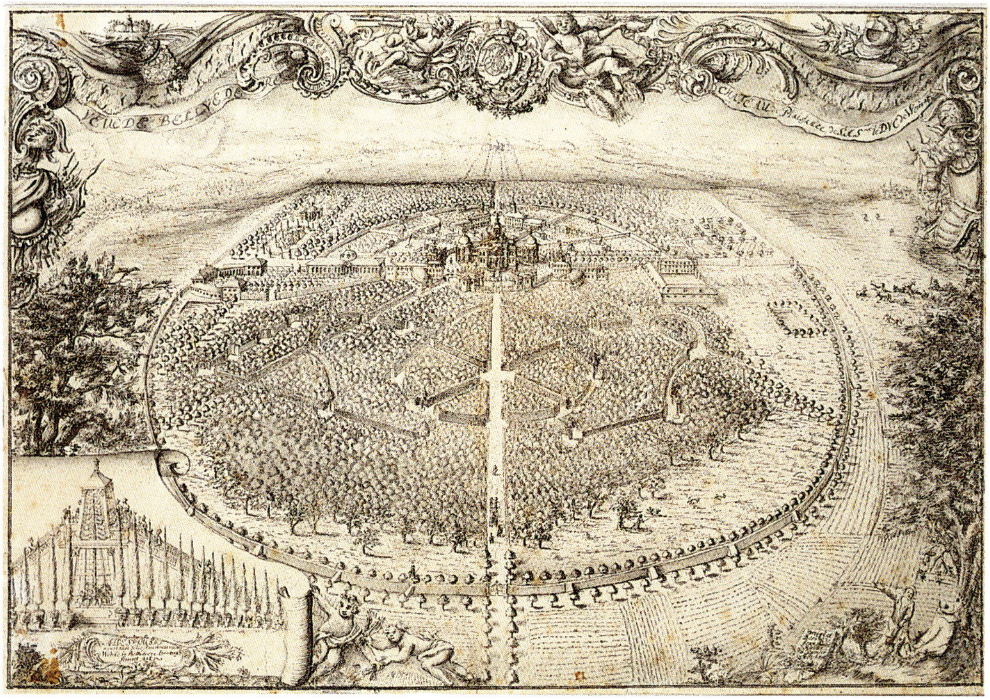

Abb. 4: Johann Adolph Richter, »Veue de Bellvedere«, lavierte Federzeichnung, nach 1753. Links unten Ansicht der Agave americana in ihrem gläsernen Treibeturm, »welche in Bellvedere Anno 1753 floriret hat«. Zum Betrachten der Blüten waren beidseitig Rampen und ein Altan errichtet worden.

denz und seines Onkels. Bekannt sind drei Entwürfe, in jedem folgenden erscheint das Schloß ein Stück ausgedehnter und imposanter angelegt. Der Garten wurde 1720 begonnen; die Ausführung der gesamten Anlage kam aber bald – auch wegen finanzieller Nöte – zum Erliegen.

Die Emanzipation Ernst Augusts sollte nun baulich ihren Standort sichtbar oberhalb der Stadt erhalten. Was 1722 auf der Eichenleite seinen Anfang nimmt, war in der Tat binnen kurzem auf eine zweite, eigene Residenz ausgerichtet.

Mit den Entwürfen beauftragte der Herzog den Oberlandbaumeister Johann Adolph Richter (1682–1768), spätestens 1728 hatte der Dresdner Gottfried Heinrich Krohne (1703–1756) entscheidenden Einfluß auf die Gestaltung. Der junge Krohne war bereits im Auftrag von Wilhelm Ernst seit 1726 beim Umbau des Weimarer Schloßturms erfolgreich tätig gewesen. Eine exakte Datierung und Zuweisung der Pläne und Bauten bleibt schwierig, entbehren doch die Zeichnungen aus dieser Zeit fast ausnahmslos der Angabe ihrer Entstehung und – in Huldigung des Bauherrn – auch der Unterzeichnung durch ihre Verfasser. Die Konzepte stützten sich auf große Vorbilder und reichhaltige Vorlagen.

Obschon Ernst Augusts Reisen an die großen Höfe Wien 1727 und Versailles 1729 von Bedeutung für die Gestaltung Belvederes waren, kann angenommen werden, daß bereits vorher, in der ersten Bauphase, die Gesamtanlage in den Grundzügen konzipiert war. Eine Vorstellung von dieser Anlage vermitteln vor allem Richters später in den 1750er Jahren rückblickend angefertigte Vogelschauen und ein wegen des Bezuges auf die Inbesitznahme Belvederes durch Ernst Augusts Sohn auf 1756 zu datierender Lageplan. Hier sind die gliedernden, teilenden und verbindenden Elemente der Anlage gut zu erkennen, deren allmähliche Auflösung in den anschließenden Jahrzehnten

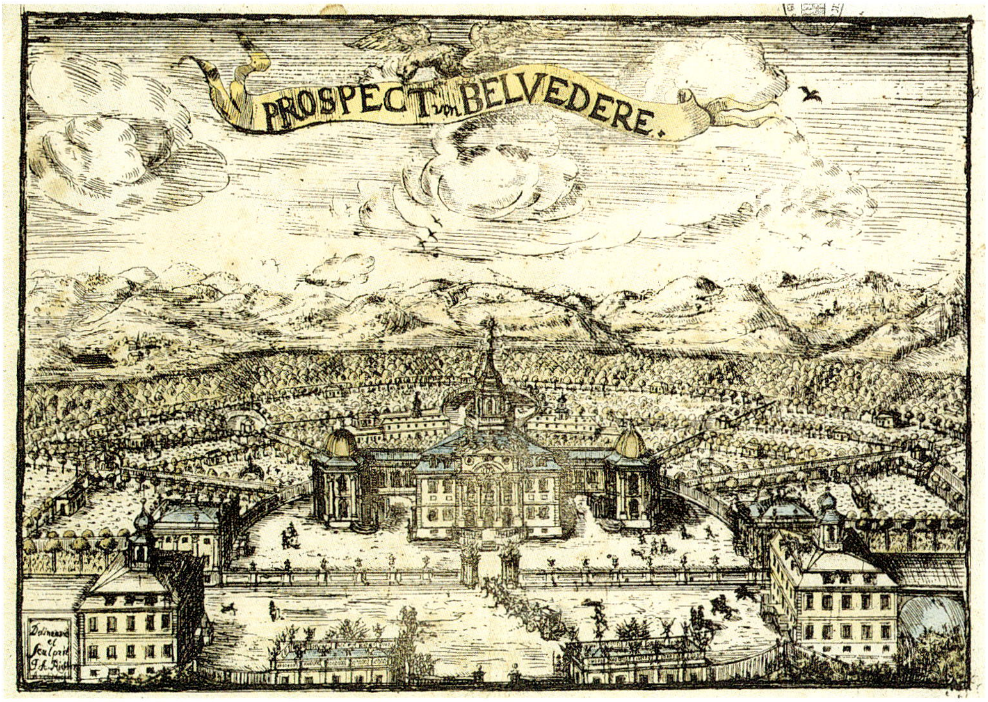

Abb. 5: Johann Adolph Richter, »Prospect von Belvedere«, kolorierte Radierung, 1758

zum teilweisen Verlust der ursprünglichen architektonischen Geschlossenheit führte.

Im Mittelpunkt stand das Lust- und Sommerschloß des Herzogs. Von seiner Mitte verlief die barocke Zentralachse zum Stadtzentrum und traf dort als Blickpunkt auf die Türme der Residenzstadt: die Kirchen St. Peter und Paul und St. Jakob sowie die Residenz Schloß Wilhelmsburg. Diese Achse setzte sich auf der Südseite bis weit auf den anschließenden Hang fort. Als Verlängerung der baulichen Achse des Schlosses verlief dazu eine orthogonale Querachse.

Im Gegensatz zu allen anderen Achsen wurde die Querachse in kurzer Distanz nördlich (stadtwärts) parallel gedoppelt, so daß zwischen beiden ein breites Band entstand. Weitere Linien des Grundgerüstes des inneren Areals waren zwei Diagonalen und zwei lediglich im Südteil ansetzende Radialen, die alle ebenfalls auf den Schloßmittelpunkt ausgerichtet waren. Verbunden wurde das »Strahlensystem« durch verschiedene, zum Teil verlängerte oder gestauchte Kreisbögen.

Um das Schloß befand sich ein infolge der Doppelung der Querachse gestreckter, halbrund abgeschlossener Platz, welcher durch eine entlang der nördlichen Querlinie verlaufende halbhohe, von vasengeschmückten Pilastern gegliederte Mauer in zwei Höfe geteilt wurde. Der Umriß dieses Platzes markiert sich noch heute annähernd in der Wegebegrenzung, wie auch von den Höfen beiderseits weiterführende Teile der Mauer erhalten sind. Diese Mauer teilte das ganze Areal in zwei Bereiche, deren Trennung aber durch die Einfügung der Orangerieanlage im östlichen Abschnitt eine Auflockerung erfuhr.

Vom Vorhof ging mittig die Allee zur Stadt ab, sie verlief bis zur Falkenburg, einem ebenfalls herzoglichen Besitz auf halber Strecke, geradlinig auf der Zentralachse (die heutige geschwungene Straßenführung wurde im 19. Jahrhundert vorgenommen). Die bereits erwähnten Diagonalen bildeten nordwärts die Alleen des vorgelagerten, von einer hohen Mauer umzogenen Parks.

Den Vorhof säumten symmetrisch zwei Wachgebäude jeweils zwischen den Abgängen der Alleen sowie die Wohngebäude für die Bediensteten. An die Wohngebäude, heute als Uhrenhäuser bezeichnet, schlossen sich entlang des Querweges jeweils Stall und Remise an, an der Nordseite folgten bogenförmig weitere Stallgebäude, deren Giebel an die Nebenalleen stießen. Der Querweg führte westlich zum gemeinsam mit der Schloßanlage erbauten Gasthof, östlich zur Orangerie. Diese bildete einen geschlossen wirkenden, eigenen Komplex, dessen Anbindung an die Mitte der Anlage durch das Umgreifen des von den Querachsen gebildeten Bandes erreicht wurde.

Das dominierende Gestaltungselement in der Entstehungszeit von Belvedere war aber die südlich der trennenden Hauptmauer um das Schloß und die beiden den Schloßhof fassenden, als Pendants zu den Wohngebäuden des Vorhofes gesetzten Kavalierhäuser sich fächernde Menagerie. Die Gehege waren von Gittern oder niedrigen Mauern umgeben. Hier befanden sich eine Vielzahl von einfachen Gebäuden zur Unterkunft der Tiere. Südlich des Schloßgebäudes hob sich eine dichtere, durch Ausführung und Komplettierung mit Bassins betonte Gruppe von Gebäuden für den Betrieb der Menagerie und die Schloßwirtschaft beiderseits der Hauptachse hervor, deren Durchgang durch die äußere Umfassungslinie der Menagerie von Kuhstall und Backofen flankiert wurde.

Das Zusammenspiel der den inneren Platz umlagernden Gebäude, welche bis auf die Wachhäuser erhalten geblieben sind, ist auch ohne den früheren stärkeren baulichen Zusammenschluß noch ablesbar. Der Mittelbau des Schlosses und die Uhrenhäuser mit ihren verwandten Dachformen, Dachaufsätzen und quadratischen Umrissen markieren ein Dreieck, des weiteren ergeben die Gebäudehöhen vom Mittelbau des Schlosses über seine Flügel und Pavillons, die Kavalierhäuser und schließlich die Uhren- und Wachhäuser ein bewegtes Auf und Ab. Die Wachgebäude waren, vermutlich wegen der Sichtbeziehung, eingeschossig und besonders flach bedacht gewesen.

Anfang 1722 war durch Herzog Ernst August der Beschluß gefaßt worden, die Eichenleite zu bebauen, am 26. Juni 1724 wurde der Grundstein gelegt, am 19. Juli 1726 wurde eine erste Dachbekrönung aufgesetzt. Über das Produkt dieser zwei Jahre existieren in der Literatur unterschiedliche Auffassungen; zum einen wird ohne weiteren Bezug von einem bescheidenen Jagdhaus gesprochen (Möller), zum anderen in diesem bereits das repräsentativere »Fasanenhaus« gesehen (Vollrath, Voigt). Tatsächlich war mit dem Fasanenhaus anfangs ein Bau ohne Seitenflügel entworfen worden, dieser nahm bereits die Breite des heutigen Mittelbaus vorweg, wäre aber tiefer geworden und wuchtiger aufgetreten. Der Nord- und Südseite waren repräsentative Freitreppen mit dem Hauptzugang in die Beletage und an Ost- und Westseite den Wohnräumen säulengetragene Balkons vorgesetzt.

Dann gibt es eine zarte, schlichte Bleistiftzeichnung, welche ein gestrecktes Gebäude mit 25 Achsen zeigt: einen siebenachsigen, erhöhten und turmbekrönten, dem heutigen Zustand nahekommenden Mittelbau, anschließend, niedriger und vermutlich zurückgesetzt, zwei Flügel mit je sechs Achsen, an diesen, wiederum höher und vortretend, zwei pavillonähnliche Abschlüsse mit je drei Achsen. Diese Pavillons reflektieren in ihrer Frontseite die Proportionen des Mittelrisalits des Mittelbaues. Diese Gestalt, in einen Grundriß umgedacht, hat große Ähnlichkeit in Anlage und Ausdehnung mit dem dritten Entwurf für das bereits erwähnte, nicht gebaute Jagdschloß in München bei Bad Berka (welches seinerseits sich an Schloß Pommersfelden in Franken anlehnte).

Ein nächster Entwurf zeigt das Schloß im vertrauten Konzept mit dem kubischen Mittelbau, den rundlichen Pavillons an den Seiten und den verbindenden Flügeln über Durchfahrten. Der Bau ist reich gegliedert, mit einer

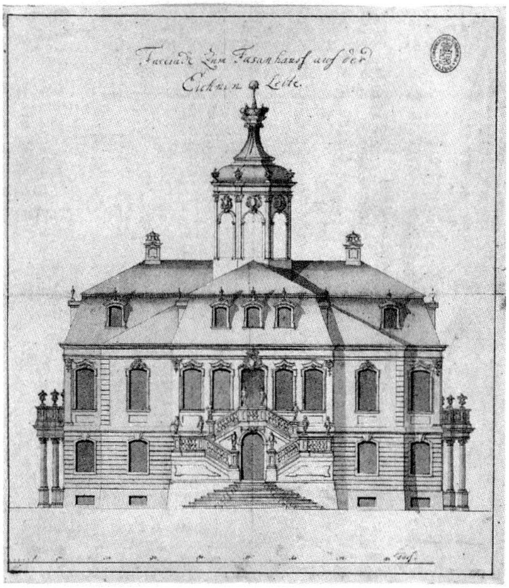

Abb. 6: Johann Adolph Richter, »Facciade Zum Fasanhauß auf der Eichnen Leite«, kolorierte Federzeichnung, vor 1724. Der Aufriß zeigt die Hauptfront in der Variante mit orthogonalen Außenwänden (dies entspricht im Grundriß der linken bzw. oberen Bausituation).

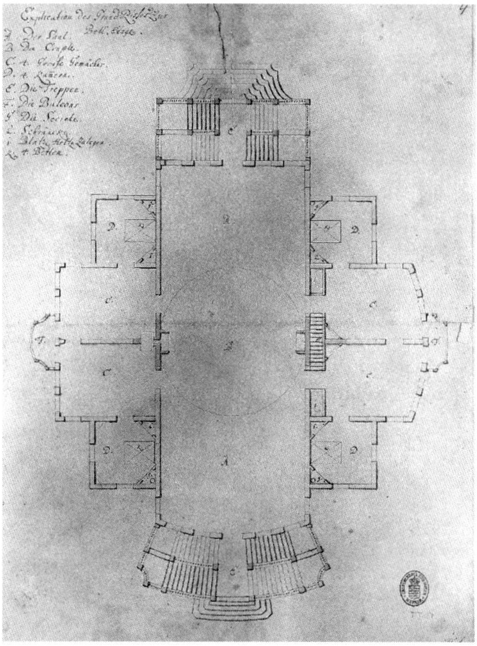

Abb. 7: Johann Adolph Richter, »Explication des Grund Rißes Zur Bell'Etage«, kolorierte Federzeichnung, vor 1724. Der Grundriß zeigt zwei Gestaltungsvarianten mit geraden (links und oben) sowie mit konvex geschwungenen Außenwänden (rechts und unten).

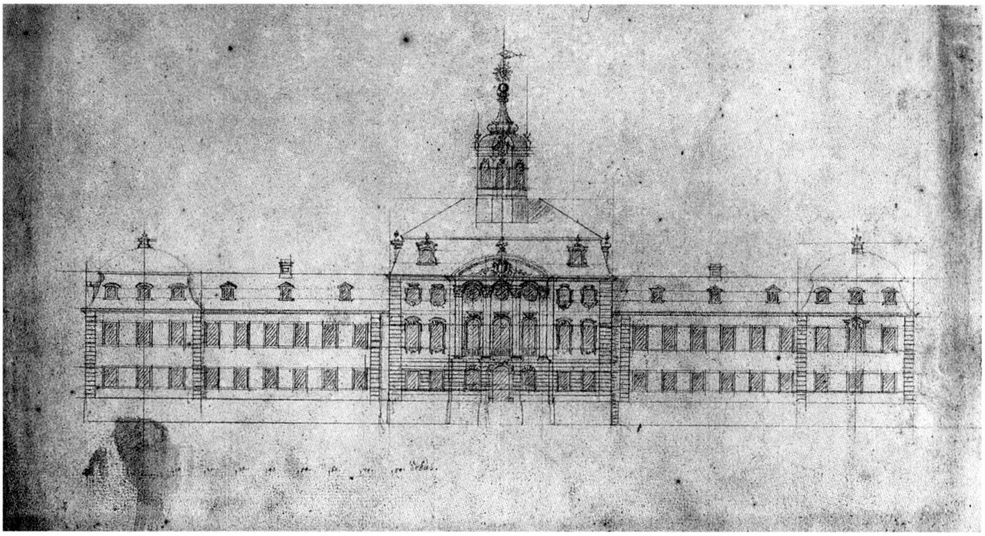

Abb. 8: Johann Adolph Richter, Entwurf für das Corps de Logis von Belvedere, Bleistiftzeichnung, um 1724. Der Mittelbau lehnt sich an Richters Entwurf für das Fasanenhaus an und wird mit zwei gestreckten Flügeln und abschließenden Pavillons versehen.

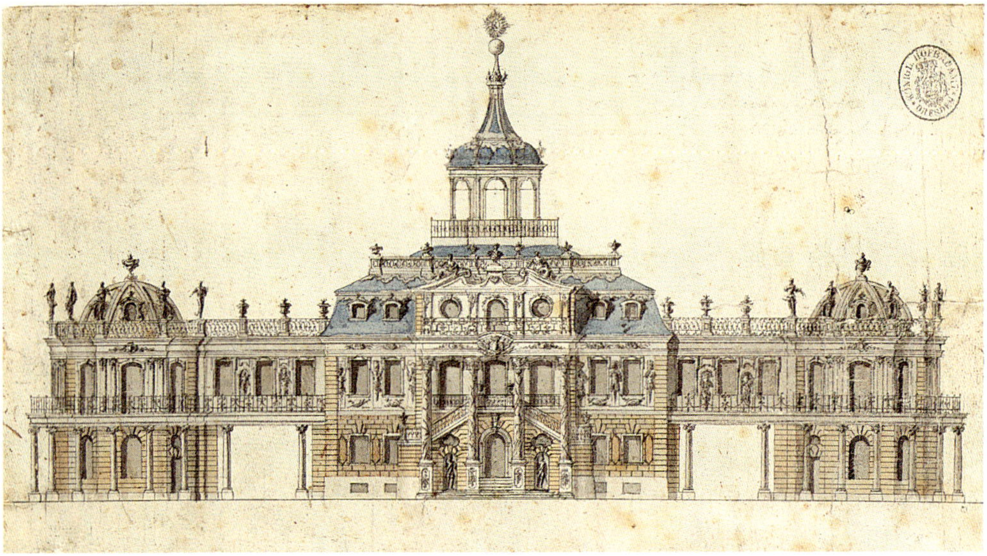

Abb. 9: Johann Adolph Richter / Gottfried Heinrich Krohne, Entwurf für das Corps de Logis von Belvedere, kolorierte Federzeichnung, um 1729/30. Die Gliederung des reich geschmückten Baues geht auf Krohne zurück und dessen Eindrücke 1729 auf seiner Wienreise. Zum Vorbild diente das 1723 vollendete Obere Belvedere für Prinz Eugen von Lucas von Hildebrandt.

Rustika im Erdgeschoß und mit einer Vielzahl von Säulen, die einen Balkon tragen, welcher die verschiedenen Bauteile verbindend umläuft. Dem Mittelbau vorgestellt ist eine Freitreppe ähnlich der des »Fasanenhauses«. Die Dachformen exponieren das Trio Mittelbau – flankierende Pavillons.

Diese Entwürfe, die Mitwirkenden und die Zeitläufe zueinander in Beziehung gesetzt, legen es nahe, die tradierten Darlegungen, von diesen jeweils etwas abweichend, zu einem vorstellbaren Bauablauf neu zusammenzufügen:

Mit dem Beschluß zur Bebauung der Eichenleite 1722 verbindet sich die Übersiedlung der Münchner Wilden Fasanerie und als ein erster Baugedanke der zu einem Jagdschloß.

Die herzoglichen Vorstellungen erweitern sich zu einer repräsentativen Anlage. Der Gesamtplan beginnt zu reifen; selbst wenn dieser noch nicht voll entwickelt sein sollte, hat Ernst August keine Veranlassung, hinter die Dimensionen des fallengelassenen Münchner Projektes zurückzugehen, erst recht nicht an dieser Stelle, sichtbar gegenüber der Wilhelmsburg in der Residenzstadt. Das Fasanenhaus befriedigt nicht mehr und wird nicht gebaut.

Die erweiterten Nutzungsabsichten für das Schloß und die Komposition der Gesamtanlage verlangen einen gestreckten und rhythmisierten Bau. Die Adaption des letzten Münchner Konzepts schafft Streckung, Raum und Gliederung; Flügel und Pavillons fallen aber sehr ab im Verhältnis zum durchgebildeten Mittelbau, dem seine Herkunft vom »Fasanenhaus« sowohl äußerlich als auch in der Grobgliederung der Beletage (Wohnräume – Festräume – Wohnräume) anzusehen ist. Der Mittelbau wird 1724 begonnen und auf Erweiterung angelegt bis 1726 im Rohbau aufgeführt; Flügel und Pavillons werden zurückgestellt, um bessere Lösungen zu erlangen.

Die Reisejahre 1727 und 1729 befruchten die Formfindung. Im Auftrag des Herzogs reist 1729 auch Gottfried Heinrich Krohne zu einem mehrwöchigen Studienaufenthalt nach Wien; als bauliches Vorbild dient das soeben (1723) durch Lucas von Hildebrandt vollendete Lustschloß Belvedere für den obersten kaiserlichen Feldherrn Prinz Eugen. Krohne nimmt großen Einfluß auf die Gestaltung des Weimarer Belvedere, insbesondere die Raumbildungen und -fassungen der beiden seitli-

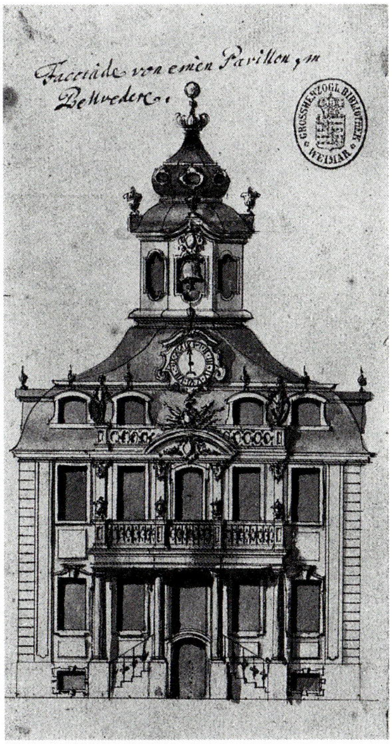

Abb. 10: Johann Adolph Richter, »Facciade von einen Pavillon in Bellvedere«, kolorierte Federzeichnung, um 1728/29. Richter betont stark die dem Schloßvorhof bzw. der Zentralachse der Anlage zugewandte Fassade des Uhrenhauses.

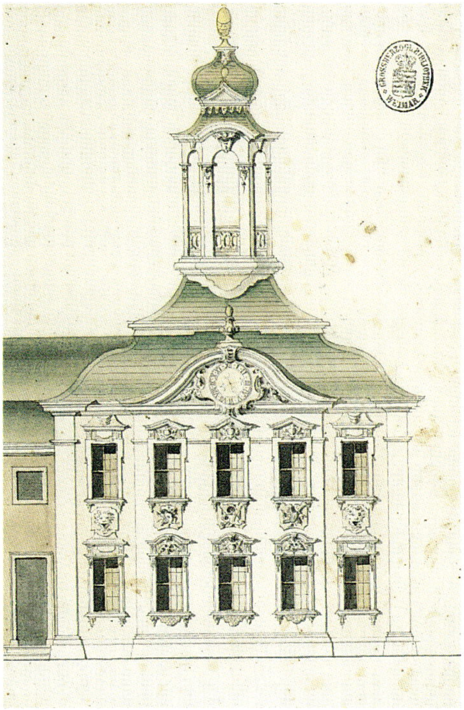

Abb. 11: Gottfried Heinrich Krohne, Entwurf für ein Kavalierhaus (Uhrenpavillon), kolorierte Federzeichnung, um 1728/29. Krohne hebt dagegen die dem Schloß zugewandte Seite des Gebäudes hervor und dessen räumliche Anbindung an die sich westlich anschließenden Stallungen mit Wagenremise.

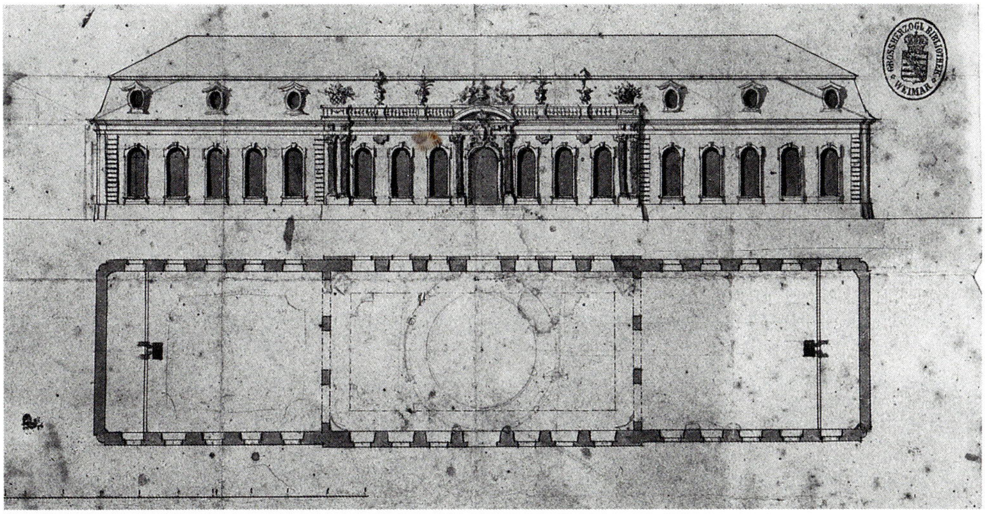

Abb. 12: Johann Adolph Richter, Entwurf für ein Orangenhaus östlich des Corps de Logis, kolorierte Federzeichnung mit Bleistifteinzeichnungen, um 1730. Das unter Herzogin Anna Amalia als Ball- und Reithaus genutzte Gebäude wurde vermutlich bereits mit den im Entwurf zugefügten Änderungen (einfaches Walmdach mit großer Mittelkuppel) errichtet.

chen Pavillons des Schlosses sind eindeutig sein Verdienst. Von diesen ergibt sich aus der Beletage eine weite und zugleich »umlaufende« Einsicht in die Menagerie, gleichzeitig wird Bezug auf das strahlenförmige Wegesystem genommen. So wie die meisten Fassaden der Gebäude schlichter als geplant umgesetzt werden, wird auch bei den Flügeln und Pavillons des Schlosses auf vieles verzichtet, sie werden in ihrer äußeren Gestaltung mehr dem Mittelbau, sich diesem verbindend, angenähert. Dessen Ausbau verschleppt sich. 1730 kann er bezogen werden, die Pavillons befinden sich im Bau. Letzte Arbeiten dort ziehen sich noch bis 1744 hin. Das Werk wird vermutlich in Abwesenheit seines Begründers abgeschlossen, nachdem es dem Herzog in den Jahren bis zu seiner zweiten Eheschließung (1734) häufig zum Aufenthalt gedient hatte.

II

In den folgenden Jahrzehnten fungierte das Schloß vorwiegend als Sommerresidenz der herzoglichen Familie, bauliche Eingriffe konzentrieren sich um das Jahr 1830, vor allem aber nahm die Umgestaltung der Außenanlagen, deren allmähliche Entwicklung zum Landschaftspark im englischen Stil und der Orangerie zu einem botanischen Garten, an Bedeutung zu.

Nach dem Ableben von Ernst August 1748 gelangte das Herzogtum für den unmündigen Erbprinzen unter die vormundschaftliche Regierung der Herzöge von Sachsen-Gotha und Sachsen-Coburg-Saalfeld. Es kam zu drastischen Einschnitten im weimar-eisenachischen Bauwesen. Es galt, die finanziellen Verhältnisse zu ordnen, die Bautätigkeiten wurden minimiert, die Menagerie in Belvedere wurde bis auf wenige Tiere aufgelöst.

Im Jahre 1755 konnte der Thronfolger Ernst August II. Constantin die Regierung übernehmen, er heiratete im folgenden Jahr Anna Amalia von Braunschweig-Wolfenbüttel. Diese behielt ihren Sommersitz in Belvedere auch nach dem frühen Tod des Herzogs 1758 noch bis 1775. Anna Amalia lenkte selbstbewußt die Geschicke ihres Landes und berief Christoph Martin Wieland zum Prinzenerzieher ihres ältesten Sohnes Carl August.

Im September 1775 trat Herzog Carl August die Regierung an, einen Monat später erfolgte die Vermählung mit Louise Auguste von Hessen-Darmstadt. Auch diesem Paar diente Belvedere als bevorzugter Aufenthalt, zumal 1774 das Weimarer Residenzschloß Wilhelmsburg durch einen Brand schwer zerstört worden war. Mit Herzog Carl August begann Weimars klassische Zeit, Belvedere öffnete sich dem Publikum und erlebte die Blüte seiner botanischen Entwicklung.

Carl August zog sich gegen Ende des 18. Jahrhunderts aus Belvedere zurück und überließ das Schloß und seine Nebengebäude dem Franzosen Jean Joseph Mounier, dem ehemaligen Präsidenten der Pariser Nationalversammlung, zur Einrichtung eines Erziehungsinstitutes für Söhne höherer Stände. Dieses bestand zwischen 1796 und 1801 und beherbergte Zöglinge aus verschiedenen Ländern Europas, vor allem aus England. Unter anderer Führung und militärischer geprägt existierte es noch bis 1806. Beim Durchzug der napoleonischen Truppen im Herbst des gleichen Jahres scheint das Schloß im Gegensatz zu den Orangeriegebäuden kaum Schaden genommen zu haben.

In der Folgezeit stellte Carl August das Schloß dem Erbprinzen Carl Friedrich und dessen Gemahlin, der russischen Zarentochter Maria Pawlowna, zur Verfügung, es wurde wiederum Sommersitz.

Nach dem Tod des Großherzogs Carl August – auf dem Wiener Kongreß 1815 war dem Weimarer Fürstenhaus dieser Titel zugesprochen worden – im Jahre 1828 und der Regierungsübernahme durch Carl Friedrich erlebte das Schloß nach Plänen von Clemens Wenzeslaus Coudray größere Eingriffe. Dieser läßt die enge, steile Haupttreppe im Mittelbau abtragen und erreicht einen bequemeren und eleganteren Zugang in das Obergeschoß, indem er die beiden Läufe bis in das Vestibül

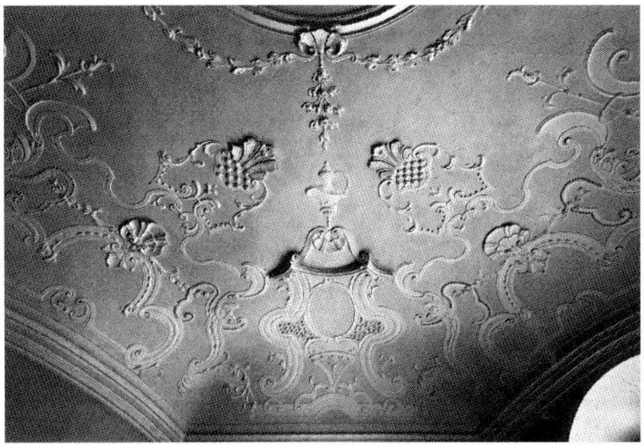

Abb. 13: Corps de Logis, westlicher Pavillon, Erdgeschoß (Schloßkapelle), Stuckdekor von Johann Andreas Vogel, 1735. Die Decke zeigt das für die Zeit charakteristische Laub- und Bandelwerk.

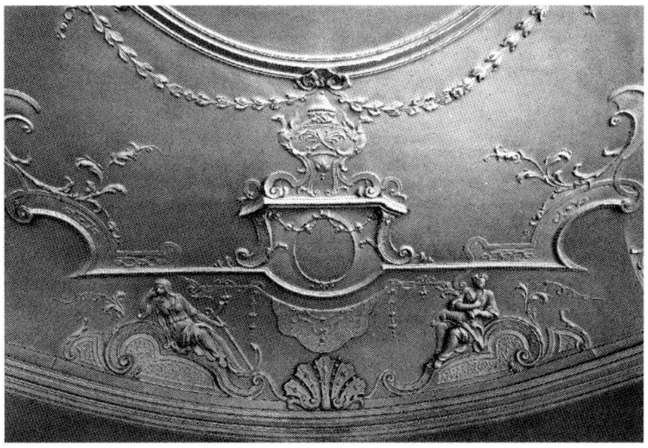

Abb. 14: Corps de Logis, westlicher Pavillon, Erdgeschoß (Schloßkapelle), Stuckdekor von Johann Andreas Vogel, 1735. Der Kapellenraum wird an der Decke durch vier christlich-allegorische Frauengestalten geschmückt (an der Ostseite die Tugenden Hoffnung und Demut).

vorzieht; Wohnräume werden durch den Ausbau des Mansardgeschosses geschaffen, der östliche Seiteneingang wird eingefügt. Etwas später entstand das Nebentreppenhaus, welches den separaten Weg vom Nebeneingang zur Mansarde ermöglichte. Einige Innenräume erhielten klassizistische Fassungen, die Fassade bekam den gelben Anstrich und die bis in jüngere Zeit vorhanden gewesenen grünen Fensterläden. Die Überdachung der nördlichen Terrasse war vorgesehen, gelangte aber nicht zur Ausführung, so wie auch Ideen zur Unterteilung des östlichen Pavillonsaales nicht zum Tragen kamen. Auch das Einfügen der Kaminnischen und Wandverkleidungen aus Alabaster im Speisezimmer, dem Festsaal gegenüber, kann mit Coudrays Wirken in Verbindung gebracht werden.

Möglicherweise fällt auch der Einbau des sogenannten Tischlein-deck-dich in diese Zeit. Es ist eine mit Winden betriebene Anlage unter dem Turmzimmer, bei der zwei runde Tische eingedeckt und wechselseitig nach oben gefahren werden konnten, ergänzt mit vier kleinen Aufzügen für Flaschen.

Mit dem Ableben Carl Friedrichs 1853 und Maria Pawlownas 1859 wurde es stiller im Schloß. Die hinterlassene Einrichtung vermochte noch immer die außergewöhnliche Persönlichkeit der Großherzogin auszustrahlen; ihr Sohn, Großherzog Carl Alexander, beließ das Sterbezimmer im westlichen Pavillonsaal unberührt. Zuletzt bewohnte noch einmal, zwischen 1894 und 1904, die verwitwete Erbgroßherzogin Pauline in den Sommermonaten Belvedere.

In die letzten Jahrzehnte des 19. Jahrhunderts sind folgende bauliche Veränderungen zu datieren: um 1870 die 1991/92 freigelegte und restaurierte Deckenbemalung im Stil des Neubarock im südöstlichen (roten) Eckzimmer im Obergeschoß des Mittelbaus, um 1890 die Ausstattung des Vestibüls mit weißblauen

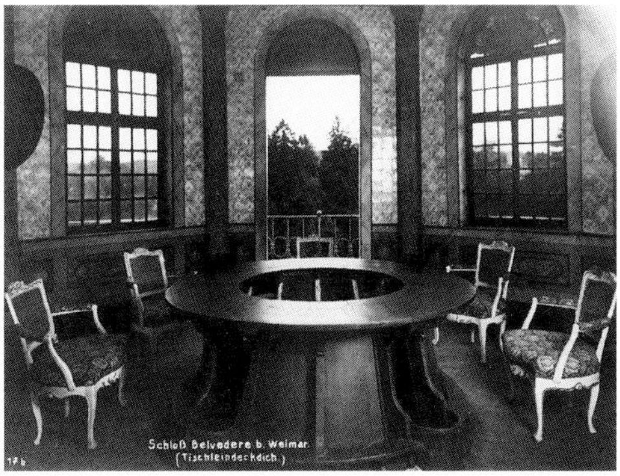

Abb. 15: Corps de Logis, Turmzimmer mit »Tischlein-deck-dich«, historische Aufnahme um 1930. Die an holländischen Vorbildern orientierte Wandverkleidung besteht überwiegend aus Fayencefliesen der Erfurter Manufaktur aus der Zeit um 1725/30, aber wohl auch aus Fliesen der Dorotheenthaler Produktion.

Delfter Fliesen über den Türen und Kaminen und 1898 die silbergraue Fassung des Speisezimmers, welche zur heute gängigen Bezeichnung »Grauer Salon« führte. 1868 erwog man den Einbau eines Windfanges und einer Luftheizung für Vestibül und Mittelflur. 1880 fanden Überlegungen statt, hinter dem östlichen Kavalierhaus eine neue Schloßküche anzubauen. Aus einem Aufmaßblatt geht hervor, daß sich diese bis dahin im Erdgeschoß des östlichen Pavillons befunden hatte. Von 1892 gibt es Entwürfe für eine Verbindung des Schlosses mit den Kavalierhäusern durch Kolonnadenbögen.

Der letzte Großherzog Wilhelm Ernst richtete sein ganzes Augenmerk auf den repräsentativen Ausbau seines Weimarer Residenzschlosses, der Bau des dortigen Südflügels wurde seit 1912 geplant und 1914 bis 1917 ausgeführt; für Schloß Belvedere sind aus diesen Jahren keine Veränderungen bekannt.

III

Das 20. Jahrhundert bringt für Schloß Belvedere neuerliche Bewegung. In der Folge der politischen Veränderungen nach der Novemberrevolution von 1918 wird die Liegenschaft Belvedere 1919 verstaatlicht, die Mobilien verbleiben bis auf Ausnahmen dem Großherzog. Aufgrund der besonderen Situation der thüringischen Kleinstaaten führt das »Gebiet Weimar« die Verhandlungen mit dem Großherzog. Der Auseinandersetzungsvertrag vom Oktober 1921 enthält die Verpflichtung: »Das Gebiet Weimar oder dessen Rechtsnachfolger wird das Schloß Belvedere dauernd in würdiger Weise in seinem bisherigen Umfang erhalten und der Öffentlichkeit auch weiter zugänglich machen.«

Rechtsnachfolger wird 1922 das neu gebildete Land Thüringen mit der Hauptstadt Weimar. Aus den ebenfalls verstaatlichten Sammlungen des Großherzogs entstehen die »Staatlichen Kunstsammlungen in Weimar«. Sie beginnen 1923 im Schloß mit der Einrichtung eines »Museums für das Weimar der vorklassischen Zeit des 18. Jahrhunderts«. Bereits Pfingsten 1923 war die Hälfte des Hauses öffentlich zugänglich, weitere Räume werden in den Folgejahren (bis 1928) fertiggestellt, aber noch 1936 wenden sich die Kunstsammlungen an das Thüringer Volksbildungsministerium wegen der Einrichtung »nach jahrelangem Aufschub« fertiggestellter Räume und ersuchen um Mittel für Vitrinen.

1943 erfolgt der erste äußere Zugriff auf das Museum, bis 1944 belegt das Musikerzieherseminar der Hitler-Jugend einige Räume im Schloß. Am 1. Oktober 1944 schließt das Museum, und Teile des Kunstgutes werden geborgen. Gegen Ende des Zweiten Weltkrieges ziehen am 12. April 1945 die amerikanischen Truppen in das Schloß ein und verwenden das Gebäude als Unterkunft. Nach einigen Wochen kann der Museumsdirektor auf Ersuchen beim Stadtkommandanten die Räume betreten, er findet dort einen Teil der verbliebenen Exponate, die Möbel »in einen Schuppen geworfen«. Mitte Juni wird Belvedere von den Amerikanern geräumt, Kunstgegenstände werden sichergestellt. Von Juli 1945 bis Juli 1946 richtet die Sowjetarmee Mannschaftsräume im Schloß ein, das Gebäude untersteht bis 1947 der Besatzungsmacht. Immer wieder unternimmt der Direktor der Staatlichen Kunstsammlungen Vorstöße, Schloß Belvedere für das Museum wiederzugewinnen, es wird ein langes Ringen.

Im Sommer 1947 ergeht der Befehl der Sowjetischen Militäradministration in Thüringen, die gesamte Anlage von Belvedere zur Einrichtung einer Schauspielschule unter Leitung von Professor Maxim Vallentin zu verwenden. Es entsteht das Deutsche Theaterinstitut (DTI). Damit verbinden sich umfangreiche Planungen, ausgeführt wird ein kleines Theatergebäude, das heutige Studiotheater am Weg von der Fontäne zur Orangerie. An dieser Stelle war nach 1855 ein Werkstattgebäude errichtet worden, welches in den 1920er Jahren, als die Thüringische Landespolizei die Nachbargebäude des Schlosses nutzte, zu einer Turnhalle umgebaut wurde, die nun dem Theaterbau als Grundlage dient.

Nach Auflösung des DTI werden im August 1953 die »Nationalen Forschungs- und Gedenkstätten der klassischen deutschen Literatur in Weimar« (NFG), die Vorgängerin der heutigen Stiftung Weimarer Klassik, ins Leben gerufen, die auch das Schloß übernehmen sollen. Im März 1954 kommt zwischen den Kunstsammlungen und den NFG ein Nutzungsvertrag zustande, in dessen Folge im Schloß die Renovierungs- und Wiedereinrichtungsarbeiten beginnen können. Inzwischen ist auch die Musikschule Weimar, eine Vorform der späteren Spezialschule für Musik, heute Musikgymnasium, aus dem Schloß in die Nebengebäude umgezogen.

1959 wird das Rokokomuseum Schloß Belvedere mit acht Räumen im Erdgeschoß wieder eröffnet, 1962 kommen zehn Räume im Obergeschoß dazu, 1969 ist die Waffensammlung im Erdgeschoß des östlichen Pavillons eingerichtet.

Die für 1962 vorgesehene vollständige Wiedereröffnung kommt dagegen nicht zustande. Die Renovierungen waren hauptsächlich auf die Nutzung der Räume gerichtet gewesen, jahrzehntelang hatte keine solide Bauunterhaltung stattgefunden; die Dachdeckung ist undicht, die Dachkonstruktion stark geschädigt, auch von unten ist der Bau durchfeuchtet. Ein Versuch der Trockenlegung mit Elektro-Osmose-Verfahren (1964–1966) schlägt fehl. 1969 wird ein Teil des Rundgangs im Obergeschoß wieder geschlossen.

Seit 1970 werden für die Restaurierung des Schlosses bedeutend mehr Gelder zur Verfügung gestellt, die Sanierung des Daches beginnt; die vollständige Schließung des Museums im Herbst 1974 ist aber nicht mehr zu umgehen. Von 1975 bis 1989 werden umfangreiche Sanierungen vorgenommen und Restaurierungsarbeiten begonnen. 1970–1978 werden abschnittsweise die Dachkonstruktion gesichert sowie Dachschalung und Deckung vollständig erneuert; dabei wird die gesamte Dacheindeckung (Mittelbau und Flügel hatten in den vorangegangenen Jahrzehnten Schieferdeckung erhalten, die Pavillons waren verblecht) in Kupfer ausgeführt.

Mit den veränderten politischen Verhältnissen können die Arbeiten 1990 forciert werden, insbesondere die Restaurierung der Raumfassungen und der historischen Parkette – der Umfang ist immens. Die Maßnahmen konzentrieren sich auf das östliche Obergeschoß und das Erdgeschoß, wohl wissend um die Risiken der wahrscheinlich erforderlichen späteren Sanierung eines Teils der darüberliegenden Decken.

Im Juni 1992 erfolgt die erneute Eröffnung des Museums, zwei Jahre später kommen die restlichen Ausstellungsräume mit Ausnahme des westlichen Pavillonsaales dazu.

1997 beginnt die Sanierung der Fassade; die diffizile konstruktive Sicherung der Flügel über den Durchfahrten wird vorgenommen.

Das Aufsetzen der vergoldeten vasenförmigen Dachzier auf beiden Pavillonkuppeln zu Beginn des Jahres 1998 markiert den Beginn des letzten Abschnittes der Wiederherstellung von Schloß Belvedere.

B. D.

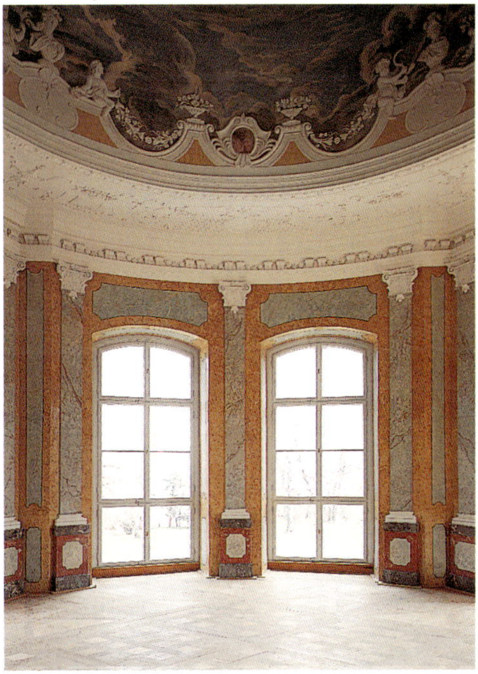

Abb. 16: Corps de Logis, östlicher Pavillon, Obergeschoß

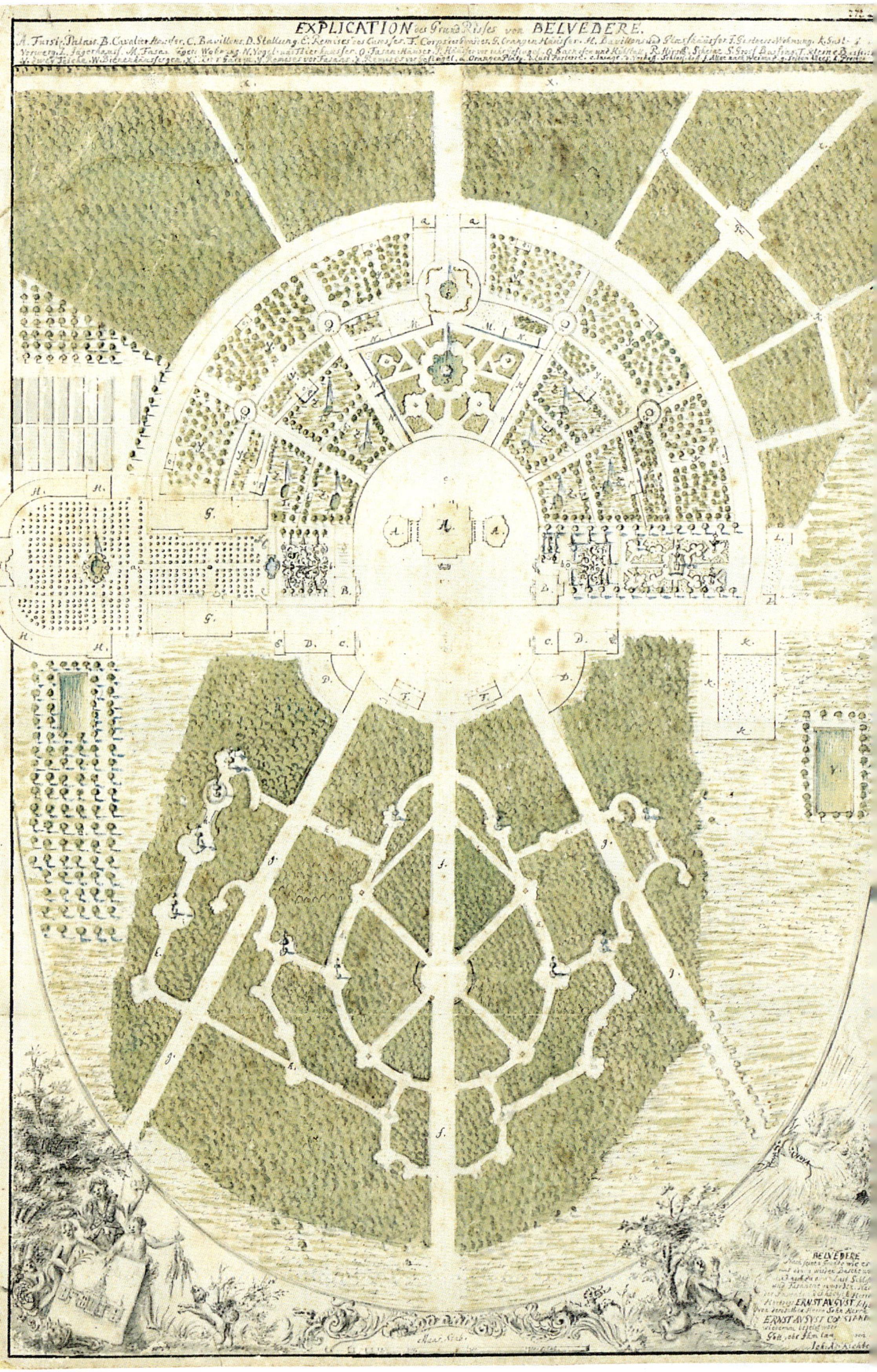
EXPLICATION des Grund Risses von BELVEDERE.
BELVEDERE

Der Schloßpark Belvedere

Die Entstehung der barocken Anlage unter Herzog Ernst August (1724–1748)

Im Winter 1721/22 führte eine Jagd Herzog Ernst August von Sachsen-Weimar auf die sogenannte Eichenleite, eine bewaldete Anhöhe südlich von Weimar. »Als aber Ihro Hochfürstl. Durchl. Hertzog Ernst August die ungemein schöne Lust Gegend einsahen, so trafen Höchst dieselben mit der Ehringsdorffischen Kirche einen Tausch, und gaben derselben an dessen Statt ein Holz an so genanneten Kettendorffer Berge [...].«[1]

Noch ehe der Tausch vollzogen und Grund und Boden durch die herzogliche Kammer erworben worden waren, gab Ernst August die Anweisung, seine bisher in München bei Berka befindliche »wilde Fasanerie« hierher zu verlegen. Am 15. April 1724 wurden von dort Fasanen und andere Tiere durch Fronarbeiter auf die Eichenleite getragen und erste separate Fasanen- und Vogelhäuser erbaut.[2]

Am 26. Juni 1724 erfolgte die Grundsteinlegung für ein einfaches Jagdhaus, zu dem der Oberlandbaumeister Johann Adolph Richter die Entwürfe lieferte. Später wurde ihm der junge Architekt Gottfried Heinrich Krohne zur Seite gestellt. Beide lieferten Zeichnungen für die Gebäude, während die Planung der Gartenanlagen offenbar Richter zuzuschreiben ist.

Am 19. Juli 1726 konnte Richtfest gefeiert werden. Ende August desselben Jahres verstarb plötzlich die erste Gemahlin Ernst Augusts, Eleonore Wilhelmine. Um sich zu zerstreuen und abzulenken, ging der Herzog im Sommer 1727 auf Reisen. Er begab sich nach Wien und besuchte dort das eben fertiggestellte Obere Belvedere des Prinzen Eugen mit seinen prachtvollen Gärten. Unter dem Eindruck dieser wie auch zweier weiterer Reisen, 1729 nach Versailles und 1730 an den Dresdner Hof, kam es nach der Rückkehr des Herzogs zu einer grundlegenden Änderung seiner Pläne für die Eichenleite. Anstatt des bescheidenen Fasanenschlößchens sollte nun eine aufwendige, sich an den gesehenen Vorbildern orientierende Sommerresidenz entstehen, für die der schönen Aussicht wegen kurzzeitig der Name Bellevue und später Belvedere gewählt wurde. Auch wenn aus der Entstehungszeit der Anlage kein »Generalplan« existiert, kann angenommen werden, daß die von Richter 1753 und 1756 gezeichneten Darstellungen den geplanten Idealzustand noch einmal in Erinnerung rufen sollten.

Das um zwei Seitenflügel erweiterte, nunmehr zum Corps de Logis avancierte Schloß bildete das Zentrum eines radial gegliederten Lustgartens. Es dominierte den von einer vasenbekrönten Balustrade unterteilten Schloßhof, um den sich vier Kavalierhäuser und zwei Wachgebäude gruppierten. In die Kompartimente zwischen den Achsen waren die Fasanerie, eine Menagerie, die Orangerie, verschiedene Lustparterres, Boskett- und Waldflächen sowie eine Vielzahl von Neben- und Wirtschaftsgebäuden eingeordnet. Die Verwirklichung dieses großartigen Planes überforderte jedoch die für den Bau Verantwortlichen und erschöpfte die Staatsfinanzen restlos, zumal gleichzeitig noch zahlreiche andere Objekte wie Dornburg, Troistedt, Ilmenau und Eisenach in Angriff genommen wurden. Die Folge waren eine unsolide Bauweise, lange Bauzeiten und enorme Schulden.

Über das Aussehen und die Lage der ersten, 1722 von München hierher verlegten Fasanerie ist nichts bekannt. Sicher wurde sie im Zuge der Erweiterungen in die Menagerie integriert, denn ab 1730/31 ist in den Rech-

Abb. 17: Johann Adolph Richter, »Explication des Grund Rißes von Belvedere«, kolorierte Federzeichnung, 1756

nungen immer wieder von Bau- und Instandsetzungsarbeiten an den Fasanen-, neuen Vogel- und Tierhäusern sowie an deren Zwingern die Rede; Positionen die bis ca. 1744 alljährlich wiederkehren.[3] Eine erste Lieferung von Tieren für die Menagerie erfolgte 1730 durch Johann Heinrich Döberich aus Sonneberg. Für insgesamt 870 Taler wurden »1 Waldbüffel, 1 Türkischer Affe, 1 paar Mohrenkopf-Affen, 1 paar Kapuziner-Affen, 1 paar Caspar und Susa, 1 paar Petita, 1 Meer-Katze, 1 Diamanten-Sucher, 1 paar Fretiges, 2 Papageien, 3 Weiße Bären-Häute« erworben.[4]

In den Jahren 1735–37 wurden weitere Gehege und mit Holzschindeln gedeckte Ställe für Hirsche, Sauen und ungarische Schafe errichtet. Einige Vogelhäuser erhielten Öfen. 1738 wurde im Possenbachtal ein Waldgehege abgeteilt und ein Hirschhaus hineingebaut. Auch vier Bienenhäuser gehörten zur Menagerie.[5] Hier, wie auch in Versailles, hatte die Menagerie mehrere Funktionen. Sie diente der Sammlung und Präsentation fremder, interessanter Tiere, der Nachzucht jagdbaren Wildes und der Aufzucht von Haustieren. (Dafür gab es in Belvedere jedoch noch das Vorwerk in der Nähe des Gasthofs.)

Aus dem Jahre 1740 hat sich eine Auflistung der Vogelbestände durch den Hofrat Ludecus erhalten, die 1787 Exemplare aufzählt.[6] Ein weiteres Verzeichnis vom Februar 1742 nennt unter anderem 4 Steinadler, 1 ungarischen Adler, 5 Kraniche, verschiedene Enten, Gänse, Pfauen sowie 1 Biber, 2 Murmeltiere, 4 Dachse, 6 Meerschweinchen, weiße und rote Hirsche, 1 indianischen Hirsch und 2 Tannenböcke, die Gesamtausgaben von 1965 Talern verursachten.[7] Während für 1745 außer 68 Stück Wild und »allerhand Getier« noch 1725 Stück Geflügel erwähnt wurden, war der Bestand an Federvieh zwei Jahre später auf 958 Tiere zurückgegangen.[8]

Mit dem Tode Ernst Augusts, 1748, war das Schicksal der Menagerie besiegelt. 1751 wurde in einem Schreiben an die Kammer die Unrentabiltät der Tiersammlung dargelegt und vorgeschlagen, daß »die Fasanerie und Menagerie gantz eingezogen, die Fasane zum Theil bey fürstl. Hof-Küche daselbst verschießet, die raren aber auf eine gnädigster Herrschaft profitable Art verkauffet, und das übrige Geflügel gleichfalls zu Geld gesetzet würden [...]«.[9]

Die Menagerie lag direkt vor der Südfront des Schlosses, so daß man aus den Fenstern der Beletage auf die Tiergehege hinabblicken konnte. Die 20 Gehege befanden sich in den Segmenten zwischen den Alleen und waren mit niedrigen Mauern oder Lattenzäunen eingegrenzt. Die vier dem Hauptgebäude am nächsten liegenden »Remises vor Geflügel« waren von einer Baumreihe umstanden und enthielten außer den Tierhäuschen noch kleine Bassins. Die weiter entfernten »Remises vor Fasans« waren dicht mit Bäumen und Gebüsch bewachsen.[10] Ungewöhnlich ist die Aufstellung von Bienenhäusern in einer Menagerie. In Belvedere markierten sie die Kreuzungspunkte des dritten Zaunringes mit den radial verlaufenden Achsen.[11] Ein Backofen und ein Kuhstall flankierten die Mittelachse. Jenseits des äußeren Ringes erstreckte sich im Wald der sogenannte Tiergarten mit einer »Hirsch-Scheune«.[12] Wie groß dieses Areal war, läßt sich aus den Richterschen Zeichnungen nicht eindeutig entnehmen.

Dem Schloß genau gegenüber, die Mittelachse unterbrechend, befand sich innerhalb des Menageriegeländes eine Art »Luststück« mit zwei größeren Wasserbassins, unregelmäßig geformten Boskettflächen und vier Plastiken. An drei Seiten wurde dieses Areal von Vogel- und Tierhäusern sowie der Wohnung des Fasanenjägers und einem Küchengebäude umschlossen.

Die Belvederer Menagerie als zentrumsorientierte Radialanlage entsprach vom Typus her dem Versailler Vorbild. Anders als dort jedoch, wo sie innerhalb des Parkes einen separaten Komplex mit eigenem Schlößchen bildete, war die Menagerie hier wie auch beim Wiener Belvedere direkt dem Schloßgebäude zugeordnet. »Die Lage der Menagerie im Weimarer Belvedere geht noch einen Schritt über die des Wiener Belvedere hinaus: in

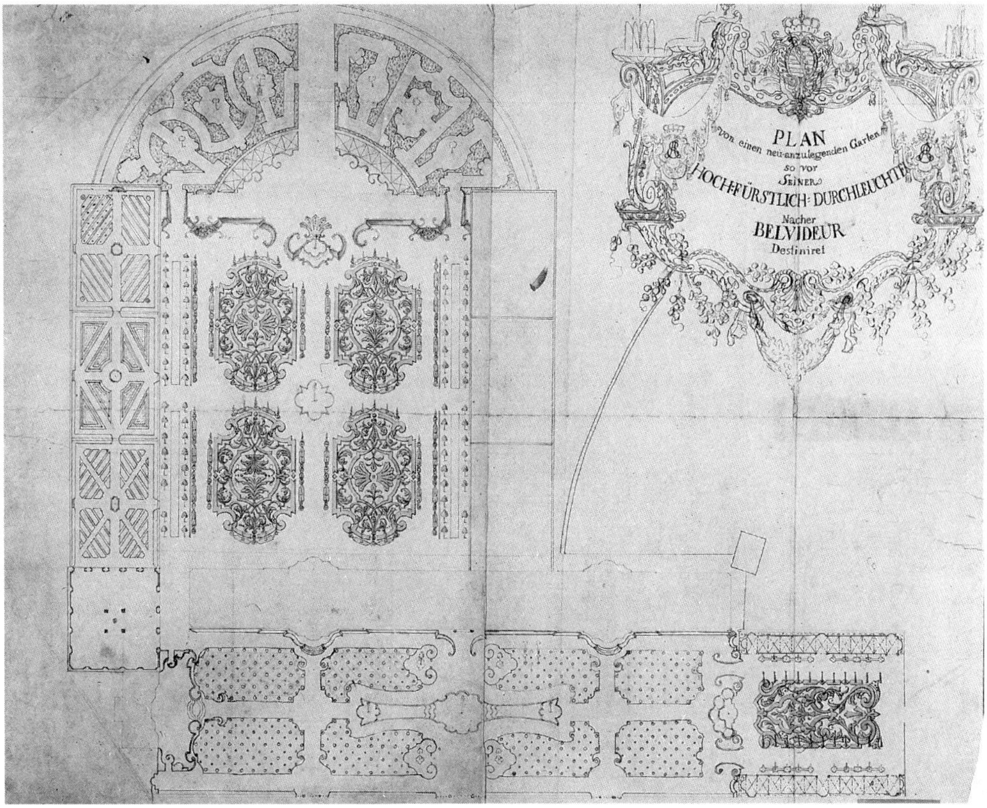

Abb. 18: Unbekannt, »Plan von einen neu-anzulegenden Garten so vor Seiner Hoch-Fürstlich-Durchleuchten Nacher Belvideur Destiniret«, kolorierte Federzeichnung, vor 1730. Stiftung Weimarer Klassik, Graphische Sammlungen des Goethe-Nationalmuseums

Weimar wurde die Menagerie nicht vor eine Seitenfassade des Belvedere plaziert, sondern sie ersetzt das im klassischen französischen Garten traditionell der Gartenfassade eines Schlosses vorgelagerte Parterre. Diese Standortwahl verlieh der Menagerie eine deutliche Aufwertung innerhalb der Gartenanlage.«[13]

Über die Anfänge der Belvederer Orangerie ist wenig bekannt. In den Baukostenaufstellungen, die allerdings erst seit 1729 systematisch geführt wurden, taucht der Hinweis auf ein »neuerbautes Orangenhaus« für 1733 auf.[14] Vermutlich handelt es sich hierbei um das unter Anna Amalia zum Ball- und Reithaus umgebaute Gebäude hinter dem östlichen Kavalierhaus, zu dem Johann Adolph Richter die Entwürfe lieferte. Da jedoch schon im April 1728 von den Gebrüdern Bavastrelli aus Wahren bei Leipzig 100 Orangenbäume für 880 Taler nach Belvedere geliefert wurden, muß schon zu jenem Zeitpunkt eine Unterbringungsmöglichkeit für diese kostbaren Gewächse existiert haben.[15] Auf einem unbezeichneten, undatierten »Plan von einen neu-anzulegenden Garten so vor Seiner Hoch-Fürstlich-Durchleuchten Nacher Belvideur Destiniret«, der vor 1730 gezeichnet worden sein muß, ist ein langgestrecktes, kunstvolles Orangerieparterre zu erkennen, das an der einen Längsseite von einer Mauer und an der anderen von zwei aneinandergebauten rechteckigen Gebäuden eingefaßt wird. Den Abschluß bildet das Gärtnerhaus, dessen charakteristische Fassadeneinziehung durch diesen Entwurf plausibel wird, stößt doch an dieser Stelle die östliche Querachse der Anlage auf das Haus. An der gegenüberliegenden Seite leitet ein von zwei Laubengängen eingefaßtes Broderieparterre zum Cour d'honneur über. Der die Menagerie eingrenzende äußere Zaun- oder Mauerring und eines der Fasanenhäuser sind angedeutet. Man geht sicher nicht fehl, in dem einen der länglichen Gebäude das schon genannte neue Orangenhaus zu vermuten. Das andere ist wahrscheinlich ein noch früher entstandenes Glashaus, welches dem Bau der hufeisenförmigen Orangerie geopfert wurde, jedoch in einem 1740 erstellten Inventar noch als »Glaßhauß am Orangen Hauß« auftaucht. Laut diesem Inventar befand sich gegenüber ein weiteres »Glashauß« und davor noch ein kleines »Treibhauß«. Das »Orangen Haus« selbst war von »purem Mauerwerck ausgeführt und mit Ziegeln angedeckt«. In der Mitte wurde es von einer mit Blech beschlagenen, runden Kuppel bekrönt, die offenbar erst nachträglich aufgesetzt worden war. »28 große Fenster mit 4 Flügeln aus weißen Glastafeln in eichenen Rahmen« ließen das nötige Licht ins Innere. Über dem Eingang befand sich eine Gesellenstube. Auch das »Wohn Hauß« ist in dieser Aufzählung enthalten.[16]

Zahlreiche Zukäufe von Orangen-, Pomeranzen-, Feigen-, Lorbeer-, Dattel-, Kaffee- und Granatäpfelbäumen, von Myrthen, Aloe, Zypressen und anderen kostbaren fremdländischen Gewächsen vermehrten die Pflanzenbestände beträchtlich. Das steigende Interesse des Herzogs an dem Besitz und der Anzucht dieser Pflanzen verband sich mit dem für die Zeit typischen Verlangen nach einer repräsentativen Orangerieanlage in Belvedere. Nach den Plänen von Gottfried Heinrich Krohne entstand ab 1739 unter geschickter Einbeziehung des alten Gärtnerwohnhauses das noch heute existierende hufeisenförmige Gebäudeensemble. Die beiden gekrümmten Seitenflügel enden in quadratischen Eckpavillons und bilden einen geschützten Hof für die allsommerliche Aufstellung der Pflanzen im Freien. Die Fertigstellung der Orangerieanlage dauerte insgesamt 16 Jahre. Der Bau begann mit dem nördlichen Orangerieflügel, der im Oktober 1741 »soweit avanciret gefunden worden, daß binnen 14 Tagen die Einräumung derer Orangen Bäume darin ohne weitere Hinterung wird geschehen können und präsentiret sich dieses orangen Hauß nachdem es nunmehr von innen und außen abgebuzet ist, wie ein Balai, und gibt dem Belveder ein rechtes Ansehen [...]«.[17] Die Arbeiten am Pavillon waren erst ein Jahr später abgeschlossen.

Mit dem Bau des südlichen Orangerieflügels wurde im Sommer 1746 angefangen, und er »muß zur Conservirung der kostbaren Orangerie ohnumgänglich zur Perfection gebracht werden«.[18] Ein Jahr später wurde immer noch am Innenausbau gearbeitet. Im August wollte der Gärtner Gentsch »keinen Baum einräumen lassen bis die Öfen gesetzt sind«.[19] Diese wurden dann von Eisenach und Ilmenau nach Belvedere gebracht und angeschlossen. Der Südpavillon mußte »noch von Grund heraus« errichtet werden. Offenbar hatte sich die finanzielle Situation 1747 so zugespitzt, daß selbst »die Handwerker, Leute und Tagelöhner in Ermangelung des Geldes aus der Arbeit gegangen« sind und »haben dieses zum größten Nachtheil der angefangenen Gebäude liegenlassen müssen [...]«.[20]

Die italienischen Händler Ravina und Bavastrelli, von denen der Herzog hauptsächlich seine ausländischen Pflanzen bezog, wurden ebenfalls nur unregelmäßig und in Raten bezahlt. Trotzdem wurde noch 1746 ein größerer Posten Kaffee- und Orangenbäume und »Staudten und Indianische Gewächsen« bezogen sowie im letzten Lebensjahr Ernst Augusts über den Erwerb von 50 Stück drei Meter hohen Lorbeerpyramiden aus Celle und Hannover verhandelt.[21]

Wie schon erwähnt, wurde ein Großteil der Gartenfläche von der Menagerie eingenommen. Lediglich parallel zur Gebäudefront erstreckte sich in der Breite des Abstandes zwischen Corps de Logis und den beidseitigen Kavalierhäusern ein von Osten nach Westen verlaufender Ziergartenstreifen, »welcher die rotierende Bewegung der sternförmigen Wegeanlagen gleichsam festlegte«.[22] Über das genaue Aussehen dieses Gartenstreifens ist wenig bekannt. Die Bauakten enthalten nur spärliche Hinweise und bei den Plänen und Ansichten ist nicht genau erkennbar, was von dem Dargestellten tatsächlich ausgeführt wurde. Die eigentlichen Parterreflächen nahmen nur zwei kleine, annähernd quadratische Areale hinter den Kavalierhäusern ein. Daran schloß sich östlich das Orangerieparterre und westlich, ungefähr auf der Fläche des heutigen Russischen Gartens, der sogenannte Obere Garten mit dem Kaninchenberg an. Für dessen Herstellung wurde im Frühjahr 1739 mit zwei vierspännigen Wagen Erde angekarrt. Zu beiden Seiten des Berges und »oben quer« wurden zwei Reihen Nußbäume gesetzt.[23]

In einem undatierten Kostenvoranschlag, der aus der Zeit um 1736 stammen muß, ist eine aufwendige Kaskadenanlage mit Treppen, Balustraden, plastischem Schmuck, Berceaus und zwei Pavillons aus Lattenwerk aufgeführt. Es ist jedoch fraglich, ob diese Anlage jemals begonnen wurde, zumal auf dem Belvederer Berg dafür das Wasser fehlte.[24] Bei dem ebenfalls in der Kostenaufstellung erwähnten »kleinen Schloßgarten auf der Caze« und dem sogenannten »dritten Parterre« könnte es sich um die beiden Parterreflächen rechts und links des Schlosses gehandelt haben. In ersterem sollten 14 Stück 1,8 m hohe Taxuspyramiden gepflanzt, Arkaden »oben mit Grillage bedeckt« angelegt, Steinbänke aufgestellt und ein grüngestrichener Holzpavillon erbaut werden. Für das »dritte Parterre« war ein aus Ulmen und Buchen gezogener Bogengang vorgesehen.[25]

Nördlich des Schlosses jenseits der Höfe erstreckte sich das »Vorderholz«, welches sternförmig von drei Alleen durchschnitten wurde. Die mittlere, die Hauptallee, führte vom Tor im Vorhof zum Hauptportal in der Ringmauer und von da direkt in die Stadt. 1756 wurde diese Allee ausgebaut und beidseitig mit Linden bzw. Kastanien bepflanzt. Von der Haupt- und den beiden Seitenalleen, die 1732 abgesteckt worden waren, zweigten mit Rasen belegte Promenadenwege ab. Diese Wege bildeten innerhalb des geradlinigen Achssystems ein bizarr verzweigtes Wegenetz. Die Gesellschaft konnte von den Alleen abschweifen und sich in den Bosketts »verlieren«. Hier zeigen sich erste Auflösungserscheinungen des strengen Ordnungssystems, eine Tendenz, die typisch für viele nach 1730 entstandene Anlagen wurde. Die Alleen und Wege waren mit bewachsenem Lattenwerk bzw. Hecken aus Hainbuchen und Fichten eingefaßt, die Nischen für Ruhebänke und an den Kreuzungspunkten sogenannte Cabinets mit kleinen Pavillons, Bassins oder Plastiken bildeten. Die eigentliche Bouscage bestand aus freiwachsenden Bäumen. Linden, Vogelbeeren, Elsbeeren, Birken, Hainbuchen und Fichten wurden alljährlich schockweise aus dem Berkaer Forst »zur Ausbesserung hiesiger Alleen und Bouscagen« gewonnen.[26]

Die gesamte Anlage wurde von einer 2,70 m hohen Mauer, die Tiroler Maurer ab 1733 erbaut hatten, umschlossen.

Die Weiterentwicklung des Parkes während der Regierungszeit der Herzogin Anna Amalia (1758–1775)

Als Herzog Ernst August 1748 in Eisenach starb, war sein Sohn Ernst August Constantin noch unmündig. Um die Staatsfinanzen zu konsolidieren, wurden unter der bis 1756 andauernden Vormundschaftsregierung rigorose Einsparungen durchgesetzt. Für Belvedere bedeutete dies, daß die Bauarbeiten verlangsamt bzw. ganz eingestellt sowie die Menagerie und die Fasanerie bis auf wenige Exemplare aufgelöst wurden. Lediglich die kostbaren Orangeriebestände konnten dank des besonderen Geschicks des 1739 eingestellten Hofgärtners Johann Ernst Gentsch erhalten werden. Unter seiner bewährten Leitung gelangte 1753 wiederum eine Agave americana zur Blüte. Aus diesem Anlaß wurde sogar ein gläsernes Treibetürmchen mit Rampen und einem Altan zum Betrachten der Blüten errichtet. Um dem Bauwerk ein gefälligeres Aussehen zu geben, wurde es mit Zypressensäulen dekoriert. Nach der Vermählung Ernst August Constantins mit Anna Amalia von Braunschweig-Wolfenbüttel im Jahre 1756 nahm das junge Paar seinen Sommersitz in Belvedere.

Anna Amalia behielt diese Gewohnheit auch nach dem frühen Tode ihres Gemahls, 1758, bei und residierte bis 1775 allsommerlich in dem ihr liebgewordenen Lustschloß.

Inzwischen kündigten sich in Europa tiefgreifende gesellschaftliche Wandlungen an, die auch auf dem Gebiet der Gartenkunst zu Veränderungen führten. Der symmetrische, französische Garten als Ausdruck absolutistischen Herrschertums machte der Gestaltung von natürlichen, englischen oder, wie man heute sagt, Landschaftsgärten Platz. Toleranz, aufklärerisches Denken und nicht zuletzt ein verändertes Naturverständnis wurden von Anna Amalia am Weimarischen Hof gefördert. Der veraltete Belvederer Lustgarten entsprach dem Bedürfnis nach ungezwungenem Aufenthalt und heiterer Geselligkeit in der Natur nur noch sehr bedingt. So kam langsam ein Prozeß der Auflösung und Umgestaltung in Gang.

In umittelbarer Schloßumgebung blieb die geometrische Aufteilung, wenn auch in vereinfachter Form, vorerst erhalten. Von der ehemaligen Menagerie existierten noch einige Gebäude, die nunmehr als Backhaus, Kohlenhaus, Holzremise, Küchengebäude und Wohnung für die Offizianten genutzt wurden. Einige Zwinger und »Holken« für wilde Tiere blieben, ebenso wie die beiden großen Bassins, bestehen. Das vordere Wasserbecken umgaben »rund herum Buchenhecken und Bosquets, deren Mitte mit hochstämmigen Obstbäumen« besetzt war.[27] Die linke Segmentfläche der ehemaligen Menagerie wurde in ein Parterre umgewandelt, »worin Herzogin Amalien ihr Name mit Buchsbaum ausgelegt war. Die Ausfüllung war Jungfernglas und gemahlenes Porzellan.«[28] Ein halbrunder, aus Linden gezogener Bogengang schloß diese Partie ab.

Der hinter dem westlichen Kavalierhaus befindliche Garten mit dem Kaninchenberg wurde beibehalten. Der Hügel war mit Spalierobst bepflanzt und wurde von einer Windmühle bekrönt.[29] In dem Gartenteil dahinter befand sich die zum Gasthof gehörige Kegelbahn sowie das Jägerhaus mit seinem Hof. Östlich des Schlosses blieb in Grundzügen das Luststück mit den Taxuspyramiden erhalten. Von da führten Stufen auf den Orangenplatz. Die beiden Orangeriepavillons dienten der Hofgesellschaft inzwischen als Theaterraum bzw. Gesellschaftszimmer. Die gekrümmten Gebäudeflügel beherbergten winters die zahlreichen Orangen- und Lorbeerbäume, Zypressen und anderen südländischen Pflanzen. In dem kuppelbekrönten, alten Orangenhaus wurden im Mitteltrakt hauptsächlich die hohen Lorbeerkugeln und -pyramiden aufbewahrt. Später diente es als Ball- und Reithaus. Um 1760 ließ Herzogin Anna Amalia ein langes Glashaus mit schräggestellter Glasfront und Sonnenfang errichten. Dieses Haus enthielt vier Abteilungen: zwei für Orangenbäume, eine diente der Zwetschentreiberei und eine war den Kaffeebäumen vorbehalten. Diese »hingen voller Früchte, so daß jährlich einige Pfund Kaffeebohnen geerntet wurden. Der davon gekochte Kaffee war delicat und stärker als der Levantische [...].«[30]

Das Gelände des früheren Tier- und Wildgartens, das bis hinab ins Possenbachtal reichte, wurde nunmehr ebenfalls in die Parkgestaltung einbezogen. Den Possenbach staute man zwischen 1767–1770 zu einem 200 Meter langen und 23 Meter breiten Weiher an, auf dem gegondelt werden konnte. Mit der Errichtung der sogenannten Riesengrotte und der Fortsetzung der Schloßhauptallee als Riesenallee am jenseitigen Teichufer wurde der erste Schritt über die Parkgrenze hinweg in die Landschaft getan. Im diesseitigen Hangbereich wurden neue, schräg und quer verlaufende Achsen angelegt, deren Kreuzungspunkte zu verschiedenartig ausgestatteten Plätzen ausgeweitet wurden.

Das Rondell, wo sich heute die Große Fontäne befindet, bildete in dem System der neuangelegten Wege und Alleen einen zentralen Punkt. Weitere kleine, versteckt in den Gehölzbeständen liegende Schmuckplätze luden zum Abweichen von den geraden Wegen ein und erzeugten den Eindruck des Zufälligen und Überraschenden. Hier konnte sich die Hofgesellschaft amüsieren, sich frei

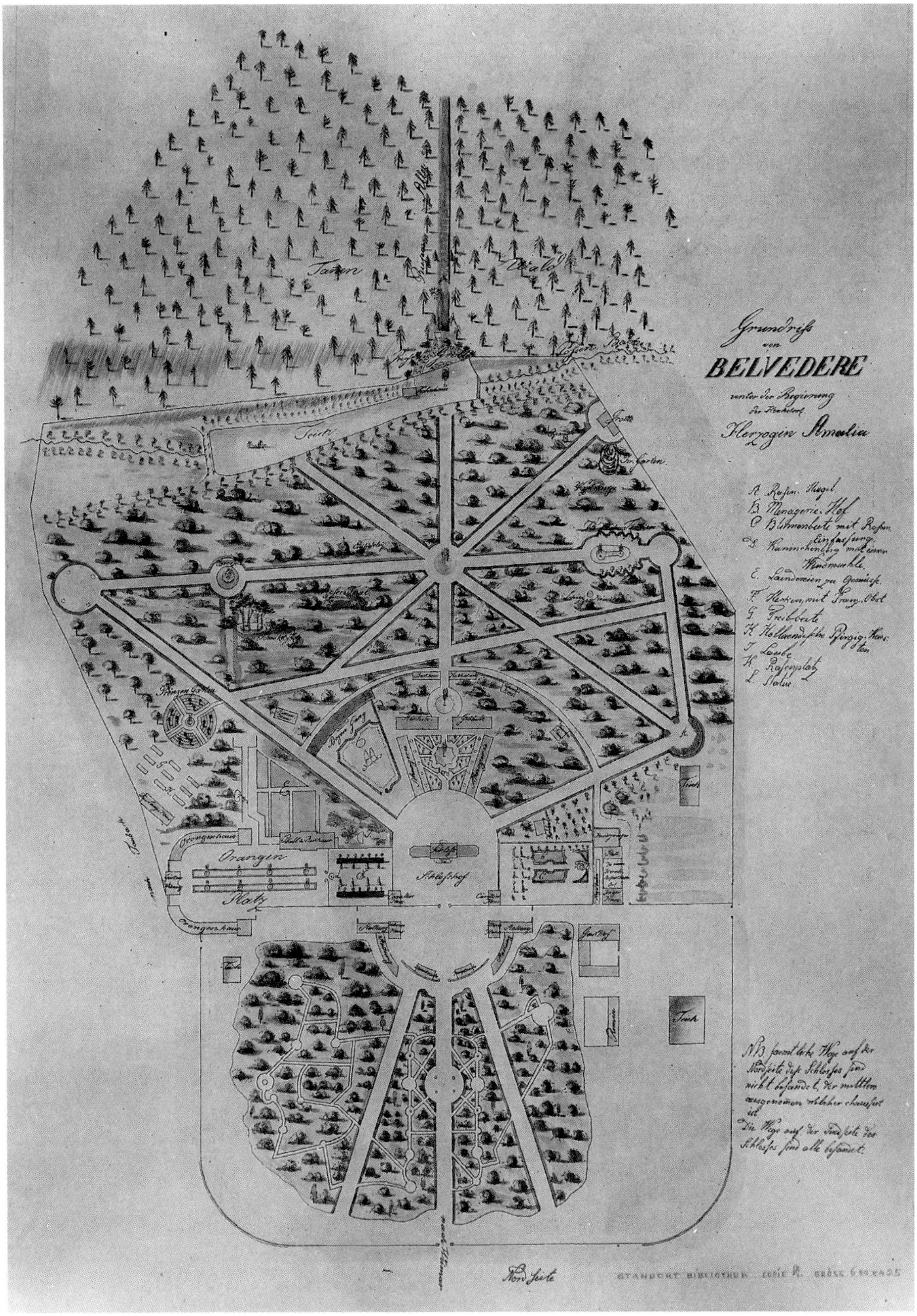

Abb. 19: Unbekannt, »Grundriß von Belvedere unter der Regierung der Hoechstsel. Herzogin Amalia«, kolorierte Federzeichnung, Kopie eines verschollenen Originals. Stiftung Weimarer Klassik, Graphische Sammlungen des Goethe-Nationalmuseums

und zwanglos bewegen. Ein Trou-Madame-Spiel, Schaukeln, ein Karussell, Plätze zum Vogel- und Scheibenschießen, eine Eremitage, eine Grotte mit Wasserscherzen, eine Kaskadenanlage, die »Hohe Theatrie« genannt, die »Riesengrotte« mit aus Tuffsteinen gebildeten »Riesenköpfen« und die sogenannte Riesenallee, die von grotesken, überdimensionalen, offenbar nur halbfertig ausgebildeten Steinfiguren flankiert wurde, seien hier erwähnt.

Nach der Übernahme der Regierung durch Carl August und seiner Heirat mit Luise von Hessen-Darmstadt im Jahre 1775 verlegte Anna Amalia ihren Sommersitz erst nach Schloß Ettersburg und ab 1781 nach Tiefurt.

Großherzog Carl August und der Hortus Belvedereanus (1775–1828)

Carl August nutzte Schloß Belvedere nur bis Mitte der achtziger Jahre gelegentlich als Sommersitz. Seine Gemahlin hielt sich öfter hier auf. Der veraltete Park interessierte den Herzog nicht mehr. Er fand sein gartenkünstlerisches Betätigungsfeld unmittelbar vor den Toren der Stadt im Ilmtal, wo ab 1778 mit der Gestaltung erster Anlagen und Partien im englischen Geschmack begonnen wurde. Mehrfache Besuche des Wörlitzer Parkes gaben Anregungen und verstärkten die gartenkünstlerischen Ambitionen des jungen Herzogs.

Belvedere versank in einer Art Dornröschenschlaf, blieb aber für die Hofgesellschaft und die Weimarer Bürger ein beliebtes Ausflugsziel, ein Ort für Picknicks, Spiele, Spaziergänge und Schlittenfahrten. Goethe weilte am 11. Dezember 1775 erstmals hier. Im Mai 1776 legte er eine Einsiedelei mit »allerley Pläzgen drinn für arme Krancke und bekümmerte Herzen« an.[31] Ein Jahr später, im Juni 1777, fing er mit einem Hoffräulein in einem der Teiche Fische und buk sie gleich vor Ort. Ein andermal heißt es: »Die Ruinen ruiniert.«[32]

Daß der Verfall der Anlagen voranschritt, belegt der Bericht eines Besuchers aus dem Jahre 1799: »[...] Was den guten Geschmack beleidigte in seiner Pracht, das rührt ihn in seiner Zerstörung. Die verheerten, traurenden Kunstwerke und Gebäude, die zertrümmerten Mythen, die über den ganzen Ort zerstreut sind [...], geben dem fühlenden Wanderer das Bild der Ruinen einer alten Herrlichkeit, über welche er mit bewegter, ernster, nachdenkender Seele hinwandelt, wie der Kunstpilger in den wüsten Gegenden des alten Roms.«[33]

Von 1796 bis 1801 beherbergte Schloß Belvedere ein Erziehungsinstitut für begüterte junge Engländer, das von dem französischen Emigranten und ehemaligen Präsidenten der Nationalversammlung Jean Joseph Mounier geleitet wurde. Seine Zöglinge erhielten die Erlaubnis, das Luststück am Orangenplatz zu nutzen, was jedoch offenbar zu Streitereien mit den Gartenarbeitern und zu Protesten des

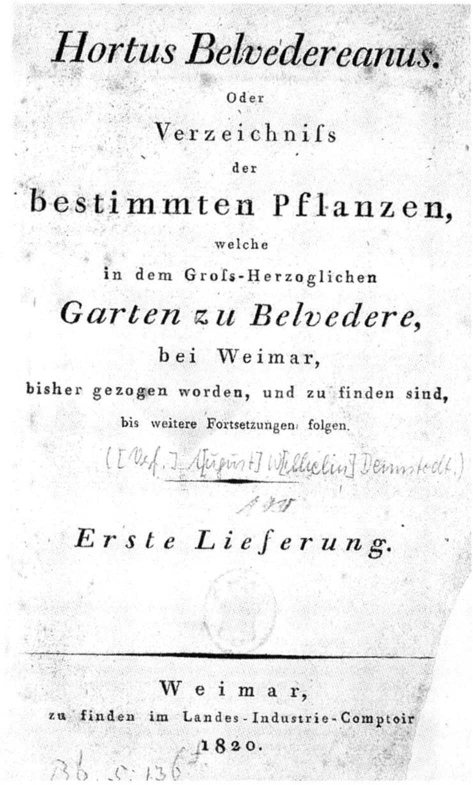
Hortus Belvedereanus.
Oder
Verzeichniſs
der
bestimmten Pflanzen,
welche
in dem Groſs-Herzoglichen
Garten zu Belvedere,
bei Weimar,
bisher gezogen worden, und zu finden sind,
bis weitere Fortsetzungen folgen.

Erste Lieferung.

Weimar,
zu finden im Landes-Industrie-Comptoir
1820.

Abb. 20: August Wilhelm Dennstedt, Hortus Belvedereanus, Weimar 1820, Titelseite. Stiftung Weimarer Klassik, Herzogin Anna Amalia Bibliothek

Hofgärtners Johann Conrad Sckell führte. Sckell hatte 1796 die Nachfolge des auf eigenen Wunsch ausgeschiedenen Hofgärtners Johannes Friedrich Reichert angetreten. Aus Anlaß dieses Wechsels wurde eine Revision der Pflanzenbestände von Orangerie und Gärtnerei durchgeführt, die zeigt, daß die Belvederer Kulturen immer noch auf einem hohen Niveau standen und eine große Anzahl seltener und kostbarer Gewächse existierte.

Es wurden
680 Stück Orangenbäume verschiedener Größe
46 Stück Myrthenbäume
15 Stück Feigenbäume
28 Stück Granatapfelbäume
47 Stück Lorbeerbäume
32 Stück Zypressen
30 Stück Aloe und
1486 Stück Ananaspflanzen gezählt.

Hinzu kam eine lange Liste sogenannter exotischer Pflanzen, zu denen unter anderem Oleander, verschiedene Salvien- und Pelargonienarten, Passionsblumen, Studentenblumen, Goldlack und Rhizinus gerechnet wurden.

Neben der Gartenkunst interessierte sich der Großherzog seit den neunziger Jahren zunehmend für Botanik und Pflanzenkunde. Dank seiner großzügigen Förderung und Unterstützung konnten die Bestände durch Tausch und Zukauf enorm vergrößert werden. Aus London kamen sogenannte englische Hölzer und weitere Ananaspflanzen. In Haarlem (Holland) wurden zahlreiche Blumenzwiebeln erworben. Ein Handelspartner aus Philadelphia (Nordamerika) schickte per Schiff 1818 einige Kisten mit Pflanzen und ein Faß mit Samen. Verschiedene Nußarten, Magnolien, nordamerikanische Eichen, Tulpenbäume, einige Hartriegel-Arten und viele andere Gewächse befanden sich darunter. Alexander von Humboldt besorgte für Carl August in Paris 300 seltene Samensorten. Auch der Russisch Kaiserliche Gartendirektor Weinmann aus Pawlowsk sandte große Mengen außergewöhnlicher Samen. Ständig

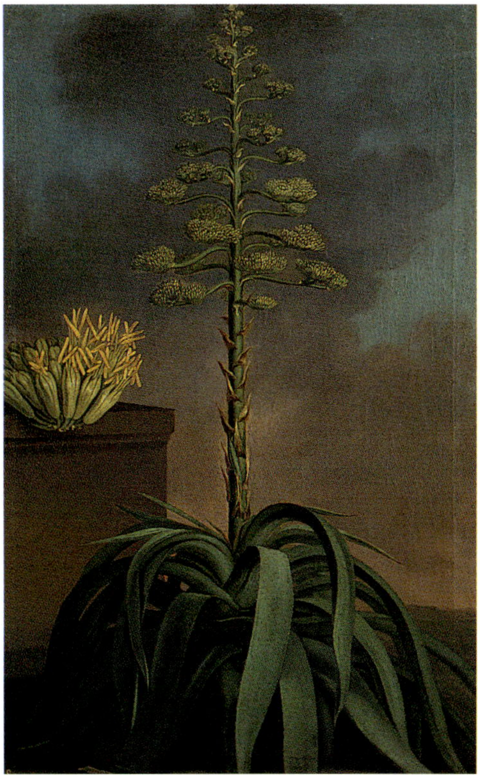

Abb. 21: Unbekannt, Agave americana, Öl/Leinwand, um 1740/45

kamen weitere in- und ausländische Gewächse hinzu, so daß Belvedere bald in dem Ruf stand, eine der reichhaltigsten Pflanzensammlungen auf dem europäischen Festland zu besitzen.[34]

Der enorme Pflanzenreichtum erforderte eine möglichst genaue Bestimmung und Auflistung der einzelnen Arten. Mehreren Verzeichnissen aus den Jahren 1812–1817 folgte 1820 der *Hortus Belvedereanus*. Verfasser war der Apotheker und spätere Jenaer Botanikprofessor August Wilhelm Dennstedt, der über drei Jahre an der Zusammenstellung dieses Katalogs gearbeitet hatte. Er enthielt ca. 7900 Arten und Varietäten, die »bei weitem nicht den ganzen hiesigen Reichtum [...]« ausmachten, da nur diejenigen aufgenommen wurden, »welche ich in der kurzen Zeit meiner Anstellung genau untersuchen und bestimmen konnte«, schrieb Dennstedt im Vorwort.[35]

Das Verzeichnis diente auch merkantilen Zwecken. Jedoch wurden 250 Exemplare der ersten Auflage ohne Preisangaben zu wissenschaftlichen Zwecken gedruckt und an die Leiter der berühmtesten botanischen Gärten jener Zeit gesandt, was den Anspruch Belvederes, auch als ein solcher zu gelten, bekräftigte. Bis 1826 folgten mehrere Ergänzungen und Neuauflagen. Goethe unterstützte die Herausgabe des Katalogs mit allen Kräften. Er und Carl August weilten in jenen Jahren sehr häufig in Belvedere. Sie gingen gemeinsam durch »die sämmtlichen Häuser«, besprachen botanische Versuche, machten sich gegenseitig auf neuerworbene Gewächse sowie die neueste pflanzenkundliche Literatur aufmerksam und informierten einander vom Flor seltener Pflanzen.[36] Der fürstliche Botaniker verfaßte 1818 selbst einen Aufsatz in englischer Sprache, *Account of a species of casuarina* [Casuarina = Streitkolbenbaum] für den dritten Band der *Horticultural Transactions*, dem eine Ansicht dieses 1810 aus Paris bezogenen, über 5 Meter hohen, seltenen australischen Baumes beigefügt war. In Belvedere gab es damals immerhin sieben verschiedene Casuarina-Arten.

Carl August hatte von seiner 1814 durchgeführten Englandreise die Idee zum Bau sogenannter Erdhäuser mitgebracht. Zwischen 1816 und 1818 wurden zwei solcher Häuser in der Nähe des Küchgartens und später ein drittes in der Gärtnerei errichtet. Es handelte sich hierbei um in den Erdboden versenkte Gewächshäuser, die die Erdwärme ausnutzten und den Pflanzen eine annähernd gleichbleibende Temperatur von 4–6° C boten. Mit einer zusätzlichen Heizung versehen, konnten sie auch als Treib- oder Warmhäuser verwendet werden. In der Belvederer Gärtnerei wird noch heute ein Erdhaus betrieben.

Im Jahre 1808 war das alte, inzwischen baufällig gewordene Orangenhaus abgerissen und der eingeebnete Platz in den Park einbezogen worden. Als Ersatz veranlaßte Carl August den Bau eines neuen Treibhauses »auf englische Art«, welches an das schon bestehende Lange Haus angefügt wurde. 1817 kam noch ein »lediglich aus eisernen Stäben und großen Glasscheiben« bestehendes Gewächshaus, das auch als »eisernes Haus« oder »Neues Haus« bezeichnet wurde, hinzu.[37]

Die anstelle der einzelnen Öfen 1819–1821 eingebaute, bis in die Gegenwart betriebene Kanalheizung führte zu einer weiteren Verbesserung der Kulturbedingungen. Gleichzeitig wurde an das nordöstliche Ende des Langen Hauses ein Pavillon, wegen seines Anstrichs auch der »Rote Turm« genannt, angebaut. Sechs Wandbilder mit chinesischen Landschafts- und Figurendarstellungen von Adam Friedrich Oeser, die dieser ursprünglich für ein inzwischen abgerissenes Gartenhaus am Wittumspalais gemalt hatte, zieren das Innere. »Am Schluß der Gewächshäuser ist ein runder Thurm befindlich, durch dessen hohe Fenster die ganze Gegend wie ein Rundgemälde das Auge entzückt.«[38] Dieser Turm bot dem Großherzog und interessierten Gästen Platz für ihre botanischen Studien. Mappen mit kolorierten Pflanzendarstellungen und botanische Werke lagen zu diesem Zweck aus.

Die Umgestaltung Belvederes in einen Landschaftspark unter Großherzog Carl Friedrich und Großherzogin Maria Pawlowna (1811–1859)

Im Sommer des Jahres 1804 hatte es in Petersburg die für den Weimarer Hof äußerst bedeutsame Heirat des Erbprinzen Carl Friedrich mit der russischen Zarentochter Maria Pawlowna gegeben. Beide sollten Belvedere als Sommerresidenz erhalten. Die bald folgenden Kriegswirren und die napoleonische Besetzung Weimars verhinderten dies jedoch vorerst. Die französischen Soldaten richteten in Belvedere große Schäden an. Nur durch wiederholte Vorsprache beim Kommandanten konnte Johann Conrad Sckell die Orangerie retten. Trotzdem gingen wertvolle Pflanzen, wie z. B. einige der seltenen Agave americana, kaputt.

Abb. 22: Julius Sckell, »Plan des Rußischen Gartens im Großherzgl. Park zu Belvedere bei Weimar«, kolorierte Federzeichnung, nach 1850. Stiftung Weimarer Klassik, Dezernat Gartendenkmalpflege. Die Darstellung zeigt im Anschluß an den Russischen Garten das Heckentheater.

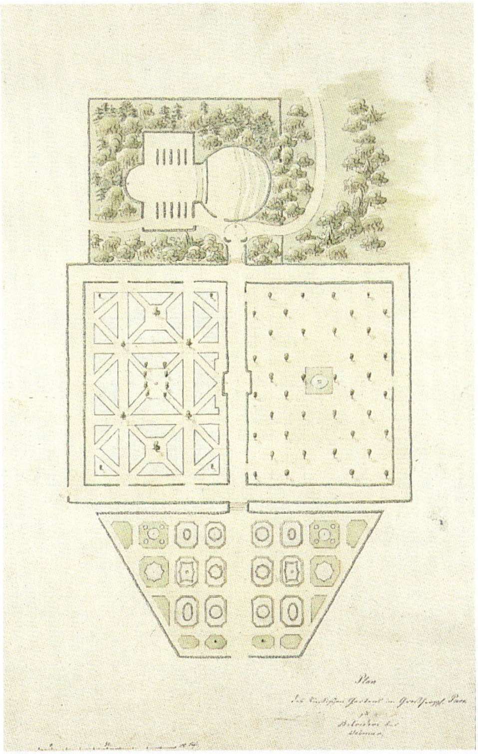

Im Jahre 1811 konnte die Übergabe endlich erfolgen. »Ich habe meinem Sohn ganz Belvedere, nur mit Ausnahme des Gasthauses, der Orangerie, der Treibhäuser und des Küchgartens, zur freien Disposition gegeben, deswegen kann er von allen übrigen Gebäuden und Grundstücken machen was, und benutzen wie er will.«[39] Zu diesem Zeitpunkt hatte die Umgestaltung der unmittelbaren Schloßumgebung bereits begonnen. Ein erster, noch recht unbeholfener Entwurf dafür stammte von Johann Conrad Sckell. Dieser plante zum Beispiel, die Fläche hinter dem Schloß in einen Teich mit unregelmäßiger Uferlinie zu verwandeln; ein Projekt, das nie verwirklicht wurde. Hingegen wurde zwischen 1807 und 1811 der obere Teil der Belvedere Allee verlegt, so daß sie nunmehr in einem sanft-

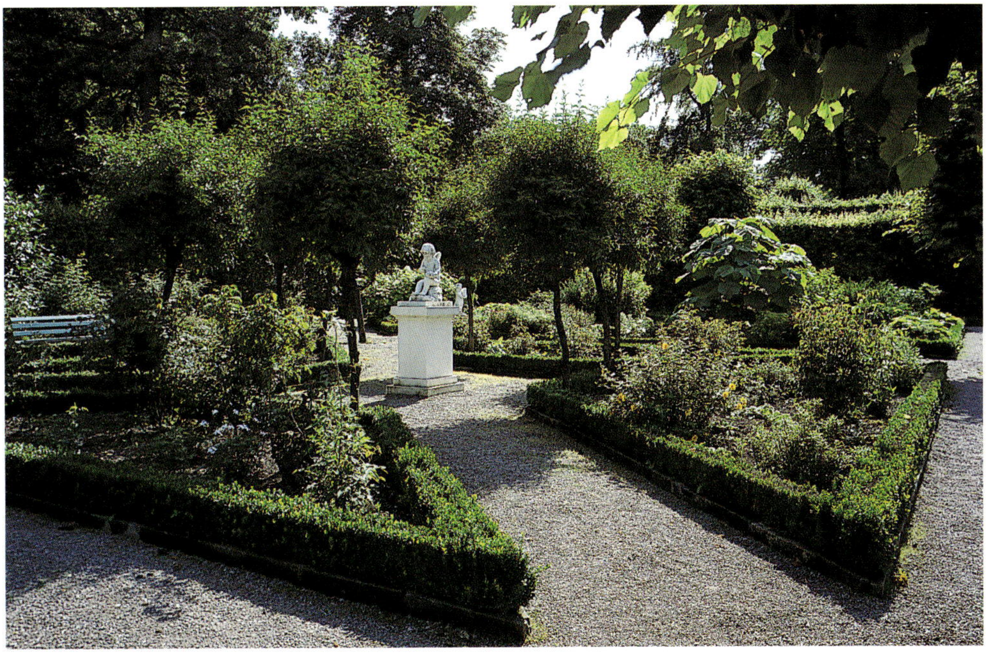

Abb. 23: Blick in den sog. Amorgarten des Russischen Gartens

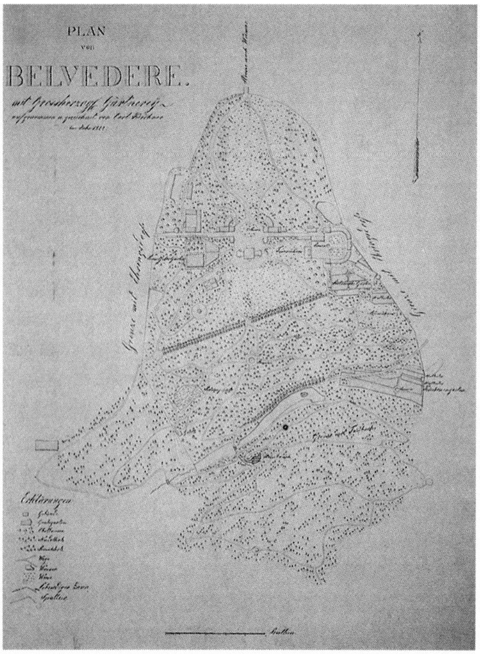

Abb. 24: Carl Kirchner, »Plan von Belvedere mit Grossherzogl. Gärtnerey«, Federzeichnung, 1822

geschwungenen Bogen um eine großzügige Wiesenfläche herum an das Schloß heranführte. Dem war der Abriß der desolaten Wach- und Wirtschaftsgebäude sowie der letzten Vogelhäuser der ehemaligen Menagerie vorausgegangen. Die Mauern des Schloßhofes waren schon längst gefallen. Die äußere Ringmauer wurde bis 1844/45 endgültig beseitigt.

Zu Beginn des Jahres 1808 beabsichtigte Carl August, seinem Sohn »eine Fontaine auf den Schloßplatz in Belveder setzen [...]« zu lassen,[40] ein Vorhaben, welches offenbar erst zehn Jahre später realisiert werden konnte.

Eine der ersten Umgestaltungsmaßnahmen, die auf Veranlassung des Erbgroßherzogs durchgeführt wurden, war die Anlegung des sogenannten Russischen Gartens im Sommer 1811.[41] Dieser von Laubengängen umzogene Garten mit seiner typischen Dreiteilung (Blumen-, Amor-, Lindengarten) glich dem »Höchsteigenen Garten« am Pawlowsker Zarenpalais, wo Maria Pawlowna die Sommer ihrer Kindheit und Jugend verbracht hatte, und sollte für sie eine liebe Erinnerung an die Heimat sein. Über die ursprüngliche Bepflanzung und Ausstattung ist wenig bekannt. Rechnungen aus dem Jahre 1818 belegen Reparaturen an einem Amor, einer Flora, einer Wasser-Figur und einem Papagei auf einer Laube.[42] An anderer Stelle wird eine Voliere am Eingang erwähnt. Einen detailliert gezeichneten Grundriß gibt es erst aus der Zeit nach 1850.

Der Russische Garten war wie auch die anderen mit »Garten« bezeichneten Parkteile (Prinzen- und Prinzessinnengarten, Küchgarten, Botanischer Garten) eingezäunt und so als privates Refugium von der öffentlichen Nutzung ausgeschlossen. Hier konnten sich die Mitglieder der herzoglichen Familie ungestört und unbeobachtet aufhalten.

Das Heckentheater wurde als »Neue Anlage hinter dem Rußen Garten« 1823/24 geschaffen und mit zwei Plastiken, einer Flora und einer Thalia, geschmückt.[43] Für die Hecken und Kulissenwände wurden Hainbuchensetzlinge im Ettersburger und Troistedter Forst gewonnen. Ob und wie das Heckentheater damals genutzt wurde, bleibt unklar. Der Irrgarten rechts des Einganges zum Russischen Garten wurde erst 1843 angefügt.

Zwischen 1811 und 1815 haben auch die von Carl Friedrich initiierten und größtenteils aus seiner Privatschatulle bezahlten Umgestaltungen im Park selbst begonnen.[44] Bis ca. 1830 entstand ein Landschaftspark nachklassisch-romantischer Prägung, für den Kleinräumigkeit, Buntheit und Vielfalt in der pflanzlichen wie architektonischen Ausstattung charakteristisch sind. Das achsiale Alleensystem wurde vollkommen aufgelöst und durch ein Netz von annähernd hangparallelen Schlängelwegen, in welches die einzelnen Schmuckplätze »wie Perlen« eingeknüpft sind, ersetzt. Verschiedene Plätze und Rondells der Epoche Anna Amalias wurden beibehalten und in veränderter Form in den neuen Park einbezogen.

Die *Große Fontäne* ist solch ein Punkt. Anläßlich einer Reparatur des Wasserbeckens im Jahre 1839 heißt es in der Kostenzusammenstellung, daß diese Wasseranlage schon 1809 hergestellt worden sei.[45] Die Fontäne wird wie alle Wasserspiele im Park aus dem Schirmteich gespeist. Aufgrund des natürlichen Hanggefälles kann der Springstrahl ohne technische Hilfsmittel bis zu 10 m hoch steigen und braucht im Winter nicht abgestellt zu werden. Dies führt bei großer Kälte zur Bildung eines bizarren Eisberges. Vom Fontänenplatz aus hat man in westlicher Richtung eine Sicht auf die *Künstliche Ruine* oder *Große Grotte*. Ihr Grundkörper rührt von der Grotte mit den Wasserscherzen her. Durch verschiedene An- und Umbauten erhielt sie um 1815 das Aussehen einer verfallenen Kapelle, durch deren Gemäuer der Wind heult; ein Eindruck, der durch die auf dem Altan angebrachte Äolsharfe noch verstärkt wurde. Diese Windharfe ist heute nicht mehr vorhanden. Von dem Altan hat man jedoch einen schönen Blick entlang des Possenbachtals.

Um den Talgrund interessanter zu gestalten, wurden zwischen 1820 und 1823 erneut zwei Teiche ausgehoben und der Possenbach angestaut. Auch dieses Mal war dem Unterfangen nur kurzzeitig Erfolg beschieden. Mangelnder Zufluß, Verstopfungen und undichte Stellen in der Teichsohle führten trotz aller Bemühungen immer wieder zu einem Absinken des Wasserspiegels. So begnügte man sich ab 1842 mit dem im Wiesengrund dahinschlängelnden Bachlauf.[46] Außer der Großen Grotte existiert im Belvederer Park auch eine *Kleine Grotte*, die 1824 noch die Bezeichnung »Voliere« trug. Auf Pflanzenlisten aus den Jahren 1842/43 wird eine »neue Anlage bei der großen Baumschule«, die mit runden und ovalen Blumenbeeten und einer kleinen Fontäne ausgestattet war, erwähnt. Heute ist das Fontänenbecken mit Taglilien bepflanzt.

Wendet man sich von der Großen Fontäne in östlicher Richtung hangabwärts, so gelangt

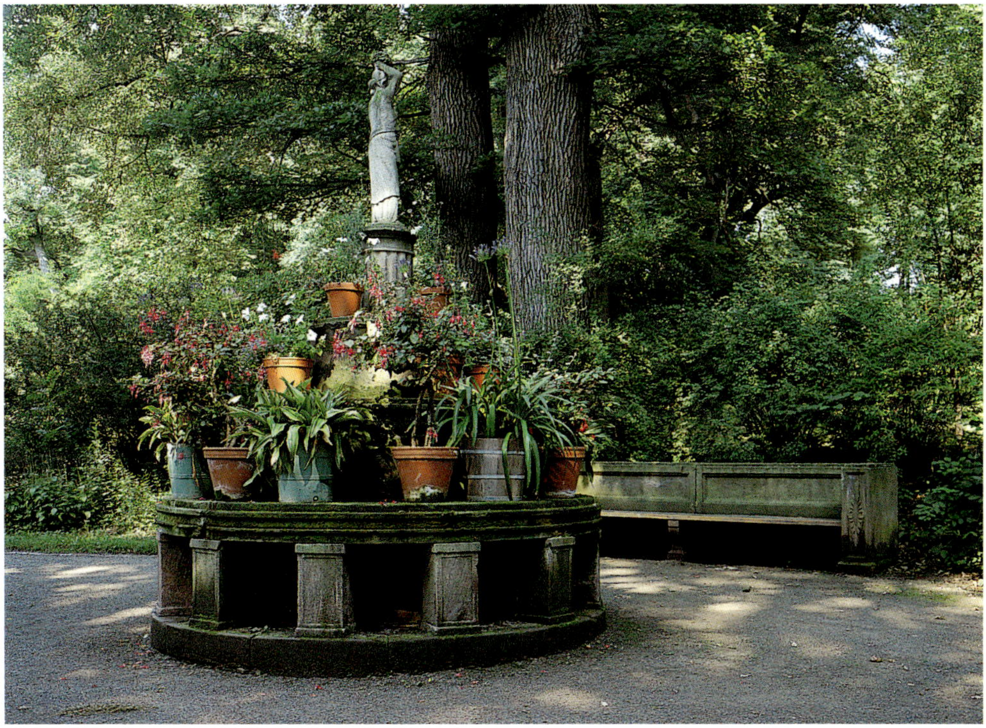

Abb. 25: Floraplatz mit der steinernen Blumenstellage

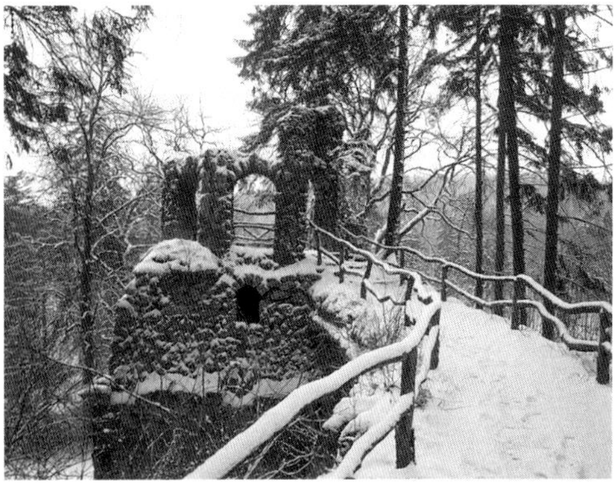

Abb. 26: Weg auf den Altan der Künstlichen Ruine oder Großen Grotte

man zum *Rosenberceau*. Dieser von grüngestrichenen Holzbögen eingefaßte Schmuckplatz mit den Rosenbeeten und dem steinernen Brunnenbecken in der Mitte entstand zwischen 1821 und 1823. Sein Vorbild ist im Rosengarten des Humphry Repton in Ashridge bei London zu suchen. Dessen Buch *Fragments on the Theory and Practice of Landscape Gardening* von 1816, in dem dieses Rosenrondell abgebildet ist, befand sich im Bestand der herzoglichen Bibliothek. Nach dem Tode Carl Friedrichs wurde in einer Nische des Platzes seine Büste aufgestellt. Diese ist inzwischen jedoch verschollen.

Auf dem *Rosenlaubenplatz* wuchsen ursprünglich Centifolien, Moosrosen, Ranunkelrosen und Dijonrosen. Die Holzlaube wurde 1815 fertiggestellt und ein Jahr später weiß angestrichen. Zu Anfang stand, flankiert von zwei Ovalbeeten, nur die Büste Carl Augusts hier. Die der Herzogin Luise wurde erst später als Pendant aufgestellt. Heute befinden sich hier zwei Kunststeinabgüsse.

Die steinerne Blumenstellage auf dem *Floraplatz* wurde, wie eine bei der Restaurierung gefundene Inschrift besagt, 1815 angefertigt. Die Anregung dazu entnahm man einem Ideenmagazin, das zwischen 1806 und 1809 herausgegeben wurde und genau solch eine Stellage abbildet.[47] Auf der Stellage standen Blumentöpfe mit Hortensien. Heute werden allsommerlich blühende Kübelpflanzen rund um die Göttin Flora gesetzt.

Zwischen dem Floraplatz und dem Rosenberceau liegt am Hang der *Gelehrtenplatz*, der um 1818 entstand. 1820 wird erstmals eine »Röhrenfahrt zu dem Sprink Passin auf dem Rundtheil, wo die 4 Gelehrten stehen« in den Akten erwähnt.[48] Das Wasserbecken kam nicht zur Ausführung, stattdessen wurde ein Rundbeet angelegt. Ursprünglich standen Tonbüsten von Goethe, Schiller, Herder und Wieland auf diesem Rondell. 1875 entfernte man sie wegen erheblicher Beschädigungen. 1978 wurden im Zuge der Wiederherstellung dieses Platzes vier Kunststeinabgüsse als Ersatz aufgestellt.

Die schilfgedeckte, auch als Eremitage bezeichnete *Mooshütte* stand 1818 schon, während an dem davorliegenden runden Bassin noch gearbeitet wurde.[49] Das ovale Fenster in der Mitte bildet den Rahmen für einen schönen Blick über den Sprudelstein hinweg zum gegenüberliegenden Waldhang.

Unterhalb, am Hangfuß, befindet sich der ehemalige *Küchgarten* mit dem Gärtnerhaus. Von diesem Garten, den sich Herzog Carl August 1811 noch zur eigenen Verfügung ausbedungen hatte und der zwischen 1816 und 1820 von Carl Friedrich zum »neuen Küchengarten« umgestaltet wurde, sind nur noch Reste erhalten. Damals waren die Wege von hölzernen Bogengängen, die mit Schlingern bepflanzt waren, überwölbt. Entlang der Mauern standen Spaliere mit Obst und Wein. Es gab ein Rosenrondell, ein Wasserbassin und eine kleine Grotte.[50]

Carl Friedrich kommt auch das Verdienst zu, Park und Landschaft endgültig miteinander verbunden zu haben. Durch die Einbeziehung des jenseitigen Hanges in die Verschönerungen erfolgte der Übergang von der Parkanlage in den Wald nunmehr unmerklich. Seit 1813 waren im angrenzenden Forst Promenadenwege angelegt worden. An Architekturen und Schmuckanlagen kamen 1815 ein strohgedeckter Jagdschirm, 1819 die Statue der Göttin Diana, 1822 der Schneckenberg und 1822/23 ein steinerner Obelisk hinzu.

Eine Reihe weiterer Ausstattungsstücke wie der strohgedeckte japanische Schirm neben dem nach ihm benannten Schirmteich, die große Glaskugel von dem gleichnamigen Platz, ein Vogel- und ein Bienenhaus, eine Schaukel und ein Karussell sind im Laufe der Jahre ebenfalls aus dem Park verschwunden.

Der um 1815 für die beiden Töchter des Herzogspaares Marie und Augusta angelegte Prinzessinnengarten war ebenso wie der 1826 angegliederte Garten für den Prinzen Carl Alexander zum Spielen, Lernen und Verrichten von Gartenarbeit gedacht. Der Prinzengarten wurde auch noch erhalten und gepflegt, als sein ursprünglicher Nutzer schon längst erwachsen war.

Als Carl Friedrich 1828 die Regierung im Großherzogtum übernahm, war die Umgestaltung Belvederes in einen Landschaftspark im großen und ganzen vollendet. In der Folgezeit gingen die gartenkünstlerischen Aktivitäten zunehmend auf Maria Pawlowna über, die sich bald den Ruf einer großzügigen Förderin von Landwirtschaft, Gartenbau und Botanik erwarb. Die hohe Wertschätzung, die Belvedere damals gerade in botanischer Hinsicht immer noch genoß, zeigte sich darin, daß die 1835 in Jena tagende Versammlung deutscher Naturforscher und Ärzte mit Alexander von Humboldt an der Spitze den hiesigen Anlagen einen Besuch abstattete und an einem Festessen in der Orangerie teilnahm. Auch der berühmte Gartenkünstler Hermann Fürst von Pückler-Muskau fand zehn Jahre später bei einem Besuch lobende Worte für die neuen Anlagen im Belvederer Park, die er als »vortrefflich gelungen« bezeichnete.[51]

Zu diesem Zeitpunkt jedoch hatte der Jenaer Botanische Garten Belvedere bereits den Rang abgelaufen. »Es hat seinen damaligen Zweck erfüllt, und ist in dieser Hinsicht von keiner Bedeutung mehr [...]«, heißt es in einem Zeitungsartikel von 1848. Ferner hebt der Autor des Artikels die herrlichen alten Bäume, das frische Rasengrün und die überraschenden Aussichten hervor, meint aber, daß es an manchen Stellen zuviel Blumen gäbe »und an Orten, wo sie besser ganz weggeblieben«.[52] Diese Aussage deutet eine Tendenz an, die sich in der Folgezeit noch verstärkte. Das Dekorative rückte in den Vordergrund und drängte den pflanzenkundlichen Aspekt mehr und mehr zurück. An Wegegabelungen, Sitzplätzen und anderen wichtigen Punkten wurden Blumenkörbe und ornamentale Beete angelegt und sogar Blumenampeln in die Bäume gehängt. Große Orangenbäume in Kästen, die durch Festons von Schlingpflanzen verbunden waren, erzeugten gemeinsam mit Rosenbögen und bepflanzten Drahtkörben vor der Südfront des Schlosses ein üppiges, fast südländisches Flair.

Mit dem Tode Carl Friedrichs 1853 und Maria Pawlownas 1859 endete diese für Belvedere so bedeutsame Periode.

Die Epoche Carl Alexanders und die weitere Entwicklung der Parkanlage bis heute

Carl Alexanders Lieblingsschloß war Ettersburg. Dort hielt er sich häufig auf. Die Belvederer Anlagen ließ er trotz mangelnder Finanzen weiterhin in pietätvoller Weise pflegen. Eduard Sckell und ab 1873 seine beiden Söhne Julius und Armin bemühten sich als Hofgärtner bzw. Garteninspektoren, die wertvollen Pflanzenkulturen und den Park in gutem Zustand zu erhalten. Sie konnten jedoch nicht

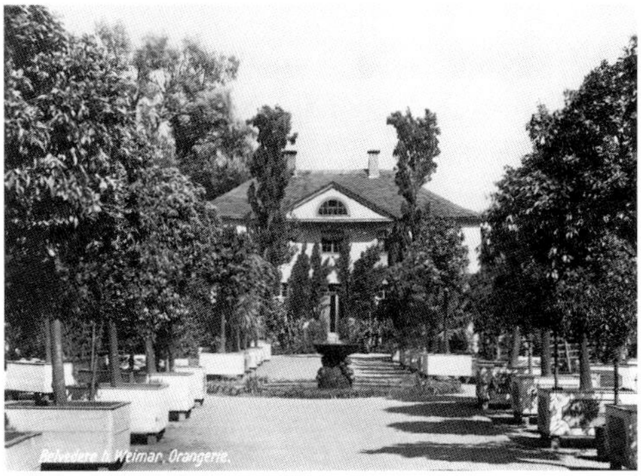

Abb. 27: Orangerie, Blick zum Gärtnerhaus, historische Aufnahme um 1930

verhindern, daß etliche Glas- und Treibhäuser abgerissen werden mußten. Das Winterhaus, welches die berühmten Casuarinen (Streitkolbenbäume) beherbergt hatte, wurde nicht wieder errichtet. 1869 fiel das große Palmenhaus am Orangenplatz wegen Baufälligkeit. Als Ausgleich wurden zwischen 1881 und 1883 in der Gärtnerei ein neues Warmhaus und ein heizbarer Pflanzenkasten erbaut. Diese benötigte man zur Anzucht dekorativer Blattpflanzen für die vielen Schmuck- und Teppichbeete im Park, im Russischen Garten und auf dem Orangerieplatz.

Armin Sckell versuchte, durch differenzierte Kulturmethoden den Zustand der seit einigen Jahren kränkelnden Orangenbäume zu verbessern. Zu diesem Zweck reiste er im Auftrage des Großherzogs zu verschiedenen anderen Orangerien, um die dortigen Kulturverfahren zu studieren.

Im Park kam es zu keinen bedeutenden Neugestaltungen mehr. Von Julius und Armin Sckell existieren eine Vielzahl von Detailplänen zur Verschönerung einzelner Partien.[53] Entlang der Wegränder, in der Nähe einzelner Schmuckplätze und in der Umgebung des Russischen Gartens sollten die Gehölzränder zurückgedrängt, aufgelichtet und durch Vorpflanzungen abwechslungsreicher gestaltet werden. Zu einer durchgreifenden Regeneration der Gehölzbestände kam es jedoch nicht, so daß 1891 in einem Zeitungsartikel bemerkt wird: »Hier müßte einmal ein Fürst Pückler aufräumen dürfen.«[54]

Die schönen schmiedeeisernen Tore am Russischen Garten und am Orangerieplatz sollen im Auftrage Carl Alexanders beschafft worden sein, ebenso wie auf seine Veranlassung hin einige gute Büsten und Plastiken aus den herzoglichen Magazinen für die Ausschmückung des Parkes zur Verfügung gestellt wurden.

Unter Carl Alexanders Schirmherrschaft fanden ab 1861 in Belvedere eine Reihe berühmter Künstlerfeste der großherzoglichen Kunstschule statt, an denen die Weimarer Bevölkerung teilnehmen konnte. Des öfteren wurde in diesem Zusammenhang auch das Heckentheater für Liebhaberaufführungen genutzt.

Die letzte, die Schloß Belvedere bewohnte, war die 1904 verstorbene Erbgroßherzogin Pauline.

Nach dem Ersten Weltkrieg und dem Auseinandersetzungsvertrag zwischen Großherzog Wilhelm Ernst und dem Gebiet Weimar vom Oktober 1921 ging der Park in das Eigentum des Landes Thüringen über. Die Staatliche Gartenverwaltung unter der Leitung des ehemaligen Oberhofgärtners Otto Sckell war jetzt für den Erhalt und die Pflege der Anlage zuständig.

Im Schloß wurde 1923 durch die Staatlichen Kunstsammlungen ein Museum eingerichtet. Die Kavalierhäuser beherbergten solch unterschiedliche Nutzer wie die kasernierte Landespolizei und später das Deutsche Theaterinstitut.

Die gärtnerischen und botanischen Traditionen Belvederes wurden aus Anlaß des zweihundertjährigen Bestehens von Schloß und Park und des einhundertjährigen Jubiläums des Weimarer Gartenbauvereins 1928 nochmals belebt. Auf dem Gelände zwischen Schloß und Lindenallee, Russischem Garten und Orangerie fand von Juli bis September die Thüringer Gartenbauausstellung statt. Südlich des Schlosses waren Quartiere mit Dahlien, Fuchsien, Begonien, Salvien und anderen Sommerblumen angelegt. Im Russischen Garten wurden Stauden und Rosen und auf dem Areal im Süden der Orangerie Gemüse und Kräuter in verschiedenen Mustergärten gezeigt. Der ehemalige Prinzengarten war der Friedhofskultur vorbehalten. Im Roten Turm erinnerte man an Carl August und seine botanischen Studien. Im Schloß und im Nordflügel der Orangerie waren Pläne, Zeichnungen und Dokumente zur Geschichte Belvederes zu besichtigen. Von dieser Ausstellung rührt die bis heute beibehaltene Aufteilung des Blumengartens her. Der in einen Waldfriedhof verwandelte Prinzengarten verfiel nach dem Ende der Gartenschau.

1945 wurde in die Wiesenfläche vor dem Schloß ein Russischer Ehrenfriedhof einge-

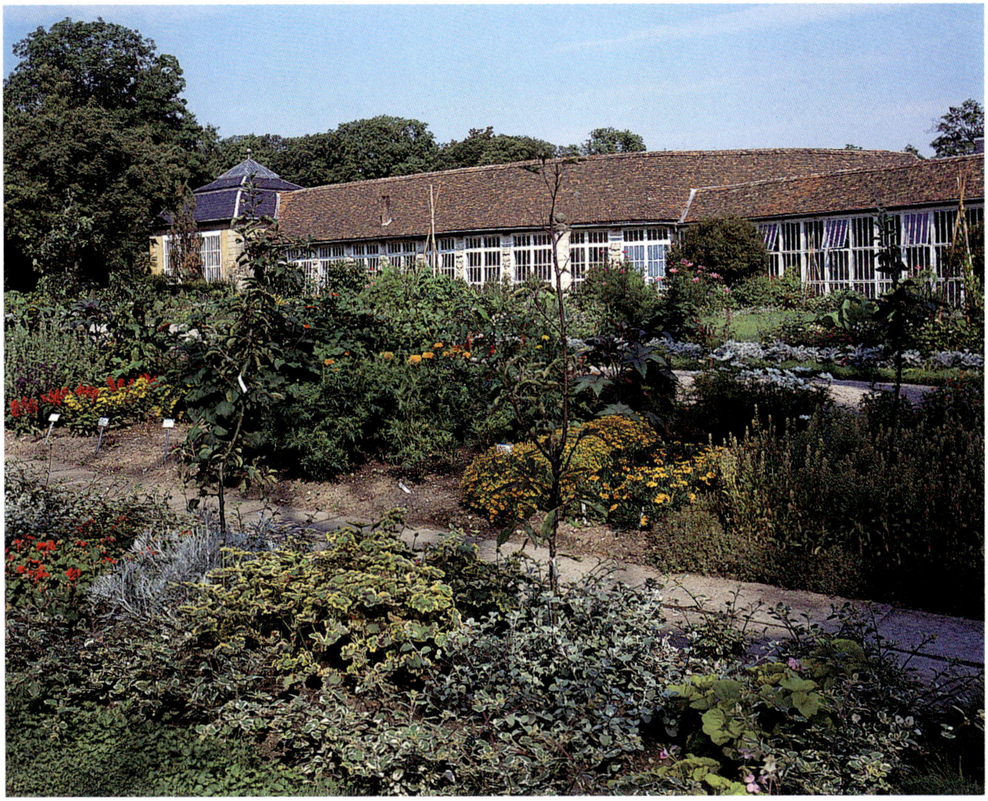

Abb. 28: Blick über die Beete des Blumengartens zur Orangerie und zum Langen Haus

fügt, der heute unter Denkmalschutz steht und teilweise als Soldatenfriedhof nach dem Kriegsgräbergesetz erhalten wird.

1952 wurde der Belvederer Park der Stadt Weimar übereignet. 18 Jahre später ging er in die Rechtsträgerschaft der Nationalen Forschungs- und Gedenkstätten der klassischen deutschen Literatur über, in deren Rechtsnachfolge 1993 die Stiftung Weimarer Klassik trat, die nunmehr für den Erhalt des Parks zuständig ist. In die Schloßnebengebäude zog 1953 die Spezialschule für Musik.

Da die Parkpflege sich bis Anfang der siebziger Jahre im wesentlichen auf die schloßnahen Bereiche konzentriert hatte, war die Anlage 1970 ziemlich verwildert. Die meisten Schmuckplätze existierten nicht mehr. Ihre Ausstattung war zerstört oder verlorengegangen und die Bepflanzung verschwunden. Die Sichten waren zugewachsen. Baum- und Strauchwildwuchs überwucherten die wertvolleren Gehölze. Der Orangeriebestand hatte sich auf 90 Arten verringert. Der letzte große Orangenbaum ging 1972 ein.

Von 1974 bis 1978 erfolgte auf der Grundlage alter Pläne, Ansichten, Unterlagen und gartenarchäologischer Grabungen die Wiederherstellung der Plätze in ihrer ursprünglichen Gestalt. Zwischen 1978 und 1982 wurden der Russische Garten, das Heckentheater und der Irrgarten rekonstruiert. Das Wege- und Wasserleitungssystem des Parkes wurde schrittweise erneuert.

Die Bepflanzung der Beete und Rabatten im Park und im Russischen Garten erfolgt anhand historischer Pflanzpläne und Pflanzenlisten aus dem vorigen Jahrhundert. Im Blumengarten werden die Blumen- und Blattpflanzen nach Familien geordnet angepflanzt und ausgeschildert. Der Orangeriebestand wird systematisch ergänzt und verändert, um ihn wieder dem Hortus Belvedereanus anzugleichen. 1996 konnten die ersten Pomeranzenbäume (Englische Bitterorangen) gekauft werden. Damit soll diese traditionsreiche Kultur in Belvedere wieder belebt werden.

Für das aus der Spezialschule für Musik hervorgegangene Musikgymnasium Belvedere wurde 1995/96 ein neues Schulgebäude mit einem Konzertsaal im Erdgeschoß errichtet. In den Kavalierhäusern haben Studierende der Hochschule für Musik »Franz Liszt« Unterrichtsräume gefunden.

Der Belvederer Park bietet in den Sommermonaten eine stimmungsvolle Kulisse für zahlreiche Veranstaltungen, Ausstellungen, Konzerte und Führungen, aber auch der Besucher, der ruhige Spaziergänge und den Genuß der Natur bevorzugt, kommt auf seine Kosten.

D. A.

Anmerkungen

1 Wette, Albin, Historische Nachrichten von der berühmten Residentz-Stadt Weimar, Jena 1739, S. 284 f.
2 Facius, Friedrich, Alte Gartenkunst in Thüringen, in: Forschungen zur thüringischen Landesgeschichte, Weimar 1958, S. 295–327
3 ThHStAW, Bausachen, B 8765, Geheime Hof Canzley Acta Das Fürstl. Bauwesen betr. 1730–1747, gesamte Akte
4 Kammeyer, Hans, Der Tierpark Belvedere bei Weimar, in: Der Zoologische Garten, Bd. 15, Leipzig 1943, S. 242–246
5 ThHStAW, Bausachen, B 8795, B 8796, B 8797, Belvederische Bau-Rechnungen 1735–1737
6 Wie Anm. 4, S. 243
7 ThHStAW, Großherzogliches Hausarchiv Carl Friedrich, A XXII, Nr. 468a, Nachrichten über das Lustschloß zu Belvedere, zusammengestellt von C. von Krosigk
8 Ebda.
9 ThHStAW, Herrschaftliche Güter und Grundstücke, B 8036d, 22.1.1751
10 Legende auf der Explication des Grund Risses von Belvedere von Johann Adolph Richter, 1756, unter den Buchstaben Y und Z
11 Paust, Bettina, Die Menagerie des Lustschlosses Belvedere bei Weimar, in: Die Gartenkunst, 6. Jg., Heft 2, 1994, S. 237–247
12 Wie Anm. 10, unter dem Buchstaben R
13 Wie Anm. 11, S. 244
14 Wie Anm. 3
15 ThHStAW, Kunst und Wissenschaft, A 9351, Einzelne Sachen betr. die herrschaftlichen Gärten und die dafür angeschafften Gewächse (Orangerie Belvedere) 1728–1747, S. 1 ff.
16 ThHStAW, Bausachen, B 8035m, Inventarium über Die sämtlichen Fürstl. Gärtnerey Gebäude zu Belvedere, wie solche den 8. Novembr. 1740 befinden worden, gesamte Akte
17 ThHStAW, Bausachen, B 8765, S. 269 ff.
18 Ebd., S. 338
19 ThHStAW, Herrschaftliche Güter und Grundstücke, B 8035^{C}, Schriften der geheimen Hofkanzlei betr. die Orangerie zu Belvedere (1735–1747), S. 79
20 Wie Anm. 17, S. 351 ff.
21 Wie Anm. 19, S. 63 ff.
22 Voigt, Franz, Die Entstehung der Jagd- und Lustschloßbauten des Herzogs Ernst August von Sachsen-Weimar, Erfurt 1938, S. 38
23 Wie Anm. 17, S. 141
24 ThHStAW, Bausachen, B 8035^{bl}, Anschlag über die Belvederische Gartenarbeit wie solche von Serenissimi nach deren verfertigten Deßemis gut und placidirt worden [...], undat., S. 1 ff.
25 Ebd.
26 ThHStAW, Bausachen, B 8795, B 8796, B 8797, Belvederische Bau-Rechnungen 1735–1737
27 ThHStAW, Großherzogliches Hausarchiv Carl Friedrich, A XXII, Nr. 468, Beschreibung von Belvedere in den Jahren 1770–1788 von Friedrich Reichert, S. 21ff. Diese Beschreibung

fertigte der ehemalige Weimarer Hofgärtner Friedrich Reichert (Sohn des Belvederer Hofgärtners Johannes Friedrich Reichert) mehr als 60 Jahre später im Auftrage des Großherzogs Carl Friedrich aus der Erinnerung an. Zur Illustration der Reichertschen Aufzeichnungen wurde von einem Unbekannten eine Zeichnung angefertigt. Beides ist aufgrund des großen zeitlichen Abstandes im Detail sicher mit Skepsis zu betrachten, bildet aber die umfassendste Quelle für das Aussehen der Anlage zur Zeit der Herzogin Anna Amalia.

28 Ebd.

29 Ebd.

30 Ebd.

31 Goethes Werke, WA IV, 3, S. 64f.

32 Goethes Werke, WA III, 1, S. 39

33 Rückert, Joseph, Bemerkungen über Weimar 1799, hrsg. v. Eberhard Haufe, Weimar 1969, S. 39

34 Sckell, Otto, 200 Jahre Belvedere, Weimar 1928, S. 43–72

35 Dennstedt, August Wilhelm, Hortus Belvedereanus, Weimar 1820, S. 3

36 Goethes Werke, WA III, 6, 1817–1818, verschiedene Briefe

37 ThHStAW, HMA 4282, auch B 8826, S. 1f.

38 Le Goullon, Johanna, Der Führer durch Weimar und dessen Umgebungen, Weimar 1825, S. 68

39 ThHStAW, HMA 1269[a], Niederschrift Carl Augusts wegen der Überlassung des Schlosses Belvedere an seinen Sohn, 1811, S. 1

40 Briefwechsel des Herzogs-Großherzogs Carl August mit Goethe, hrsg. v. Hans Wahl, Bd. 2: 1807–1820, Berlin 1916, S. 12

41 Diese Information verdanke ich Frau Dr. Viola Klein, die derzeit den Briefwechsel und die Tagebücher Maria Pawlownas im ThHStAW durchsieht.

42 ThHStAW, Schatullrechnungen Carl Friedrich, A 1530, vom 5. Mai 1818

43 ThHStAW, Schatullrechnungen Carl Friedrich, A 1550–1554, 1823–1824

44 ThHStAW, Schatullrechnungen Carl Friedrich, A 1526 und weitere. Die Schatullrechnungen Carl Friedrichs, die von 1815 bis zu seinem Tode existieren, sind für die Phase der Umgestaltung Belvederes in einen Landschaftspark neben den beiden Plänen von Carl Kirchner von 1822 und 1824 die wichtigsten Quellen. Sie wurden, auch wenn dies nicht jedesmal ausdrücklich erwähnt ist, hauptsächlich für dieses Kapitel benutzt.

45 ThHStAW, HMA 4301, Die Baulichkeiten in den Großherzogl. Hofgärtnereien und Parks, 1835–1841, auch Großherzogliches Hausarchiv Carl Friedrich, A XXII, Nr. 468a

46 ThHStAW, HMA 4299, Die Herstellung des unteren Teiches im Park zu Belvedere, 1834–1842

47 Neues Kleines Ideen-Magazin für Garten-Liebhaber, Leipzig 1806–09, Tafel I

48 ThHStAW, Schatullrechnungen Carl Friedrich, A 1537

49 ThHStAW, Schatullrechnungen Carl Friedrich, A 1530 und weitere

50 ThHStAW, Schatullrechnungen Carl Friedrich, A 1532, 1533 und weitere

51 Briefwechsel und Tagebücher des Fürsten Hermann von Pückler-Muskau, hrsg. v. Ludmilla Assing, Bd. 8, Hamburg 1874, S. 165

52 Wanderungen durch die Parks bei Weimar, in: Gemeinde-Verhandlungsblatt, 28, 1848, S. 249–251

53 Diese Zeichnungen befinden sich in der Plansammlung des Dezernats Gartendenkmalpflege der Stiftung Weimarer Klassik.

54 Die Entstehung und Verschönerung der großherzogl. Lust-Schlösser und Parke bei Weimar, aus einem Vortrag, gehalten im Gartenbauverein von Herrn Gartendirektor a.D. Niemeyer, in: Deutschland-Weimarische Landeszeitung, 17.4.1891

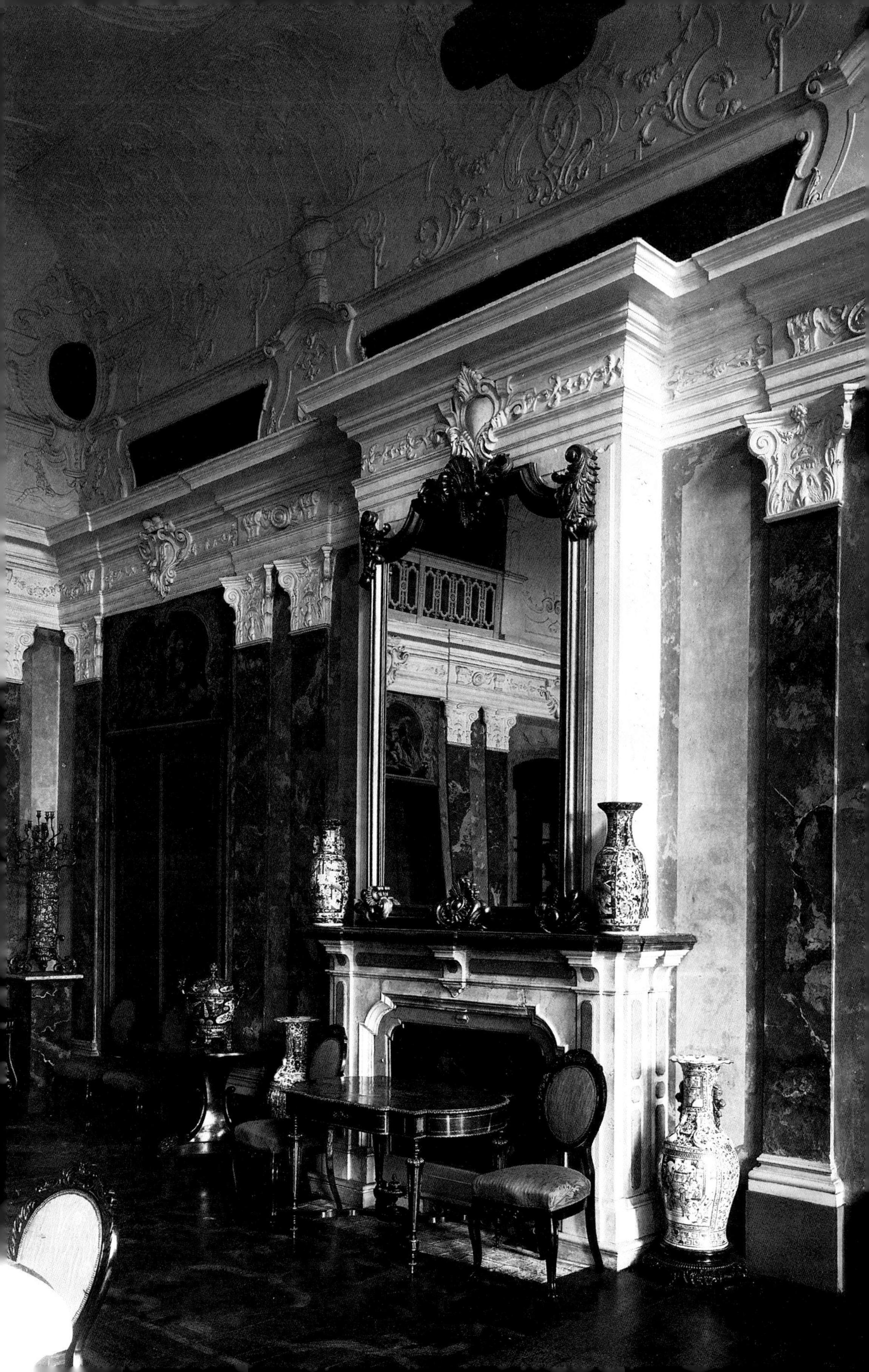

Zur Geschichte der kunstgewerblichen Sammlung im Belvedere

Im Jahr 1929 erschien zum Abschluß der Einrichtung von Schloß Belvedere als neuem Ausstellungsort der seit 1923 Staatlichen Kunstsammlungen zu Weimar ein Führer durch die Sammlungen. Verfaßt hatte ihn Eberhard Freiherr Schenk zu Schweinsberg, Kustos der Abteilung für Kunsthandwerk. Erstmals wurde damit eine ausführlich und kenntnisreich geschriebene Einführung in die inzwischen umfangreichen Bestände gegeben. Bei der Einrichtung des Belvedere, das nach der Abdankung des Herzogshauses ohne seine damalige Ausstattung in staatliches Eigentum übergegangen war, konzentrierte man sich auf das Kunsthandwerk des 18. Jahrhunderts. Im Einklang mit der historischen baulichen Umgebung entstand ein Rokoko-Museum.[1] Freilich waren die zeitlichen Grenzen nicht allzu strikt gezogen, und namentlich die Glassammlung zeigte wesentlich frühere und auch spätere Stücke, spannte sich doch damals schon der Bogen von den Hohlgläsern der Renaissance bis zu biedermeierlichen Beispielen.

Zugleich hatte die inhaltliche Ausrichtung des Belvedere auf die vor allem höfische Kultur des 18. Jahrhunderts eine Aufgliederung des kunstgewerblichen Gesamtbestandes zur Folge. Das ältere Kunstgewerbe fand zukünftig Platz im Weimarer Residenzschloß, d.h. im *Schloßmuseum*, das mit der Konstituierung der Staatlichen Kunstsammlungen neben dem Großherzoglichen Neuen Museum – von da an Landesmuseum – zum zentralen Ausstellungsort wurde. Es handelte sich bei diesen älteren Beständen überwiegend um Stücke der ursprünglichen herzoglichen Kunstkammer, die bis in die Mitte des 19. Jahrhunderts hinein in der Großherzoglichen Bibliothek aufbewahrt wurden. Diese räumliche Aufgliederung des Kunsthandwerks gilt bis heute. Für die Zukunft bleibt die Aufgabe, die für Kunstkammern der Zeit typischen Objekte in angemessener Form im Schloßmuseum zu präsentieren. Das Kunstgewerbe der Reformbewegung um 1900 und die Geschichte des Bauhauses in Weimar werden bereits seit 1995 im *Bauhaus-Museum* dokumentiert.

Auch das in den zwanziger Jahren für die Ausstellung im Belvedere entwickelte Konzept gilt mit gewissen Modifikationen noch heute, denn die räumliche Anordnung der einzelnen Sammlungsteile hat ihre Schlüssigkeit behalten. In den Erdgeschoßräumen empfangen den Besucher Porträts des Bauherrn und seiner Hofgesellschaft. Den Auftakt des Rundganges bilden, was man gewissermaßen als Vorgeschichte der Weimarer Porzellansammlung bezeichnen kann, Ostasiatica sowie Fayencen als Produkte der älteren der keramischen Techniken in Europa, wobei die Thüringer Fayencemanufakturen einen Schwerpunkt bilden. Im Hauptgeschoß folgen dann die Porzellane des 18. Jahrhunderts aus dem deutschsprachigen Raum, ergänzt durch einen kleinen Bestand an Erzeugnissen aus französischen und russischen Manufakturen. Die frühen Meißner Stücke nehmen hier ebenso wie die ausführlich dargestellte Entwicklung der Thüringer Porzellanindustrie der zweiten Jahrhunderthälfte einen größeren Raum ein. Schon in der Präsentation der zwanziger Jahre war dem Glas der Kuppelsaal im östlichen Pavillon vorbehalten. Die Meißner Figurenporzellane kamen im gegenüberliegenden westlichen Pavillon bestens zur Geltung.

Die Anfänge einer kunstgewerblichen Sammlung in Weimar liegen in der Mitte des 19. Jahrhunderts, als von England ausgehend auch in Deutschland an vielen Orten Kunstgewerbemuseen entstanden. Die Erste Weltaus-

Abb. 29: Schloß Belvedere, Corps de Logis, Fest- und Speisesaal, historische Aufnahme um 1895

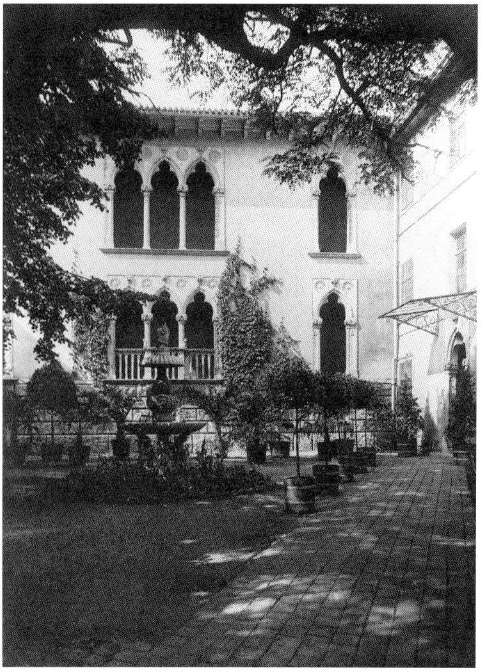

Abb. 30: Gebäude der »Permanenten Ausstellung für Kunst und Kunstgewerbe« am Karlsplatz (heute Goetheplatz), historische Aufnahme um 1900

stellung von 1851 in London – auf der übrigens Elfenbeinarbeiten aus dem Besitz des Weimarer Großherzogs als Leihgaben zu sehen waren[2] – förderte den Gedanken der Einrichtung von Ausstellungsinstituten und dauerhaft installierten Sammlungen, die oft in Verbindung mit Gewerbeschulen entstanden, um die Qualität von Handwerks- und Industrieprodukten zu heben. Eine solche »Vorbildersammlung«, die den zeitgenössischen Kunsthandwerkern anhand historischer Beispiele Orientierung bieten sollte, damit aber zugleich dem Historismus Vorschub leistete, entwickelte sich auch in Weimar, allerdings nicht von staatlicher Seite, sondern aufgrund einer Privatinitiative.[3] Der 1864 zum Bauleiter für das Projekt des Neuen Museums berufene Architekt Carl Stegmann eröffnete seine »Ausstellung architektonischer und kunstgewerblicher Erzeugnisse« in einem der repräsentativen Häuser entlang der Allee vom Bahnhof zum Neuen Museum. Gemeinsam mit Franz Jäde, der als Zeichenlehrer u. a. an der Weimarer Kunstschule unterrichtete, rief er das *Stegmann-Jädesche-Institut* ins Leben. Die Vorbildersammlung des Lehrinstituts erfuhr öffentliche Unterstützung, als Großherzog Carl Alexander Interesse daran zeigte und Leihgaben zur Verfügung stellte. Zu den Versuchen, das einheimische Kunsthandwerk im Sinne einer Kunstindustrie institutionell durch verbesserte Ausbildung zu fördern, gehört der Vorschlag des Kunstschuldirektors Stanislaus Graf von Kalckreuth, ein »Central-Institut für Kunst und Kunstgewerbe« zu begründen, was aber aus verschiedenen Gründen unterblieb. Eine Beratung des regionalen Gewerbes in künstlerischen Fragen erfolgte in den 1880er Jahren durch die *Großherzoglich-Sächsische Centralstelle für Kunstgewerbe*. Diese Unternehmung war aber nur von kurzer Dauer; rückblickend kann man darin eine Einrichtung sehen, in der die Aufgabenstellung angelegt war, die das seit 1902 unter der Leitung von Henry van de Velde stehende *Kunstgewerbliche Seminar* erfüllen sollte, allerdings nun mit einer kunstreformerischen Programmatik, die noch in der Gründung des Bauhauses Nachhall fand.

Für die weitere Entwicklung einer musealen kunstgewerblichen Sammlung in Weimar ist aber weit mehr von Interesse, daß die Stegmannsche Vorbildersammlung einschließlich der großherzoglichen Leihgaben in das 1869 eröffnete *Großherzogliche Neue Museum* Eingang fand. Die Ausstellungsstücke – »theils in Originalen, theils in Abgüssen und Nachbildungen« – fanden Platz im östlichen Saal des ersten Geschosses. »Die aufgestellten Gegenstände sind theils Bestandtheile des Grossh. Kron-Fideicommisses aus der ehemaligen Kunstkammer in der Grossh. Bibliothek, theils Darleihungen aus dem Besitz des Grossh. Hauses, theils im Jahr 1869 aus einem vom Grossh. Staatsministerium, Departement des Innern, angewiesenen Fonds angekauft.“[4]

Der erreichte Zustand erschien auf die Dauer unbefriedigend, der Plan eines eigenständigen kunstgewerblichen Museums wurde weiterverfolgt und mündete zunächst 1880 in

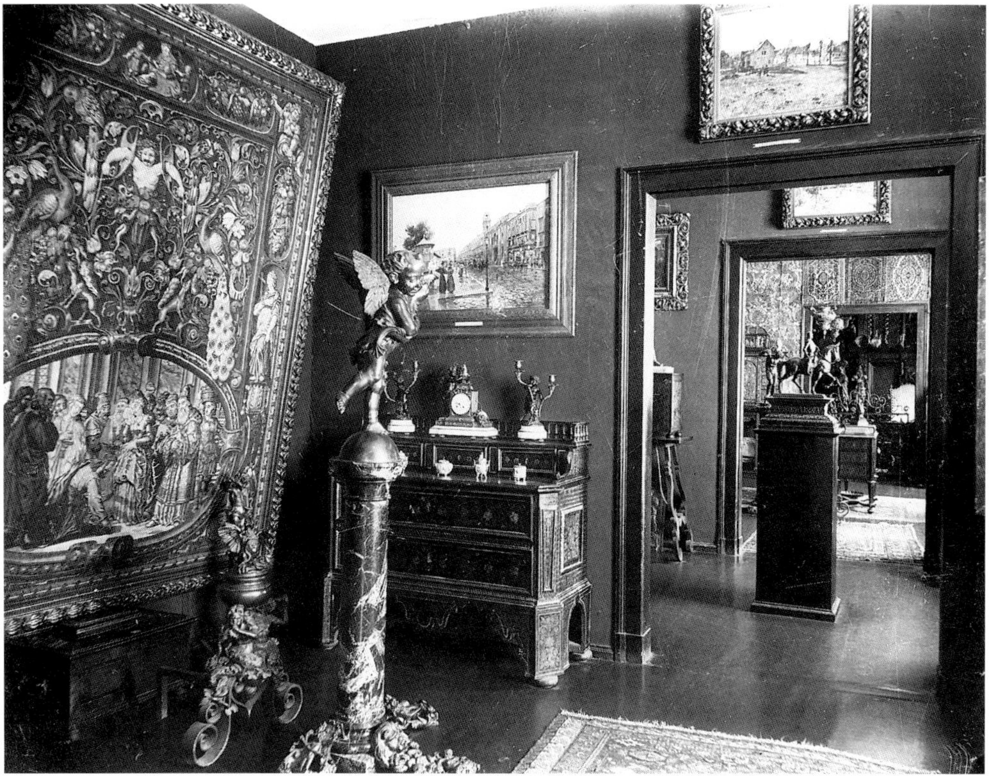

Abb. 31: Permanente bzw. Ständige Ausstellung für Kunst und Kunstgewerbe am Karlsplatz, Blick durch die ehem. Ausstellungsräume 1–3, historische Aufnahme um 1900

der *Permanenten Ausstellung für Kunst und Kunstgewerbe*. Die Ausstellung sollte vor allem die beschränkten räumlichen Verhältnisse der Kunstschule verbessern, damit die Werke der Schüler dem Publikum in geeigneter Weise präsentiert werden konnten. Aber auch für die hiesigen Kunsthandwerker sollten geeignete Ausstellungs- und Verkaufsmöglichkeiten geschaffen werden. Die »Permanente Ausstellung«, mit deren Einrichtung Carl Alexander seinen Flügeladjutanten Aimé von Palézieux beauftragte, wurde in bester stadträumlicher Lage in einem Wohngebäude auf der Nordseite des Karlsplatzes (heute Goetheplatz) untergebracht. Das um einen Oberlichtsaal erweiterte und nach hinten abgeschlossene Ensemble öffnete sich hofförmig zum Platz. Historische Baufragmente, vom Großherzog in Italien erworben, vor allem die Nachbildung eines Renaissancebrunnens aus Norditalien, gaben der Anlage ein südliches Flair, das heute, nachdem in den dreißiger Jahren die Hoffront durch einen Häuserblock verschlossen wurde, nur noch gedanklich nachvollzogen werden kann. Hier erhielt die kunsthandwerkliche Vorbildersammlung, die durch noch weitere Leihgaben Carl Alexanders – vor allem Möbel – angereichert wurde, ihre neue Unterbringung. Ein Inventar hält die Wanderung eines Teils der Objekte aus dem Großherzoglichen Neuen Museum fest.[5] Die Räume strahlten eher eine private Atmosphäre aus, als sie einer musealen Präsentation nahekamen, und ließen, wie schon damals auffiel, »den Zuschauer glauben, er befände sich in den Zimmern eines reichen, sachverständigen Kunstliebhabers und wohl unterrichteten Sammlers«.[6] Die Einrichtung ist noch anhand eines 1902 erschienenen Führers durch die Räume nachvollziehbar, der die Bildwerke

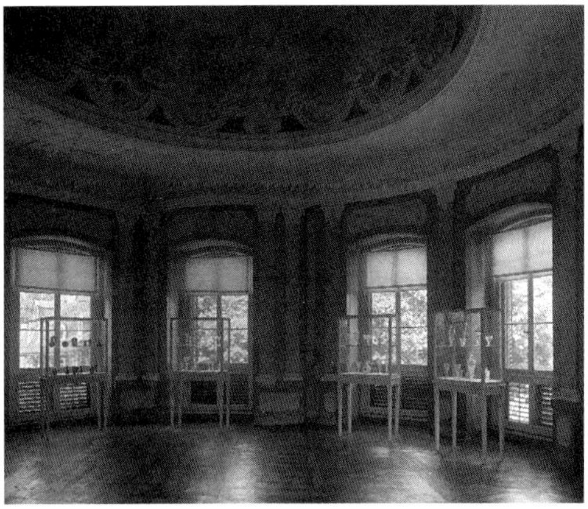

Abb. 32: Rokokomuseum Schloß Belvedere, Blick in das Obergeschoß des östlichen Pavillons (Kuppelzimmer) mit der Gläsersammlung, historische Aufnahme um 1930

– gutteils Kopien – vom Altertum bis zur Gegenwart, das »Mobiliar europäischer Völker« und die Gemäldesammlung gesondert vorstellte.[7] Die Systematik und Epocheneinteilung wurde bei der räumlichen Präsentation nicht eingehalten. Zeitgenössische Gemälde hingen über Renaissancemöbeln, die wiederum mit Kopien nach der Antike konfrontiert waren. Verhältnismäßig viel Platz nahm die Japanische Sammlung ein, die Palézieux von dem Forschungsreisenden Emil Riebeck erworben hatte, angesichts des »Japonismus« am Ende des 19. Jahrhunderts eine immerhin bemerkenswerte Erwerbung für die Vorbildersammlung.

1903 wurde aus der »Permanenten Ausstellung« das *Großherzogliche Museum für Kunst und Kunstgewerbe* am Karlsplatz. Die ehrenamtliche Leitung übernahm Harry Graf Kessler, bis der für Weimar unrühmliche »Rodin-Skandal« 1906 zu seiner Demissionierung führte. Das 1904 initiierte Projekt eines Neubaus für das Museum, für das Henry van de Velde Entwürfe lieferte, scheiterte ebenso.

Entschiedene Schritte zur Fortentwicklung der kunsthandwerklichen Sammlung – wenn auch nicht in baulicher Hinsicht – erfolgten während des kurzen Direktorats von Karl Koetschau, der auch Carl Ruland als Leiter des Großherzoglichen Museums und des Goethe-Nationalmuseums nachfolgte, d. h. in Personalunion für alle Weimarer Museen zuständig war. Während seiner Amtszeit wurden in Abstimmung mit dem Hofmarschallamt die umfangreichen Porzellanbestände aus den Schlössern Belvedere, Dornburg, Eisenach, Ettersburg und Tiefurt in die Weimarer Kunstgewerbesammlung überführt. Die seinerzeit aufgestellten Listen umfassen rund 1000 Positionen, wobei aus Eisenach allein 322 Objekte und aus Tiefurt 261 Objekte aufgeführt sind. Hinzu kamen die Bestände der Großherzoglichen Porzellankammer im Weimarer Residenzschloß.[8] Im Unterschied zu den schon immer als Sammlungsobjekte begriffenen Stücken der Kunstkammer wurden damit Ausstattungsgegenstände aus dem persönlichen Lebensbereich der großherzoglichen Familie in museale Obhut genommen. In den Übergabelisten von 1909 sind ferner etwa 100 Hohlgläser aus dem sogenannten Großherzoglichen Familienmuseum erfaßt. Konsequenterweise entschied man zu diesem Zeitpunkt, daß Schloß Tiefurt, das anläßlich des 100. Todestages der Herzogin Anna Amalia 1907 als Museum eingerichtet wurde, die Porzellane der braunschweigischen Manufaktur Fürstenberg aufnehmen sollte, denn diese Bestände sind historisch eng mit der Lebensgeschichte der Herzogin verbunden.[9] Koetschau gliederte dadurch den Gesamtbestand neu auf: »[...] von ihm wurde mit sicherem Geschmack Wertvolles von Gleichgültigem getrennt und letztendlich der Charakter der beiden jetzt nebeneinander existierenden Porzellansammlungen in Weimar bestimmt – die der Kunstsammlungen, orientiert an Spitzenqualität der Porzellankunst, und die der NFG ‹heute: Stiftung Weimarer Klassik›, die das schöne Gebrauchs- und Schmuckporzellan der Wohnbereiche umfaßt, einschließlich der Glanzlichter, die zur Ausstattung von fürstlichen Schlössern gehören«.[10]

Koetschau und seine Nachfolger waren sich bewußt, daß mit der Umstrukturierung des über Generationen gewachsenen Bestandes des großherzoglichen Kunstbesitzes ein historischer Schnitt vollzogen war. Entsprechend verfuhr man bei der Verzeichnung der Objekte. Die Numerierung der seinerzeit angelegten Inventare erhielt ein »A« als Präfix zur Kennzeichnung des Altbestandes, während zukünftige Erwerbungen zur Unterscheidung anfangs mit »KGM« (für Kunstgewerbemuseum) und seit den zwanziger Jahren mit »N« (neuer Bestand) gekennzeichnet wurden. Die Sammlung wurde seit 1909 nach musealen Gesichtspunkten systematisch ausgebaut. Insbesondere Stücke thüringischer Herkunft, vor allem die in jenen Jahren durch die Forschung neu bewerteten Erzeugnisse der zahlreichen Porzellanmanufakturen wurden bevorzugt erworben.

Nach dem Ersten Weltkrieg ergaben sich auch für die kunstgewerbliche Abteilung einschneidende Veränderungen durch die Abdankung des großherzoglichen Hauses und die damit verbundene Fürstenabfindung. Die neuen Behörden der thüringischen Landesregierung waren in Weimar unterzubringen. Das Museum am Karlsplatz sollte zukünftig Amtsstuben beherbergen, im Sommer 1921 fand der Auszug der Sammlungen statt. Andererseits stand nun das Residenzschloß den aus der Taufe gehobenen Staatlichen Kunstsammlungen als *Schloßmuseum* zur Verfügung. Auch *Schloß Belvedere* wurde von der großherzoglichen Familie geräumt und sollte einer neuen Nutzung zugeführt werden. Die Einrichtung als ein »Museum für das Weimar der vorklassischen Zeit des achtzehnten Jahrhunderts« – als Rokoko-Museum – zog sich allerdings durch die gesamten zwanziger Jahre. Finanzielle Mittel standen dem Direktor Wilhelm Köhler kaum zur Verfügung, manches wurde improvisiert, und Sponsorengelder, wie man heute sagen würde, waren schon damals ein Heilmittel. Das Schloß war seit Pfingsten 1923 mit einer »provisorischen Aufstellung«,

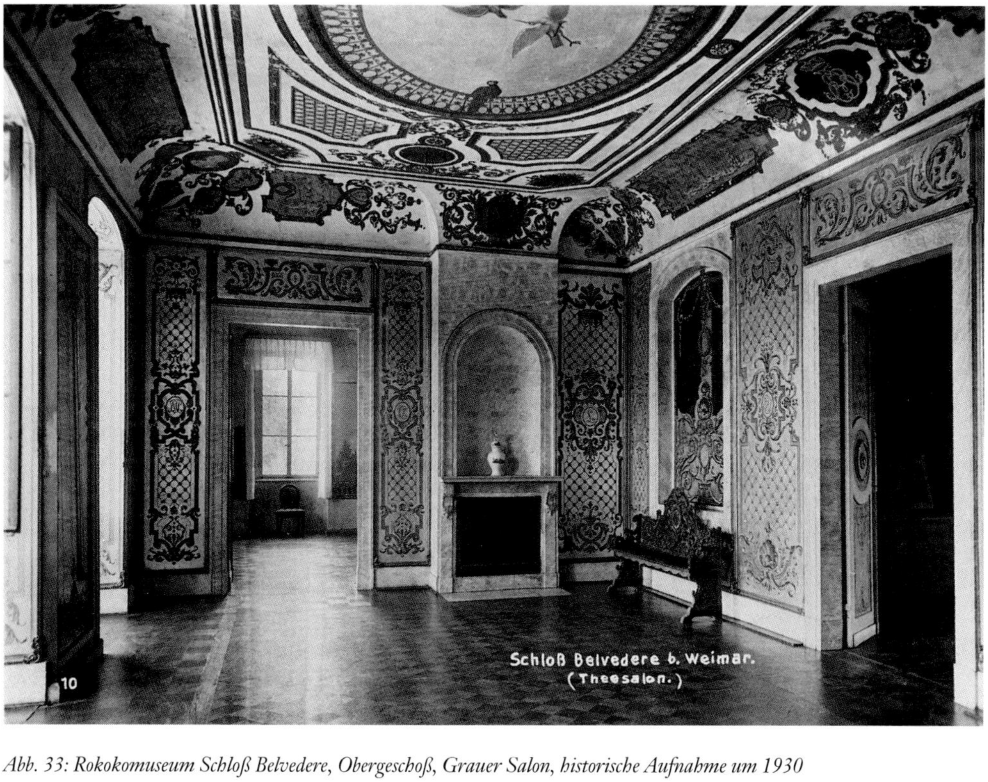

Abb. 33: Rokokomuseum Schloß Belvedere, Obergeschoß, Grauer Salon, historische Aufnahme um 1930

wie es in den damaligen Berichten heißt, als Museum zugänglich.[11] Inzwischen waren an sich wandfeste Ausstattungsstücke aus anderen Schlössern, Kachelöfen aus Ettersburg und Allstedt sowie Papier- und bemalte Leinwandtapeten ebenfalls aus Allstedt, nach Belvedere umgesetzt und eingebaut worden. Vitrinen aus dem ehemaligen Museum am Karlsplatz mußten für die neuen Räumlichkeiten wiederverwendet und angepaßt werden. Der Besuch des Reichspräsidenten von Hindenburg in Weimar im Sommer 1926 bewirkte, daß Mittel für die sich hinschleppende Neueinrichtung von Belvedere kurzfristig bereitgestellt wurden, »um den Eindruck des Unordentlichen und Ungepflegten zu beheben«. Noch im Februar 1927 war die Sammlung der Gläser im Residenzschloß magaziniert und wartete auf die Aufstellung im Belvedere. Für den dafür vorgesehenen östlichen Kuppelsaal sollten mehrere Vitrinen neu angefertigt werden. Hierbei half schließlich die Deutsche Glastechnische Gesellschaft, die im Sommer 1927 in Weimar tagte. Schenk zu Schweinsbergs Aufsatz über die Glassammlung ist auch als Dankesgabe an die Adresse der Sponsoren zu lesen.[12] 1929 erschien sein eingangs erwähnter »Amtlicher Führer« durch die Schausammlung, die in dieser Aufstellung bis in den Krieg hinein unverändert blieb. Aber noch bis in die dreißiger Jahre bemühte man sich um die Verbesserung der Ausstellungstechnik.

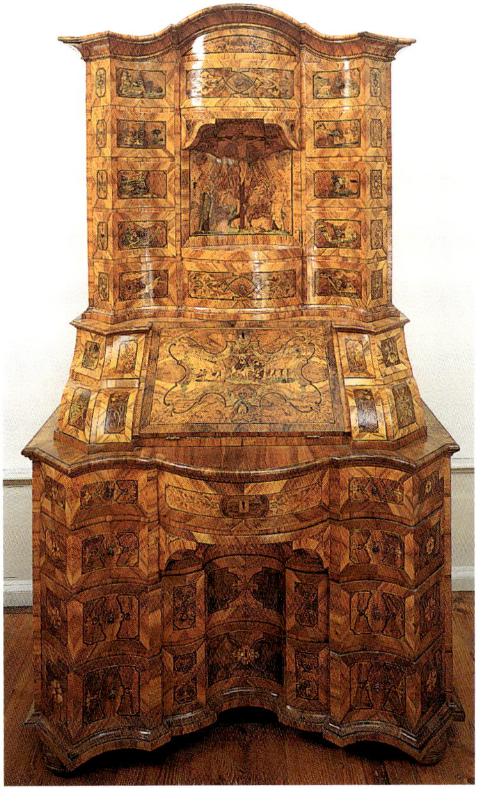

Abb. 34: Schreibkabinett mit Aufsatz, in Ahorn, Mahagoni und Nußbaum intarsierte Landschaften, auf der Schreibplatte Darstellung der Flucht nach Ägypten, um 1720

In Walther Scheidigs nachfolgender Amtszeit fällt die Bergung des Kunstguts gegen Ende des Zweiten Weltkrieges, die nur unvollständig durchgeführt werden konnte und nicht ohne Verluste blieb. Unmittelbar nach dem Einmarsch der amerikanischen Truppen am 12. April 1945 wurde das Schloß als Unterkunft requiriert. Scheidig hatte kurz Gelegenheit, die Räume zu begehen und gab am 5. Juni zu Protokoll, daß fast sämtliche dort verbliebenen Objekte beschädigt oder abhanden gekommen waren. Dazu gehörten das Meißner Porzellanglockenspiel, zwei der drei ausgestellten Schneeballvasen aus Meißen, eine Reihe von Ostasiatica und zahlreiche Fayencen, Meißner und Thüringer Porzellanfiguren sowie die Sammlung chinesischer Waffen. »Die Möbel, vielleicht auch die chinesischen Aufbauten und die Chinesischen Waffen sind in einem Schuppen [...] auf einen Haufen geworfen worden [...].«[13] Nach dem Abzug der US-Armee nutzten die sowjetischen Truppen Belvedere, gaben das Gebäude aber 1947 wieder frei. Das bedeutete allerdings nicht, daß die Kunstsammlungen Belvedere sofort als Ausstellungsort wieder übernehmen konnten, denn zunächst gab es für die Nutzung des Schlosses durchaus anderweitige Pläne. Seit 1954 konnte schließlich mit der Wiedereinrichtung der Sammlung begonnen werden, die im großen und ganzen dem Aufbau der Vorkriegszeit folgt. 1959 und 1962 kommt es zur schrittweisen Eröffnung von Raumfolgen

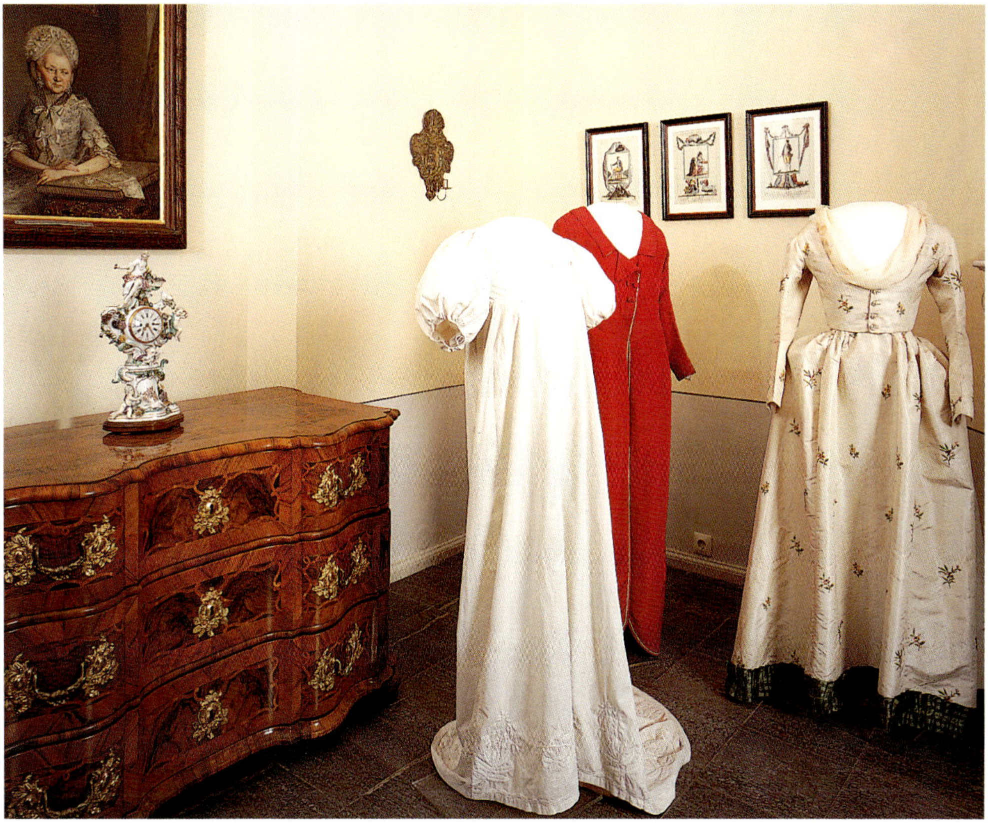

Abb. 35: Blick in den Ausstellungsraum mit Kleidern aus dem Besitz des hessischen Landgrafenhauses (Grafen von Wintzingerode, Sammlung Schloß Bodenstein); links: Kommode mit Bandelwerk-Intarsien, um 1730

zunächst im Erd- und dann auch im Hauptgeschoß. Aber bereits im Verlauf der sechziger Jahre erfolgen Teilschließungen, denn der jahrelange mangelhafte Bauunterhalt rächt sich, Sanierungen sind notwendig.

In diesen Jahren wird die Sammlung weiterhin gezielt ausgebaut, einzelne Stücke, die die vorhandenen Bestände ergänzen, werden teils aus Privatbesitz angekauft. Ein Konvolut von Rokoko-Möbeln dient zur zeittypischen Neuausstattung des Schlosses. Parallel dazu werden die Sammlungen dem Publikum publizistisch bekannt gemacht. Scheidig selbst veröffentlicht 1965 eine Beschreibung von Schloß, Park und Rokokomuseum Belvedere. Seit 1969 ist die neueingerichtete Sammlung von Jagdwaffen aus der Ettersburger Gewehrkammer im Erdgeschoß des östlichen Pavillons zugänglich. Dazu erscheint ein Begleitheft zur Geschichte der Jagd im 18. Jahrhundert von Jutta Hörning. Die Porzellansammlung stellt Renate Müller-Krumbach 1973 ausführlich vor. Eine vollständige Schließung von Schloß Belvedere wird aus bautechnischen Gründen aber 1974 unumgänglich. Teile der Bestände wie die Glassammlung werden zwischenzeitlich im Residenzschloß gezeigt.[14]

Nach Jahren der Bausanierung erfolgt 1992 die Wiedereröffnung von Schloß Belvedere, zu der die Ausstellungsräume komplett mit einem neuen einheitlichen Vitrinensystem ausgestattet werden. Seither wird die Ausstellung durch weitere Stücke, Gemälde und vor allem Möbel des 18. Jahrhunderts, die in den zurückliegenden Jahren restauriert werden konnten, angereichert. Die Wirkung der musealen Einrichtung wurde dadurch zugunsten des Eindrucks eines bewohnten Schlosses zurückgenommen.

Gegenwärtig sehen sich die Kunstsammlungen zu Weimar – wie viele andere Museen in den neuen Bundesländern – mit einem Problem konfrontiert, das die kunstgewerbliche Abteilung in besonderem Maße betrifft. Nach dem 1994 verabschiedeten Ausgleichsleistungsgesetz müssen Kunst- und Kulturgüter, die im Zuge der Bodenreform nach 1945 enteignet worden sind, an die Alteigentümer zurückgegeben werden. Die Mobilien in Thüringen enteigneter Liegenschaften, die historischen Ausstattungen von Schlössern und Landsitzen, wurden damals nach bestimmten Gesichtspunkten auf die Museen des Landes verteilt. Oft aber rettete überhaupt erst das beherzte Eingreifen von Museumsdirektoren wie Walther Scheidig in den wirren Nachkriegsjahren Kunstschätze vor unkontrollierter Verstreuung oder gar Vernichtung. Viele der seinerzeit in die Sammlung eingegliederten Objekte sind inzwischen ideell deren fester Bestandteil geworden. Eine Rückgabe nach Ablauf des zeitlichen Aufschubs durch den zugestandenen zwanzigjährigen Nießbrauch würde empfindliche Lücken reißen, wenn nicht die Zeit genutzt wird, um eine für alle Beteiligten befriedigende Lösung der Fragen zu finden.

G.-D. U.

Anmerkungen

1 Schenk zu Schweinsberg, Eberhard, Amtlicher Führer durch die Sammlungen im Schloß Belvedere. Rokoko-Museum, Staatliche Kunstsammlungen in Weimar, Weimar 1929
2 Ein Herzogtum und viele Kronen. Coburg in Bayern und Europa, Ausst. Kat. Veste Coburg und Schloß Callenberg, Augsburg 1997, S. 395f.
3 Vgl. Vogel, Kerstin, »Die Verbindung von Kunst und Industrie«. Bemühungen um das Kunstgewerbe in Weimar im 19. Jahrhundert, in: Wissenschaftliche Zeitschrift der Hochschule für Architektur und Bauwesen Weimar, 38, 1992, Ausgabe A, Heft 3/4, S. 149–154
4 Catalog des Grossh. Museums zu Weimar, Weimar 1869, S. 16
5 Archiv KuSa, Inventar VIII: Liste des aus dem Großherzoglichen Museum in das Kunstgewerbemuseum überführten Porzellans
6 Weimarische Zeitung vom 15. Dezember 1880, zit. nach Vogel (wie Anm. 3), S. 152
7 Eggeling, Otto, Illustrirter Führer durch die Ständige Ausstellung in Weimar, Weimar 1902
8 Archiv KuSa, Inventar VII: Verzeichnis des aus den Schlössern [...] für das Kunstgewerbemuseum entnommenen Porzellans
9 Tafelrunden. Fürstenberger Porzellan der Herzogin Anna Amalia in Weimar, Ausst. Kat. Stiftung Weimarer Klassik, Museum der Porzellanmanufaktur Fürstenberg 1996/97, München/Wien 1996
10 Müller-Krumbach, Renate, Altes Porzellan, Weimar 1987, S. 6f.
11 Hierzu und zum folgenden Archiv KuSa, Akte H 8: Einrichtung Belvedere 1923–1936
12 Schenk zu Schweinsberg, Eberhard Freiherr, Die Gläsersammlung in Belvedere, in: Glastechnische Berichte, hrsg. von der Deutschen Glastechnischen Gesellschaft Frankfurt am Main, Bd. 5, 1927, Heft 7, S. 293–297
13 Archiv KuSa, Niederschrift Walther Scheidig vom 5. Juni 1945: Betrifft die im Schloß Belvedere verbliebenen Kunstwerke
14 Vgl. die Hinweise im bibliographischen Anhang

Die Sammlung im Schloß Belvedere

Ostasiatisches Porzellan

Für den europäischen Hochadel war das Sammeln ostasiatischer Porzellane um 1700 eine leidenschaftliche Beschäftigung und, wie das Interesse an chinesischen Lackmöbeln und Seiden, Ausdruck der Chinamode. Da die Europäer noch nicht in der Lage waren, selbst Porzellan herzustellen, war man darauf angewiesen, die begehrte Ware aus Ostasien einzuführen. In dieser Zeit stand auch wieder ein größeres Angebot zur Verfügung, denn mit der Konsolidierung der Mandschu-Herrschaft im Verlauf des 17. Jahrhunderts erlebte die chinesische Porzellanindustrie einen erneuten Aufschwung und der Handel mit Europa wurde belebt.

Die Raumschöpfungen des Barock und des beginnenden Rokoko bezogen nur zu gern exotische Materialien und Formen als Teil einer umfassenden Dekoration ein. Die Einzelwerke traten zugunsten einer Inszenierung zurück, bei der es auf die Gesamtwirkung ankam. Die Einbeziehung chinesischen Porzellans in die Funktion höfischer Repräsentation ist noch an wenigen Orten nacherlebbar: in Schloß Favorite bei Rastatt in Baden zum Beispiel oder angesichts des Porzellankabinetts im Berliner Schloß Charlottenburg. Denkt man an Thüringer Beispiele, so ist das im Neuen Palais (heute Schloßmuseum) in Arnstadt zwischen 1732 und 1736 eingerichtete Porzellan- und Spiegelkabinett zu nennen. Fast gleichzeitig entstand in den dreißiger Jahren des 18. Jahrhunderts das aus den reichen Beständen von Ostasiatica gebildete Kabinett im Thronsaal von Schloß Friedenstein in Gotha. Hier werden noch heute Porzellane auf Konsolen und Etageren vor in Schnitzwerk montierten Spiegeln in geradezu verwirrender Dichte präsentiert.

Vom erstaunlichen Umfang ostasiatischen Porzellans in fürstlichen Sammlungen vermittelt die Kollektion aus dem Besitz des hessischen Landgrafenhauses eine beeindruckende Vorstellung. In ihr sind auch Objekte bewahrt, die bereits für das 15. Jahrhundert das allmähliche Einrücken älterer, oftmals durch kunstvolle europäische Silberarbeit gefaßter und veredelter chinesischer Keramik in die fürstlichen Kunstkammern belegen. Das Sammeln solcher schon damals antiquarischen Objekte ging der vergleichsweise massenhaften Erwerbung zeitgenössischen chinesischen und – in geringerem Umfang – auch japanischen Porzellans voraus. Die Sammelleidenschaft aller übertraf August der Starke, Kurfürst von Sachsen und König von Polen. Für seine Residenz Dresden plante er ein Porzellanschloß. Die Ausführung des Japanischen Palais unterblieb zwar nach dem Tod des Kurfürsten 1733, was er aber an Ostasiatica für das anspruchsvolle Projekt zusammentragen ließ, überdauerte in vielen tausend Porzellanen. Den einstigen Umfang der im Dresdner Porzellankabinett bewahrten Schätze dokumentieren die noch zu Lebzeiten Augusts des Starken erstellten Inventare.

Ein wohl zwischen 1734 und 1736 angefertigtes, fragmentarisch erhaltenes Bildinventar veranschaulicht die Anfänge einer Porzellansammlung in Weimar. Weitaus bescheidener, aber zeittypisch in seiner Haltung, unternimmt Herzog Ernst August den Versuch, dem sächsischen Fürsten nachzueifern. Wenn die Sammlung auch umfangreicher gewesen sein dürfte als das, was das Inventar verzeichnet, so zeigen die überlieferten Darstellungen doch etwas von der Zusammensetzung. Von den 29 farbig wiedergegebenen Porzellanen sind 18 Stücke ostasiatischer Herkunft. Eines, ein kleines Koppchen, mit Darstellungen chinesischer Tiersymbole dekoriert, ist noch in der Sammlung vorhanden. Außerdem verdeutlichen die Einträge, daß das seit gut zwei Jahrzehnten in Meißen hergestellte Porzellan inzwischen als gleichrangig begriffen und verwendet wurde – nicht anders als es August für

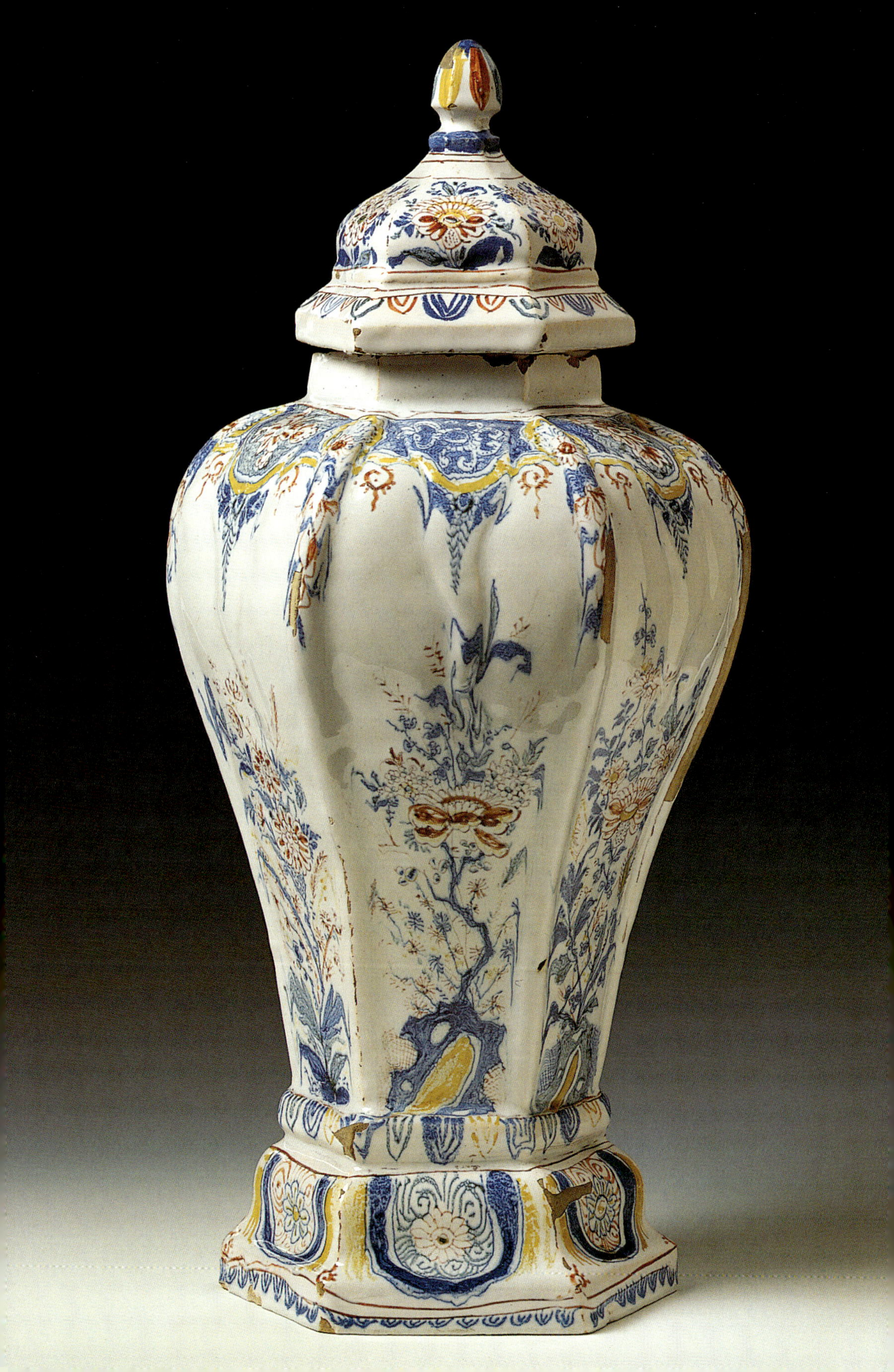

sein Porzellanschloß vorgesehen hatte, und zwar im Sinne eines Wettbewerbs mit der fernöstlichen Ware. Hier kündigt sich bereits das nachlassende Interesse am chinesischen Porzellan im Verlauf des 18. Jahrhunderts an. Die Qualität der Produktion der eigenen Manufakturen sprach zunehmend für sich.

Die im Verlauf der jüngeren Sammlungsgeschichte aufgeteilten Weimarer Bestände an Ostasien-Porzellanen umfassen vor allem die zeitgenössische Produktion, also vornehmlich die Porzellane der nach den Kaisern benannten Perioden Kangxi (1662–1722), Yongzheng (1723–1735) und Qianglong (1736–1795). Die damals erzeugten Porzellane der sogenannten »Famille verte« und »Famille rose« stellen einen neuerlichen Höhepunkt in einer mehr als tausendjährigen Tradition verfeinerter Keramikkultur dar. Neben der Gefäßkeramik, dekorative Teller vor allem und Vasen, finden sich exotische Gerätschaften wie die zierlichen Teekoppchen, die als Bestandteile der sich wandelnden Tisch- und Eßkultur die Formen europäischer Trinkgefäße nachhaltig beeinflußt haben. Auffallend ist eine Reihe von Porzellanfiguren meist religiösen Gehalts. Dies ist ein Thema, das in der europäischen Porzellanherstellung keine annähernd gleichwertige Beachtung erhalten sollte. Sakrale Porzellanplastik blieb eine Randerscheinung. Die figürlichen Porzellane wurden weder im Weimarer Bildinventar erfaßt, noch sind sie im hundert Jahre später angelegten Inventar der großherzoglichen Zinnkammer, das auch den Bestand an Porzellanen nennt, aufgeführt. Sie gehören aber typischerweise zur Ausstattung der zeitgenössischen Porzellankabinette. Geradezu zum Grundbestand gehören prunkvolle Bodenvasen von oftmals einem Meter Höhe.

Marco Polo, dem China-Reisenden des 13. Jahrhunderts, verdanken die Europäer erste Bekanntschaft mit dem Porzellan; er brachte wohl auch die Bezeichnung auf, abgeleitet von einer im Italienischen »porcella« genannten Muschelart. Dennoch sollte in Europa noch auf Jahrhunderte die tatsächliche Zusammensetzung des Porzellans verborgen bleiben. Um so eher schrieb man ihm magische Fähigkeiten zu. In *China* wurde seit der Tang-Dynastie (618–907) Porzellan hergestellt. In der südchinesischen Provinz Jiangxi entwickelte sich Jingdezhen zum Zentrum mit einer fast unüberschaubaren Zahl von Werkstätten und Brennöfen, deren teils staatlich überwachte Produktion über ein ausgebautes Transportsystem in die Hauptstadt Peking und nach Übersee gelangte. Die chinesische Keramik erreichte im frühen 14. Jahrhundert eine neue Qualität, als Kobaltblau als Unterglasurfarbe Verwendung fand. Die Verfeinerung des Scherbens wird nun durch ebenfalls differenziertere Dekore aufgewertet. Die Verwendung des sogenannten Mohammedaner-Blau beruht auf Anregungen aus der ornamental angelegten islamischen Keramik des Mittleren Ostens. Das blauweiße Porzellan wiederum prägte das europäische Bild von der chinesischen Ware entscheidend. Die Erzeugung blauweißer Porzellane überschritt zur Regierungszeit des Kaisers Wanli (1573–1619) am Ende der Ming-Herrschaft ihren Höhepunkt. Der Dekor der großen Schalen, die im Spiegel meist eine Landschaftsszene und auf dem in Felder eingeteilten, leicht gewellten Rand Glückssymbole zeigen, folgt einem gleichbleibenden Muster. Die für Europäer nur schwer verständliche Ikonographie vermittelt glückverheißende Botschaften, wobei einzelne Symbolfelder sich durch Kombination in ihrer Aussage und Bedeutung verstärken. Der Export solcher Porzellane steigerte sich erheblich, nachdem 1567 seitens der Chinesen bestehende Beschränkungen aufgehoben wurden und schließlich mit der Gründung der holländischen Vereinigten Ostindischen Kompagnie 1602 ein Handelspartner auftrat, der die einst führenden portugiesischen Seefahrer inzwischen erfolgreich verdrängt hatte.

Die chinesische Mehrfarbentechnik war Voraussetzung für die Schaffung einer Bemalung, bei der ausschließlich über der Glasur

Abb. 36: Dorotheenthal, Deckelvase mit indianischem Blumendekor, Johann Martin Frantz d.Ä., Fayence, 1720–1725

verarbeitete Schmelzfarben verwendet wurden. Der für die Regierungszeit des Kaisers Kangxi typische Stil fand seinen Ausdruck in Porzellanen, die im europäischen Sprachgebrauch als »Famille verte« klassifiziert werden. Die Bezeichnung bezieht sich auf das Grün als dominierender Grundton der Dekore. Diese Art der Bemalung entwickelte sich, als sich nach den politischen Unruhen beim Untergang der Ming-Dynastie seit 1662 die Regierung der Mandschu-Kaiser konsolidierte und die Porzellanfabrikation unter straffer staatlicher Leitung in Jingdezhen in den achtziger Jahren erneut in Gang gesetzt wurde. Die Aufträge des kaiserlichen Palastes in Peking, die sich immer vom Stil der Exportware abhoben, setzten auch jetzt wieder die Qualitätsmaßstäbe.

Die Gestaltung der traditionellen China-Dekore wandelte sich unter dem Einfluß japanischen Porzellans. *Japan*, wo seit Anfang des 17. Jahrhunderts Kaolinlager als natürliche Voraussetzung für die Porzellanproduktion bekannt waren, belieferte insbesondere in den politisch unruhigen Jahren den europäischen Markt anstelle Chinas. Die Imari-Porzellane, benannt nach dem japanischen Ausfuhrhafen, zeichnen sich durch einen reichen, farbintensiven Dekor aus, der sehr verdichtet sein kann und dann an Brokatmuster erinnert. Davon zu unterscheiden sind die großen Einfluß auf Europa ausübenden Arbeiten aus der Werkstatt des Sakaido Kakiemon (1596–1666) und seiner Söhne, die einen differenziert polychromen Dekor zeigen. Die asymmetrische Komposition und eine insgesamt zurückhaltende Erscheinung von floralen und figürlichen Motiven lebt vom Zusammenspiel mit dem Malgrund, einem meist reinweißen Scherben.

Europäischer Geschmack und mitunter direkte Auftragsarbeiten prägten in der 1. Hälfte des 18. Jahrhunderts, d. h. zur Zeit Kaiser Yongzhengs und in den frühen Regierungsjahren Kaiser Qianglongs (1736–1795), eine Gattung von Porzellanen, die in Ab-

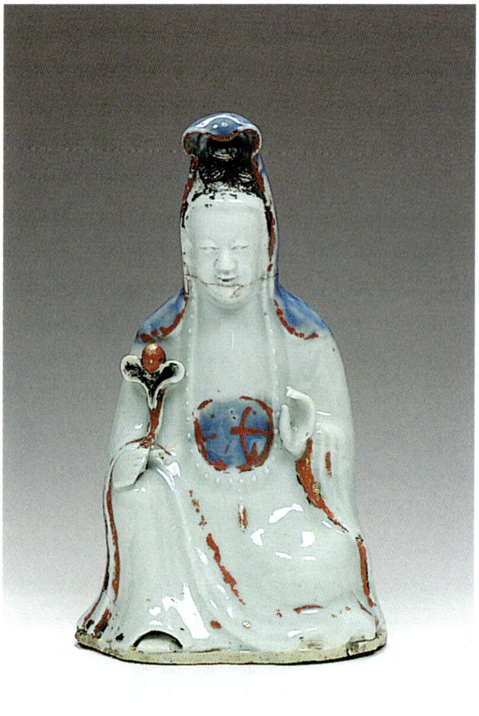

Abb. 38: China, Kuan-Yin, 18. Jahrhundert. Die auch Guan-Yin bezeichnete buddhistische Göttin der Barmherzigkeit und Fruchtbarkeit thront auf einem Lotossockel. Ihre große Popularität in Ostasien ist mit der Marienverehrung des christlichen Abendlandes zu vergleichen.

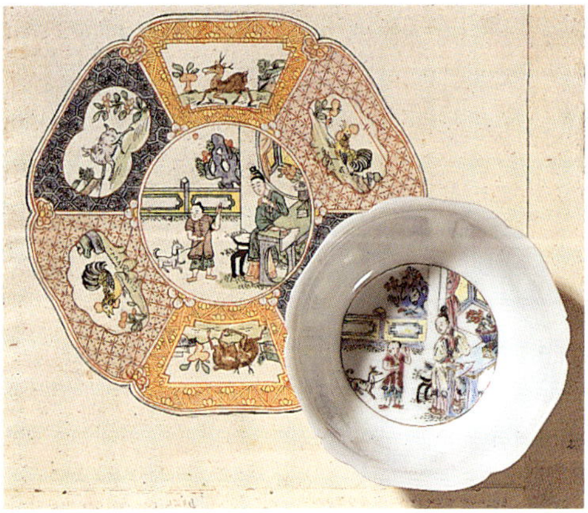

Abb. 37: Blatt aus dem Porzellaninventar Herzog Ernst Augusts von 1734/36 mit chinesischem Koppchen in Aufsicht; die Darstellungen wohl von den Hofmalern Johann Ernst Rentsch und Johann Carl Reinthaler. Der Dekor der Wandung zeigt Symboltiere und erscheint im Inventar in die Fläche abgewickelt.

grenzung zu den älteren »Famille verte«-Stücken im europäischen Sprachgebrauch als »Famille rose« bezeichnet werden. Es sind Porzellane, die im großen Umfang von den zeitgenössischen Sammlern in Europa erworben wurden – so auch von dem Weimarer Herzog Ernst August. Die »Malerei in fremden Farben« (Yungcai) zeigt als verbindenden Grundton das namengebende Rosenrot. Die neue Farbe hatte ihren Ursprung im Laboratorium des Andreas Cassius aus dem niederländischen Leiden. Das Cassius-Purpur konnte durch weitere, erst im zweiten Brand bei niedrigerer Temperatur zu verwendende Schmelzfarben, insbesondere durch opakes Weiß, abgetönt werden. Dies wiederum erlaubte feine Differenzierungen in der Farbgebung, die die Wirkung der ebenso nuancierten Motivik der symbolisch aufgefaßten Pflanzen- und Tierwelt kunstvoll unterstützte.

Die Gefäßformen, aber auch die figürlichen Darstellungen des frühen Böttger-Steinzeugs, das zur Vorgeschichte der erfolgreichen Porzellanproduktion in Meißen gehört, zeigen eine auffällige Affinität zu ostasiatischen Vorbildern. Chinesische Steinzeug-Geschirre kamen vor allem aus Yihsing, einem weiteren Keramikzentrum neben der Porzellanmetropole Jingdezhen, die zeitgenössischen Berichten zufolge um 1700 die für europäische Verhältnisse unvorstellbare Zahl von über 1 Million Einwohner aufwies. Eine stark arbeitsteilige Produktion, die die Herstellung des Porzellans in bis zu zwanzig Einzelschritte zergliederte, war dem sich erst entwickelnden europäischen Manufakturwesen noch weit überlegen und ermöglichte die massenhafte Herstellung der Exportware.

G.-D. U.

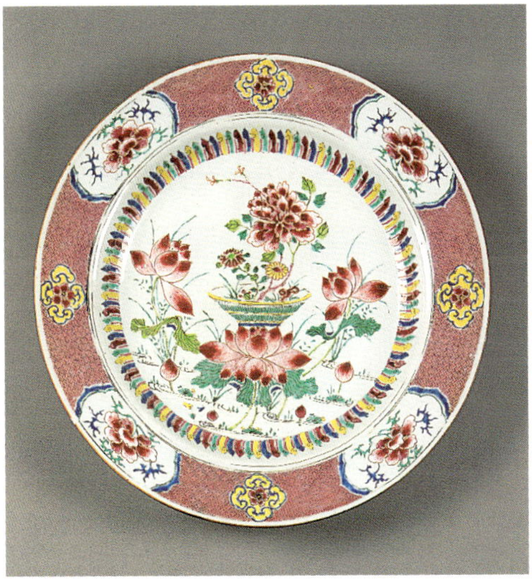

Abb. 39: China, großer Teller mit reichem Blumendekor (Päonien), Famille rose, 18. Jahrhundert

Fayencen

Delfter Fayencen

Sprachlich weniger scharf als heute unterschied man im 18. Jahrhundert zwischen »aechtem Porzellan« und Porzellan nach Delfter Art, das zum Sammelbegriff für niederländische Fayence überhaupt wurde. Deren cremefarbene Zinnglasur vermochte den weißen Scherben echten Porzellans zu imitieren. Die vor allem auf Wirkung durch die Masse angelegten Porzellankabinette kamen oft nicht umhin, Lücken im Bestand an ostasiatischen Porzellanen durch Fayence zu kaschieren. Schon dies mag die Anwesenheit im Weimarer herzoglichen Bestand erklären. Gleichwohl gehörte Fayence um 1700 zum Tafelschmuck.

Die Herstellung glasierter, wasserundurchlässiger Töpferware ist nicht ohne Vorbilder aus dem Orient zu denken. Eine in Goldlüster bemalte persische Schüssel und eine aus dem Zentrum osmanischer Fayenceherstellung, aus Isnik, dem antiken Nikaia, stammende Vase verweisen als Einzelstücke auf die Tradition islamischer Handwerker, deren Kenntnisse auf dem Weg über das maurische Spanien nach Italien und ins nördliche Europa gelangten. Am Ende des 15. Jahrhunderts konzentrierten sich die Majolika-Werkstätten im oberitalienischen Faenza. Während in Italien mit der Bezeichnung »Majolika« höchstwahrscheinlich auf den wichtigen Umschlagplatz für spanische Keramik, die Insel Mallorca, Bezug genommen wird, spricht man nördlich der Alpen von »Fayence« und bezieht sich damit auf Faenza als dem bedeutendsten Herkunftsort für zinnglasierte Tonware. Die französischsprachige Bezeichnung »Fayence« macht deutlich, daß diese Art der Keramik in Westeuropa Verbreitung fand. Auch in Flandern und von dort nach Europa ausstrahlend befruchteten italienische Kunsthandwerker anfangs die Herstellung zinnglasierter Keramik, die seit dem 17. Jahrhundert auch rege Nachfrage in den deutschen Ländern fand, bis es dort im Verlauf des 18. Jahrhunderts zu einer Vielzahl eigener Manufakturgründungen kam.

Es war dem Zusammentreffen verschiedener historischer und wirtschaftlicher Umstände zu verdanken, daß die Fayencekunst in Holland aufblühte. Die Ausschaltung der einst im Ostasienhandel führenden Seemacht Portugal und die straffe Organisation des niederländischen Überseehandels durch die *Vereenigde Oostindische Compagnie (V.O.C.)* führten faktisch zu einem Monopol bei der Einfuhr des in Europa begehrten Porzellans. In den niederländischen Häfen wurde aber nicht nur mit dem »weißen Gold« des Fernen Ostens gehandelt. Der vertraute Umgang mit dem Porzellan, seinen Formen, Gefäßtypen und Dekoren regte bald eine eigenständige keramische Produktion an. Sie konnte die Nachfrage nach den begrenzt lieferbaren, ja durchaus kostspieligen Originalen durch einen wohlfeilen Ersatz befriedigen. Findet anfangs eine bewußte Orientierung am fernöstlichen Vorbild statt, so behauptet sich im Laufe der Jahrzehnte ein eigener Stil, der sich vom Imitat fernöstlicher Ware löst.

Innerhalb Hollands wurde Delft zum Hauptort der Fayence-Werkstätten. Die dortige umfangreiche Versteigerung von zwei 1602 und 1604 gekaperten portugiesischen Schiffsladungen mit Chinaporzellanen gab der Fabrikation Impulse. In den ersten Jahrzehnten bestimmt das Vorbild der blauweißen Wanli-Porzellane die Produktion und führt zur Nachahmung des Dekors, der als »Delfter Blau« zum Markenzeichen wurde. Die positive Entwicklung der Fayence-Fabrikation ist auch eine Reaktion auf die wirtschaftlichen Verhältnisse in China, wo die politischen Unruhen während des Übergangs zur Mandschu-Dynastie die Lieferung von Chinaporzellan nach Europa über Jahrzehnte erheblich reduzierten. Die europäische »Ersatzware« profitierte davon. Weiterhin wirkte sich günstig für den Standort Delft aus, daß in Folge der allgemeinen ökonomischen Krise gegen Mitte des 17. Jahrhunderts viele der dortigen Bierbrauereien in Schwierigkeiten gerieten und zahlreiche der aufgegebenen Gebäude mit keramischen Brennöfen ausgestattet werden konnten. Hinter den oft eigenartigen Namen der hier gegründeten Manufakturen – die »Porcelein fles« (die Porzellan-Flasche) existiert bis heute – verbergen sich die weiterhin benutzten alten Firmennamen.

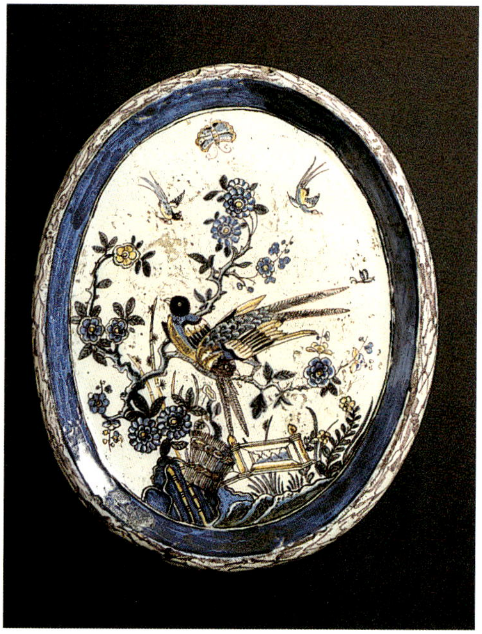

Abb. 40: Delft, ovale Platte mit chinesischem Vogelmotiv in der Art der Kakiemon-Malerei, 18. Jahrhundert

Der geschäftliche Erfolg und künstlerische Innovation bedingten sich einander in Delft. Während andere Zentren in den Niederlanden stagnierten, entwickelte die Delfter

Fayence einen eigenen Stil. Europäische Motive rücken an die Stelle von ostasiatischen, und auch die zeitgenössische, bürgerlich orientierte Landschafts- und Genremalerei Hollands hinterläßt Spuren. Neuen Impuls gibt auch das japanische Imari-Porzellan – benannt nach dem Ausfuhrhafen, über den seit der Mitte des 17. Jahrhunderts in großen Mengen Ware nach Europa verschifft wurde. Die differenzierte Polychromie des nach dem Hauptmeister Kakiemon benannten Dekorationsstils wirkte in besonderer Weise auf die Produktion von Delft ein. Im letzten Drittel des 17. Jahrhunderts bis zur Mitte des 18. Jahrhunderts, als bereits der allgemeine Niedergang der Fayence spürbar wurde, tritt daher neben den traditionellen blauweißen Dekor eine mehrfarbige Bemalung mit Scharffeuerfarben sowie polychrome Delfter Fayence, deren Dekore in schwachem Feuer gebrannt, d.h. in der sogenannten Muffelfarbentechnik ausgeführt wurden.

Die Delfter Fayence zeichnet sich gegenüber der historisch älteren Majolika – außer durch die Orientierung an ostasiatischen Formen und Dekoren – auch durch die Verbesserung der Tonmasse aus, die die Herstellung eines dem Porzellan ähnlichen Scherben erlaubte. Die auf der Töpferscheibe gedrehten oder von Hand geformten Gefäße und Figuren wurden nach dem Trocknen dem Schrühbrand von unter 800°C ausgesetzt, danach glasiert und bemalt. Das Glasurbad überzog die poröse Tonware mit einer nach dem zweiten Brand von etwa 950°C wasserundurchlässigen, weißlich cremefarbenen Zinnglasur. Auf der noch ungebrannten Glasur wurde bereits der Dekor der wenigen Farben aufgemalt, die sich für das »scharfe Feuer« des zweiten Brandes eigneten: vor allem Kobaltblau sowie Manganviolett und Antimongelb. Grüne Töne resultierten aus der Mischung von Blau mit Gelb. Die Scharffeuerfarben schmolzen beim Brand in die Glasur ein. Zur Steigerung ihres Glanzes wurden sie in den Niederlanden üblicherweise mit »kwaart« überzogen, einer zusätzlichen farblosen Bleiglasur. Beabsichtigte man, eine reichere Farbpalette zu verwenden, setzte dies den Gebrauch von Überglasurfarben voraus. Sie erlaubten eine nuancierte Bemalung, die nicht in der hygroskopisch wirkenden Tonmasse einfloß, sondern feinpinselig auf die in scharfem Feuer gebrannte Glasur aufgebracht und bei etwa 600°C gebrannt wurde, dabei aber den Nachteil zeigt, keine innige Verbindung mit der Glasur einzugehen. Bei diesem dritten Brand wurden die Keramiken der empfindlichen Farben wegen durch geeignete Gehäuse, sogenannte Muffeln, geschützt.

Nicht alle Delfter Manufakturen arbeiteten mit dieser Muffelfarbentechnik. Sie gewann aber im 18. Jahrhundert zunehmend an Bedeutung, je stärker die Fayence sich in der Konkurrenz zum inzwischen erfundenen europäischen Porzellan behaupten mußte. Zunächst freilich verdrängte die Fayence die einfache bleiglasierte Irdenware und ersetzte das Zinngeschirr in begüterten Haushalten und am Hofe oft sogar das Silbergerät. Durch

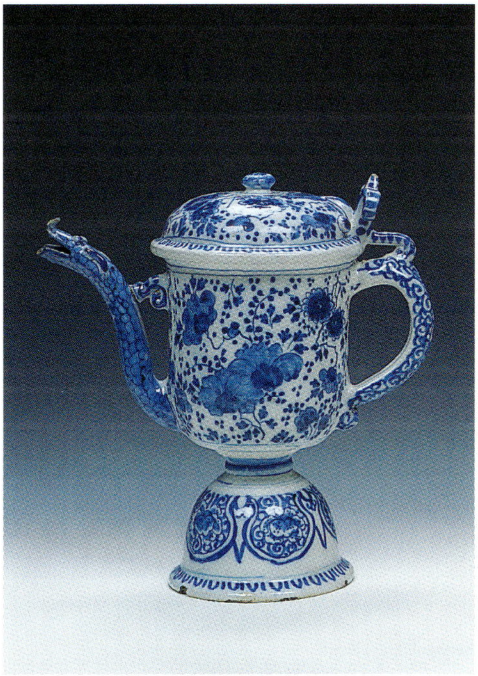

Abb. 41: Holland, Ziergefäß in Form einer Gießkanne mit schlangenförmigem Ausguß, 1. Hälfte 18. Jahrhundert

ihre Farbigkeit bereicherten die Fayencen die sich im Barock prachtvoll entwickelnde Tafelkultur mit üppigen Schaugerichten. Dazu gehören selbstverständlich umfangreiche Sätze von Schüsseln und Tellern, aber auch formenreiches Tafel- und Ziergerät, nicht zuletzt auch als Krönung des Schmucks Figuren- und Tafelaufsätze, deren Bildprogramm der Festtafel über den funktionalen Aufbau hinaus tieferen Sinn verleihen konnte. Vasen und Teller gehörten überdies zur Dekoration von Schränken oder fanden Platz auf dafür eingerichteten Kredenzen, waren also Teil der Innenraumgestaltung.

Die Produktion niederländischer Fliesen, die zu großflächigen Darstellungen oder gar Bildern zusammengestellt wurden, sind ein besonderer Beitrag Hollands zur europäischen Raumkunst um 1700. Den Besuchern von Schloß Belvedere wird schon beim Eintreten ein freilich spätes Beispiel ins Auge fallen. Mit der Wiederentdeckung der Delfter Fayence am Ende des 19. Jahrhunderts gab es auch eine Renaissance der Fliesenkunst. Die beiden 1880 datierten Fliesengemälde im Vestibül sind zugleich ein Hinweis auf die verwandtschaftlichen Beziehungen der Weimarer Großherzöge mit dem oranischen Herrscherhaus.

G.-D. U.

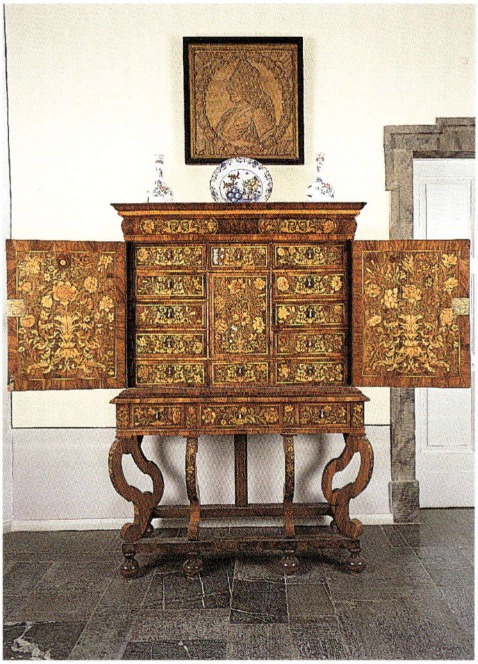

Abb. 42: Blick in das »niederländische Zimmer«: Holländischer Kabinettschrank auf tischartigem Untersatz mit drei Schüben, Nußbaum furniert, mit Marqueterie aus einheimischen und tropischen Hölzern, Elfenbeineinlagen und Brandintarsien, um 1700; darüber Bildnis Herzog Ernst August von Sachsen-Weimar, um 1730

Thüringer Fayencen

Eine kleine Abteilung im Schloß Belvedere ist holländischen, deutschen und thüringischen Fayencen gewidmet. Untergebracht sind die zum Teil prachtvollen Stücke in mehreren Räumen des Erdgeschosses. Die in mehreren Vitrinen zur Schau gestellten Thüringer Fayencen – vorwiegend zinnmontierte Walzenkrüge, aber auch Blumenübertöpfe, Deckel-, Baluster- und Flötenvasen – sind in den Manufakturen Dorotheenthal bei Arnstadt (1715–1803/06) und Erfurt (1716/18–1792) entstanden.

Beide Fabriken waren im 18. Jahrhundert auf dem Gebiet der Fayenceherstellung führend im Thüringer Raum. Während die Dorotheenthaler Manufaktur, als deren Gründerin Auguste Dorothea, Fürstin von Schwarzburg-Arnstadt, angesehen wird, zwischen 1716 und 1725/30 vor allem auf künstlerischem Gebiet hohe Maßstäbe setzte, entwickelte sich die Erfurter Fabrik unter der tatkräftigen Leitung des Zinngießers Johann Paul Stieglitz und seiner Nachkommen zwischen 1724 und 1750/60 zu einem bedeutenden Wirtschaftsfaktor in der Region. Die durch häufigen Austausch des Malerpersonals seit etwa 1730 nachweisbare künstlerische Zusammenarbeit beider Unternehmen ließ stilistisch eng miteinander verwandte Arbeiten entstehen, deren eindeutige Zuordnung heute selbst dem Fachwissenschaftler noch Kopfzerbrechen bereiten kann.

Die Fayencekunst, seit Jahrtausenden im Fernen Osten und im Orient gepflegt, konnte vor allem durch die Vermittlung der Holländer Ende des 17. Jahrhunderts in Deutschland und Anfang des 18. Jahrhunderts auch in Thüringen heimisch werden. Aus farbigen Tonen hergestellt, die anschließend mit einer weißen Zinnglasur überzogen und bemalt wurden, hatte die Fayence große Ähnlichkeit mit dem seit Jahrhunderten in Europa begehrten und hier zu hohen Preisen gehandelten ostasiatischen Porzellan. Verstärkte wirtschaftliche Interessen und fehlende Voraussetzungen für eine eigenständige Porzellanproduktion – das Kaolin war noch nicht gefunden – führten zunächst zur Entstehung zahlreicher Fayencemanufakturen.

Trotz dieser ungünstigen Ausgangsposition gelang der Fayence während ihrer 150jährigen Entwicklungsgeschichte in allen europäischen Ländern der künstlerische Durchbruch. Die kreative Auseinandersetzung der oft hochbegabten Fayencemaler mit dem Material fand ihren Niederschlag in einer Vielzahl hervorragender Arbeiten, die heute noch in Museen und privaten Sammlungen aufbewahrt werden. Die Vorzüge der Fayence kann man nicht treffender beschreiben, als dies der Potsdamer Sammler und profunde Kenner deutscher Fayencen Paul Heiland 1925 bereits in seinem Standardwerk *Die deutsche Fayence-Kultur* getan hat: »Im Technischen ist die Fayence ein Produkt von ganz eigenartiger Schönheit. Ihr rahmiger Charakter, ihr niemals greller, niemals kalter, sondern im Gegensatz zum Porzellan stets warmer Ton macht sie anschmiegsam. Das schafft ein Gefühl des Behaglichen, des Zärtlichen, des Intimen. Man fühlt bei der Fayence stets die Hand, die sie geformt hat, sie wirkt infolgedessen viel beseelter, man möchte sagen, viel menschlicher als das spröde Porzellan in seiner stets kalten Pracht.«

Thüringen, den meisten nur als ein Land mit bedeutender Porzellanindustrie (ab 1760) bekannt, hat zwischen 1720 und dem Ende des 18. Jahrhunderts erfolgreich ein Stück deutscher Fayencegeschichte mitgeschrieben. Neben Dorotheenthal und Erfurt existierten weitere Manufakturen in Saalfeld (1718), Rudolstadt (1720), Ilmenau (1738), Abtsbessingen bei Sondershausen (1739), Coburg (1739) und Gera (1740). Die fürstlich schwarzburgische Fabrik zu Abtsbessingen spielte dabei eine ähnlich herausragende Rolle wie einige Jahrzehnte zuvor die Dorotheenthaler Manufaktur.

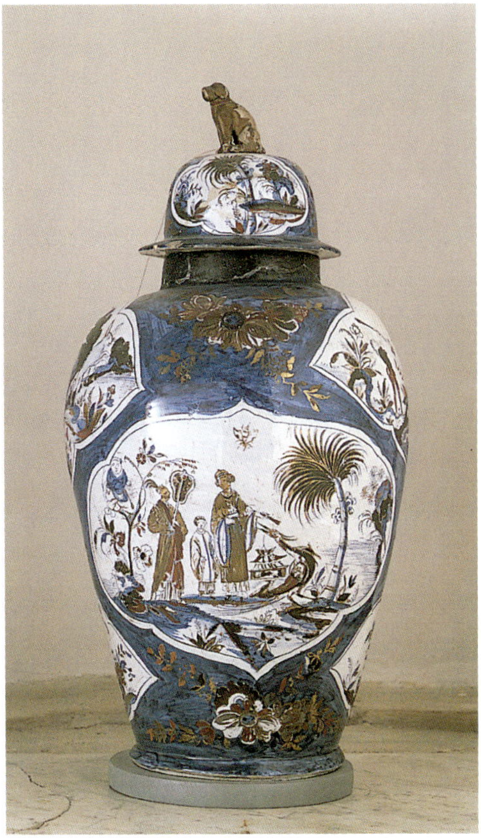

Abb. 43: Dorotheenthal, große Deckelvase mit Chinoiserie in kalter Bemalung, Johann Martin Frantz d.Ä., 1716–1720

Deren künstlerischer Ruhm in den ersten Jahren ihres Bestehens stand zweifellos in enger Beziehung zur Person der Gründerin. Als Tochter des Herzogs Anton Ulrich II. von Braunschweig-Wolfenbüttel war Auguste Dorothea gemeinsam mit ihrem späteren Mann, dem Fürsten Anton Günther II. von Schwarzburg-Arnstadt, in einer Umgebung aufgewachsen, die Kunst und Kultur nicht nur zu Repräsentationszwecken nutzte, sondern als wesentlichen Bestandteil eines sinnerfüllten Lebens empfand. Als das junge Fürstenpaar nach 1680 in Thüringen die Regierungsgeschäfte übernahm, setzte eine bis dahin in dem kleinen Land beispiellose Entwicklung und Pflege der Künste ein. Die Folge war eine hohe Staatsverschuldung, die bis zum Tode des Fürsten 1716 nur teilweise abgetragen werden konnte. So waren es wohl vor allem ökonomische Gründe, die Ende 1715 zur Errichtung einer Fayencemanufaktur in dem nach der Fürstin benannten *Dorotheenthal* geführt hatten. Diese benötigte außerdem Geld für die künstlerische Aus-

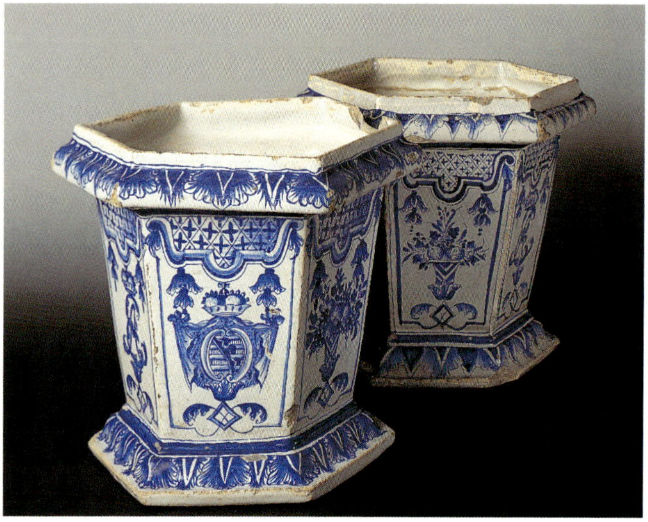

Abb. 44: Dorotheenthal, Nelkentöpfe (Cachepots) mit Monogramm Herzog Ernst Augusts von Sachsen-Weimar, Blumenvase und sächsischem Rautenkranzwappen, Christoph (Kristof) Gromer (?) und Johann Gottfried Preiß, um 1720

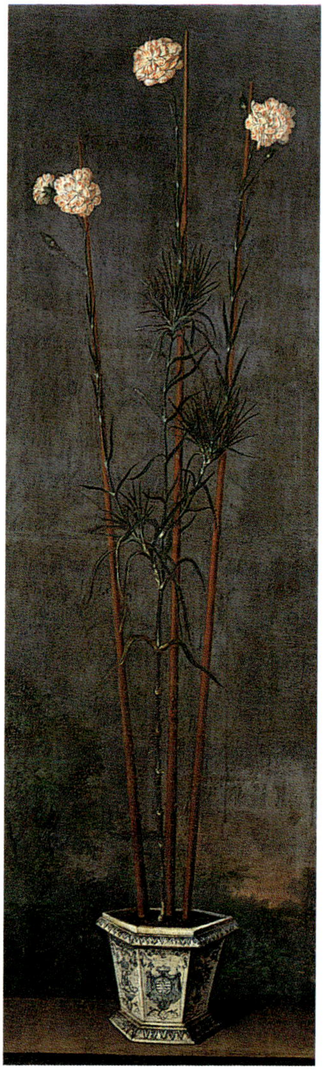

Abb. 45: Nelkenstock in einem Fayencetopf mit herzoglich weimarischem Wappen, Studie eines unbekannten Malers aus den Gewächshäusern von Schloß Belvedere, nach 1744

stattung des Schlosses Augustenburg, das zwischen 1700 und 1710 in der Nähe Arnstadts erbaut worden war und Auguste Dorothea nach 1716 bis zu ihrem Tode 1751 als Witwensitz diente. Hier fanden ihre berühmte ostasiatische Porzellansammlung und das mit 82 Schaukästen größte europäische Puppenhaus des 18. Jahrhunderts *Mon plaisir*, das im Miniaturformat vom Leben einer kleinen thüringischen Residenz berichtete, eine vorläufige Aufstellung (heute Schloßmuseum Arnstadt). Von der Augustenburg aus leitete die Fürstin auch die in unmittelbarer Nachbarschaft gelegene Fabrik, deren Erzeugnisse im wesentlichen zur Ausschmückung des Schlosses verwendet wurden.

Da Auguste Dorothea für den Aufbau der Manufaktur Facharbeiter (Dreher, Glasierer und Maler) aus der seit 1707 bestehenden Fayencefabrik ihres Vaters nach Thüringen kommen ließ, war von Anfang an eine gleichbleibend hohe Qualität der hier hergestellten Produkte garantiert; zumal Braunschweig, wie auch zuvor Hanau (1661), Frankfurt/Main (1666) und Berlin (1678), aus erster Hand Delfter und damit ostasiatische Einflüsse in Form und Dekor an später errichtete deutsche Fayencemanufakturen weitergab. Trotz aller künstlerischen Einflußnahme gelang es der Fürstin nicht, den kleinen Betrieb gewinnbringend zu entwickeln. Sie war gezwungen, Hilfe aus Erfurt zu holen. Der nachmals erfolgreiche Besitzer der Erfurter Manufaktur, Johann Paul Stieglitz, von 1718 bis 1724 Pächter in Dorotheenthal, verhalf der Fabrik zu einem bis dahin nicht gekannten Aufschwung.

Frühe Arbeiten der Manufaktur befinden sich heute auch in den Sammlungen von Belvedere. Drei von ihnen sind aufgrund ihrer Fabrik- und Malersignaturen (AB ligiert/f in Braunrot und Schwarzblau) eng mit dem Namen der Künstlerfamilie Frantz verbunden, deren langjähriges Wirken in Thüringen tiefe Spuren hinterlassen hat. Johann Philipp Frantz, ein gebürtiger Erfurter, war 1715 durch die Fürstin von Braunschweig nach Arnstadt gekommen. Hier entwickelten sich seine Söhne – Johann Martin Frantz d. Ä., Johann Theobald Frantz und Johann Tobias Frantz – zu bedeutenden Fayencemalern. Insbesondere Johann Martin Frantz d. Ä., der bis zu seinem Tode 1734 in Dorotheenthal arbeitete und dem mit großer Wahrscheinlichkeit die Deckel- und Flötenvasen zugeschrieben werden müssen, hatte einen wesentlichen Anteil an der künstlerischen Entwicklung der fürstlichen Manufaktur.

In Dorotheenthal, das während seines gesamten Bestehens für die in leuchtendem Blau ausgeführten Laub- und Bandelwerkdekore berühmt war unter den deutschen Manufakturen, entstanden neben blau oder bunt bemalten Stücken, wie sie in überwiegender Zahl nach 1730 hergestellt worden sind, Anfang bis Mitte der zwanziger Jahre eine Reihe von Arbeiten, die sich durch einen blaßblauen Scharffeuerdekor oder aber eine nur aus Blau, Ziegelrot, dunklem Grün oder Gelb zusammengesetzte Scharffeuerpalette auszeichnen. Die mit indianischen Blumen, Vögeln und Behangborten geschmückte, fast 40 cm hohe *Deckelvase* im Sechseckformat ist charakteristisch für diese Art der Dekorierung. Ein zweites, von Johann Wilhelm Dietmar (AB ligiert/D in Blau) bemaltes Exponat wird in Halle/Saale aufbewahrt.

In Anlehnung an Delfter, Berliner und Ansbacher Vorbilder kam in der Dorotheenthaler Manufaktur vermutlich noch vor 1720 die

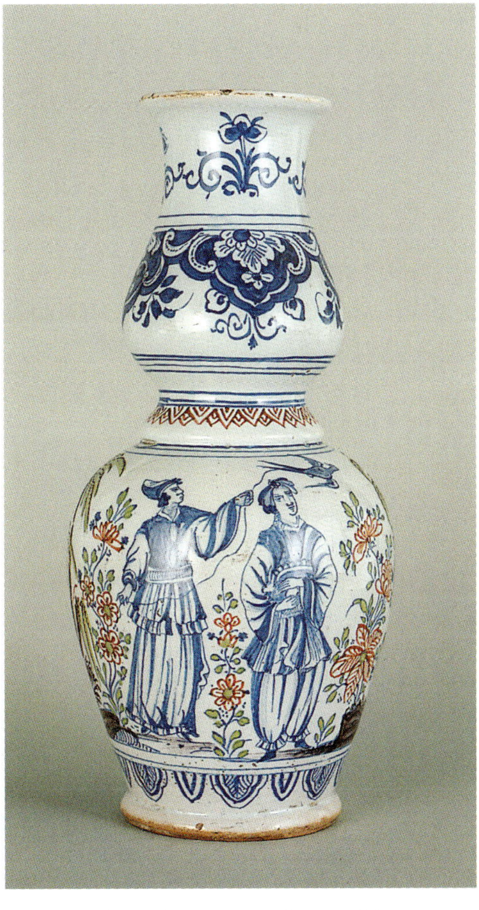

Abb. 46: Erfurt, Balustervase mit Chinesen, Blumenstauden und Behangborte, 1730–1750

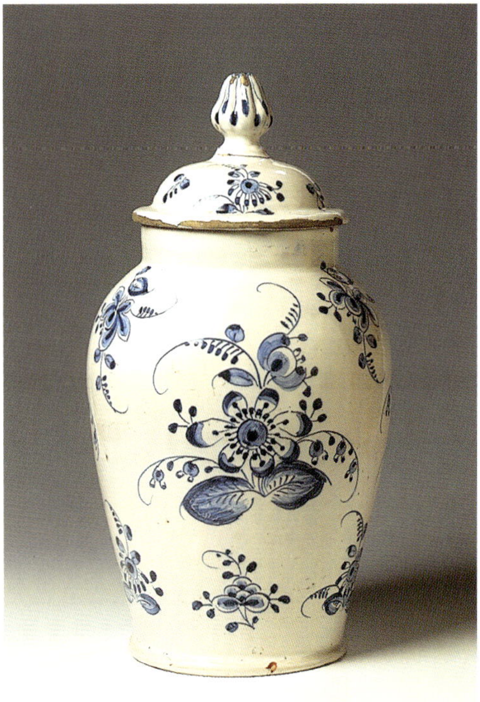

Abb. 47: Erfurt, bauchige Deckelvase mit Blumenmalerei und stilisierter Blüte als Griff, 1750–1760

Kaltmalerei zur Anwendung. Die für die oben genannten Manufakturen typischen Vasensätze, die meist aus einer Gruppe sechskantiger Deckel-, Baluster- und Flötenvasen bestanden, wurden von Dorotheenthal übernommen und den dortigen Vorstellungen und Wünschen angepaßt. Mit der 52,8 cm hohen, von einem Hund bekrönten *Deckelvase* besitzt Belvedere ein herausragendes Beispiel der in Thüringen relativ selten anzutreffenden Kaltmalerei. Festliche Blumengirlanden auf blauem Scharffeuergrund und vier größere Vierpaßreserven mit Chinoiserien/Dudelsackpfeifer schmücken die Wandung der großen Deckelvase. Fußzone und Deckel zeigen kleinere, mit Landschaften geschmückte Reserven. Wie in Berlin oder Ansbach, so war es auch in Dorotheenthal üblich, die Konturen der Reserven und der einzelnen Motive mit schwarzblauer Scharffeuerfarbe vorzuzeichnen und diese bei hohen Temperaturen in die Glasur einzubrennen. Erst danach wurden die Details in dunklem Grün, Braun, Rotbraun und Gold kalt auf das Gefäß aufgetragen. Die heute überall sichtbaren Abnutzungsspuren lassen sich aus dieser Bemalungstechnik erklären.

Zu den interessanten Arbeiten der frühen Dorotheenthaler Jahre gehören die beiden sechseckigen *Nelkentöpfe*, auch Cachepots genannt. Sie wurden im Auftrag des Herzogs Ernst August von Sachsen-Weimar um 1720 von den Malern Christoph Gromer (GK) und Johann Gottfried Preiß (P) in einem satten Blau dekoriert. Auf einem Gemälde in der Sammlung ist ein solcher Übertopf mit eingepflanztem Nelkenstock originalgetreu abgebildet. Die Wandung des Cachepot zeigt im Wechsel das fürstliche Monogramm »EA« (Ernst August), das sächsische Rautenkranz-

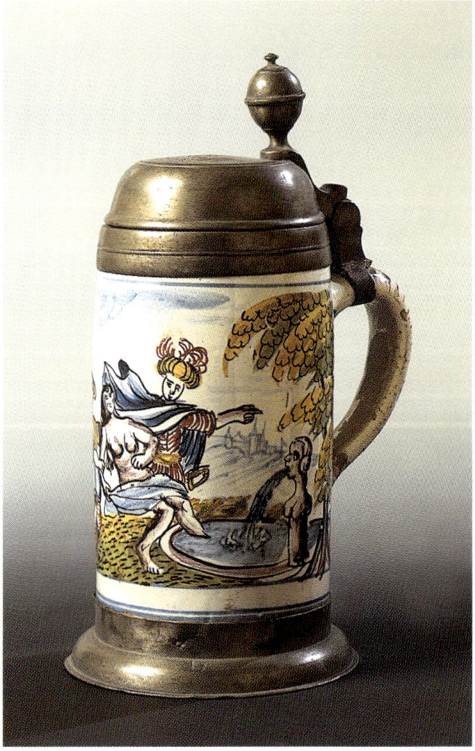

Abb. 48: Erfurt, zinnmontierter Walzenkrug mit Darstellung der Susanna im Bade, um 1750

wappen und eine mit Blumen prall gefüllte Vase. Die Mittelzone wird nach oben und unten begrenzt von Gitterfeldern und Blattwerkborten.

Neben der Arnstädter Fürstin gehörten auch die Fürsten von Schwarzburg-Sondershausen und die Herzöge von Sachsen-Weimar zu den bevorzugten Kunden der Dorotheenthaler Manufaktur. Eine Änderung trat erst ein, als Stieglitz 1724 Dorotheenthal verließ und dabei nicht nur einen Teil des Fachpersonals, sondern auch potentielle Auftraggeber mit nach Erfurt nahm. So zählten bis 1792 die Herzöge Ernst August und Carl August von Sachsen-Weimar-Eisenach ebenfalls zu den Abnehmern der Erfurter Fabrik. Neben den für diese Zeit typischen Tafelgeschirren ließen sie hier eine große Anzahl blaudekorierter Fliesen für die Schlösser von Belvedere und Dornburg anfertigen.

Bald nach dem Weggang ihres Pächters verkaufte Auguste Dorothea die Manufaktur, deren neuer Besitzer 1733 Johann Christian Andreas Bergmann wurde. Eine ab 1740 zwischen Dorotheenthal und Rudolstadt bestehende Personalunion – Bergmann war in diesem Jahr Eigentümer der 1736 zum zweiten Male gegründeten Rudolstädter Fabrik geworden – schuf ausgezeichnete Voraussetzungen für vielfältige künstlerische Kontakte.

Stieglitz, seit seinem Dorotheenthaler Aufenthalt bestens mit den Gepflogenheiten der Fayenceherstellung vertraut, entwickelte die *Erfurter Fabrik* innerhalb nur weniger Jahre zu einem in wirtschaftlicher und künstlerischer Hinsicht bedeutenden Unternehmen. Die Stadt honorierte diese Leistung, indem sie Stieglitz und seinen Nachfahren 1734 per Privileg gestattete, neben den bis dahin produzierten einfachen und schlichten Haushaltsgegenständen nunmehr auch aufwendig bemalte Tafelgeschirre und -aufsätze für reichere Kunden herzustellen.

Eine aus der Zeit um 1730 stammende *Balustervase* steht mit ihren großfigurigen Chinesengruppen auf beiden Seiten und dem üppigen Behangfries am Hals unverkennbar in der Tradition Braunschweiger und Doro-

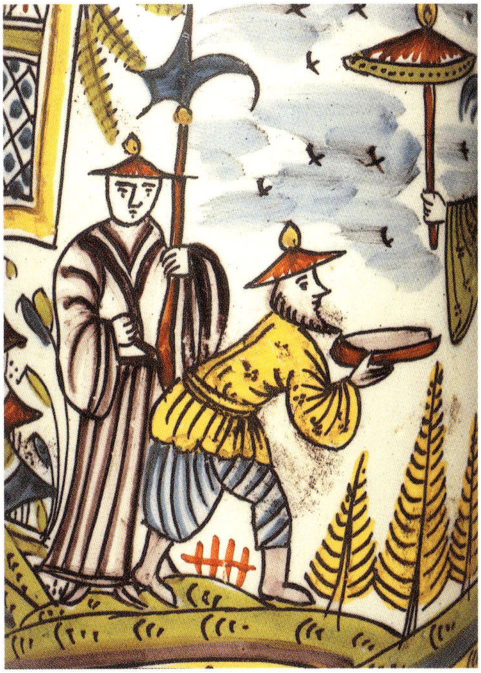

Abb. 49: Erfurt, zinnmontierter Walzenkrug mit Chinoiserie (Ausschnitt), 1749

theenthaler Fayencen. Eine Erfurter Zutat sind die vom Boden aufwachsenden Sträucher mit den charakteristisch leuchtend roten Blüten und das in Eisenrot gehaltene Zickzackband oberhalb der Bauchung. Beide im Belvedere ausgestellten Balustervasen weisen enge stilistische Beziehungen zu der schönen Deckelvase des Hamburger Museums für Kunst und Gewerbe auf.

Neben Chinoiserien, allegorischen, biblischen, antiken und mythologischen Darstellungen, naiv nacherzählten Alltagsgeschichten und sich wiederholenden Genreszenen fand bald nach Mitte des 18. Jahrhunderts in Nachahmung Meißner Porzellane die deutsche Blumenmalerei Eingang in die Erfurter Fayencemanufaktur. Eine in der Sammlung von Schloß Belvedere aufbewahrte große bauchige *Deckelvase* in Blaumalerei veranschaulicht diese zu jener Zeit in Mode gekommene Art der Dekorierung. Der für Erfurt charakteristisch gewordene flache Deckel wird hier statt

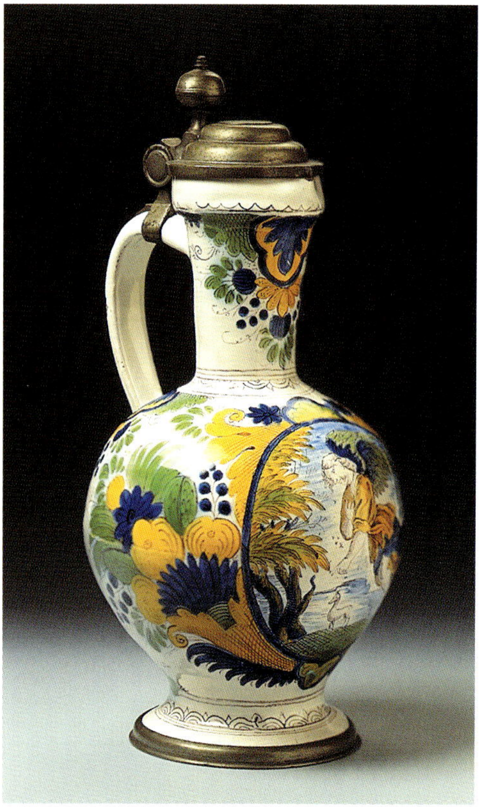

Abb. 50: Nürnberg, Enghalskrug mit Zinnmontierung und Darstellung der Vertreibung der Schlange aus dem Paradies, um 1725

des sitzenden Putto von einer stilisierten Blüte bekrönt. Ein ebenfalls stilisierter, prachtvoller Blumenstrauß, von locker über die Fläche verteilten Streublumen umgeben, schmückt das Mittelfeld der rustikal wirkenden Vase. Da dieser Typus der Deckelvase auch in Rudolstadt zu finden ist, muß es zwischen beiden Fabriken engere Kontakte gegeben haben.

Während die Manufakturen von Dorotheenthal und Abtsbessingen zumindest in Zeiten der Zugehörigkeit zum Schwarzburger Fürstenhaus eine künstlerisch dominierende Rolle im Thüringer Raum gespielt haben, lag die Bedeutung der von Anfang an wirtschaftlich starken Erfurter Fabrik auf anderem Gebiet. So gingen wesentliche Impulse zum Aufblühen einer Fayence- und Porzellanindustrie in diesem Territorium von Erfurt aus. Was den Umfang der Produktion anbelangte – Erfurter Fayencen wurden bis nach Holland geliefert –, so stellte die städtische Manufaktur bald alle übrigen Thüringer Fabriken in den Schatten. Ihre größte Leistung jedoch bleibt bis heute die Entwicklung und konsequente Anwendung der farbenprächtigen Scharffeuerpalette, die nach 1730 zum Markenzeichen aller thüringischen Fayencemanufakturen wurde. Wie aus dem im Erfurter Stadtarchiv aufbewahrten Glasur- und Farbenbuch von 1741 hervorgeht, ist es der Maler Johann Andreas Vogel gewesen, der den bunten Scharffeuerdekor in dieser typischen Zusammensetzung (Blau, Mangan, Grün, Gelb und Eisenrot, später noch Braun und Schwarz) initiiert und damit nachhaltig die Fayencemalerei in der Region beeinflußt hat. Keine andere deutsche Manufaktur kann eine solche, den barocken Zeitgeist treffend widerspiegelnde, expressive Scharffeuerdekorierung für sich in Anspruch nehmen. Die Wirkung der Erfurter Fayence beruht insbesondere auf dem souveränen Einsatz des Eisenrot, dessen intensive Farbigkeit das Gesamterscheinungsbild der Fayence stets wesentlich mitgeprägt hat. Anhand eines zinnmontierten Walzen- oder Bierkruges aus dem Jahre 1749, auf dem miteinander kommunizierende Chinesen dargestellt sind, und eines dekorativ mit Ornamenten bemalten Henkelnapfes läßt sich das Gesagte gut belegen.

Ein weiteres Verdienst der Erfurter Manufaktur bestand darin, den Darstellungen einheimischer Motive mit künstlerischen Mitteln zum Durchbruch verholfen und damit ein Gegengewicht zur höfisch orientierten Fayencemalerei geschaffen zu haben.

Fayencen aus dem *südwestdeutschen Raum* beschließen den Rundgang durch die Sammlung. Anders als in Thüringen, das sich auf die massenhafte Herstellung von Bier- oder Walzenkrügen spezialisiert hatte, dominieren hier die in den Manufakturen Frankfurt/Main, Hanau und Nürnberg aufwendig bemalten Enghalskrüge. Sie fanden als Weinkrüge weite Verbreitung.

A. M.

Bayreuther Fayencen (Braune Ware)

Innerhalb Frankens gehört die von 1716 bis 1788 existierende Bayreuther Fayencemanufaktur zur jüngsten Gründung. Vorangegangen waren 1710 Ansbach, 1712 Nürnberg und um 1715 Crailsheim. Die in St. Georgen bei Bayreuth durch Markgraf Georg Wilhelm gegründete Manufaktur wurde 1728 an Johann Georg Knöller verpachtet und konnte 1740 als Eigentum erworben werden.

Die Erzeugnisse der Knöllerperiode (1728 bis 1744) wurden in verschiedene Produktionszweige unterschieden: »weiße«, »blaue«, »gelbe« oder »braune Porcellain-Fabrique«. Mit diesem Begriff meinte man in damaliger Zeit nicht das echte Porzellan, sondern feine Geschirre aus Keramik. Fanden die weißen und blauen Fayencen als Gebrauchsgeschirr eine größere Käuferschicht, so konnte sich nur der Adel die gelb und braun glasierten Stücke mit ihrer kostbaren Gold- und Silberdekoration leisten.

Aufgrund der dynastischen Verbindung verwundert es nicht, daß im Schloß Belvedere auch Exponate der sogenannten Braunen Ware zum Inventar gehören. Herzog Ernst August von Sachsen-Weimar hatte 1734 in zweiter Ehe die Tochter des Markgrafen Georg Friedrich von Brandenburg-Bayreuth, Prinzessin Sophie Charlotte Albertine, geheiratet.

Die Bayreuther Braune Ware orientierte sich an dem in Meißen 1707 erstmals hergestellten braunroten sogenannten Böttgersteinzeug. Seit 1710 konnte man dort das Steinzeug auch durch braune Glasuren, Schliff und Politur veredeln. Samuel Kempe, ein 1713 aus Meißen geflohener Mitarbeiter Böttgers, trug sicherlich die ersten zwei Jahre als technischer Leiter einen wesentlichen Anteil zum Aufbau der Bayreuther Fayencemanufaktur bei.

Der Scherben der Braunen Ware, bestehend aus dunkel ziegelrotem, fein geschlämmtem Ton, erhielt jeweils eine kaffeebraune Bleiglasur. Der Dekor in Gold und Silber zählt zu

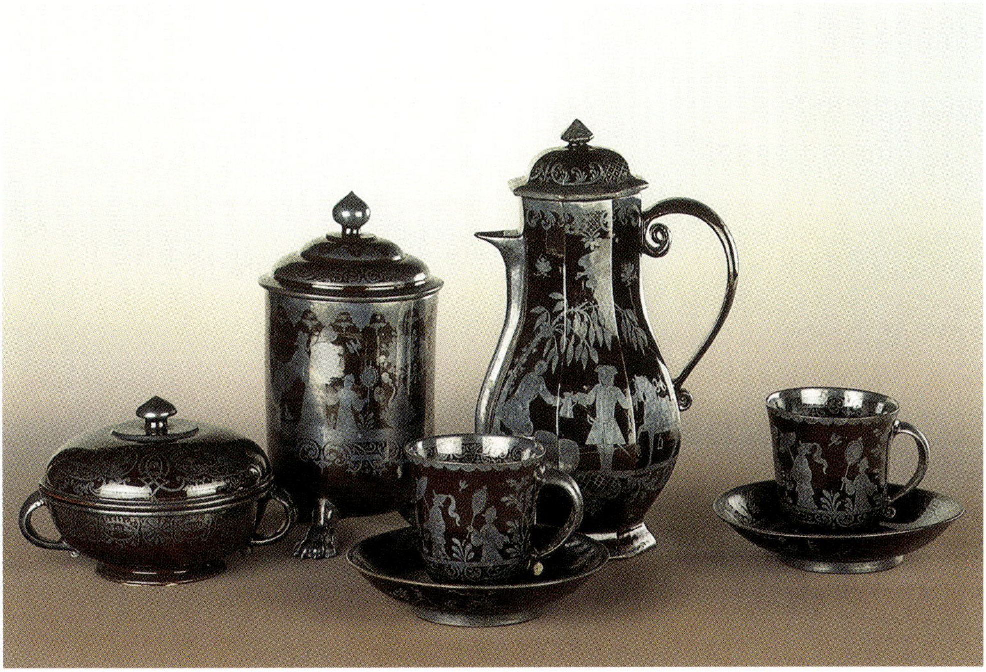

Abb. 51: Bayreuth, Teile eines Services mit Chinoiserien in Silbermalerei, 1755–1760

den Besonderheiten innerhalb der Bayreuther Fayenceproduktion. Die häufigste Methode bestand in der Radiertechnik, bei der man aus der bemalten Fläche in feinen Linien die Binnenzeichnung mit der Radiernadel herausritzte. Seltener fand das Einreiben und Einbrennen von Gold oder Silber in zuvor auf dem dünnwandigen Keramikobjekt eingeritzte Linien Anwendung. Auch von der sogenannten Kaltbemalung, einer Kaltvergoldung auf rotem Bolusgrund, wurde kaum Gebrauch gemacht.

Aufgrund der hohen Wertschätzung wurde die Braune Ware oft zu besonderen Anlässen in Adelskreisen oder als Staatsgeschenk überreicht. Hierzu zählten häufig Tee- oder Kaffeeservice für die im 18. Jahrhundert in Europa in Mode gekommenen exotischen Heißgetränke. Der überwiegend gute Erhaltungszustand der Objekte mit Golddekor schließt einen Gebrauch des Geschirrs aus. Stärkere Abriebspuren bei der Silberbemalung sind durch das Polieren des oxydierten Metalls entstanden.

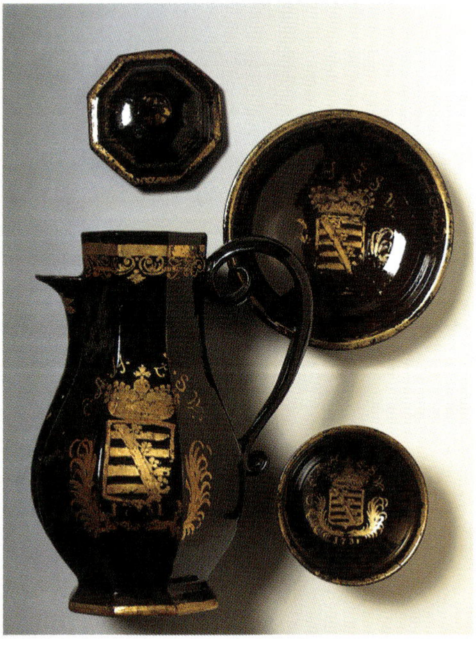

Abb. 52: Bayreuth, Teile eines Services (Kanne, Koppchen mit Unterschale) mit dem sächsischen Rautenwappen und den Initialen Herzog Ernst Augusts von Sachsen-Weimar, datiert 1731

Braune Ware, die zugleich Gold- und Silberdekor aufweist, ist für die Bayreuther Fayenceproduktion äußerst selten überliefert. Diese besondere Art der zweifarbigen Bemalung kann an Beispielen im Belvedere betrachtet werden. Sie ziert drei Enghalskrüge, einen Deckelbecher auf drei Klauenfüßen sowie eine Teekanne.

In der Regel ist die Braune Ware unbezeichnet, und es läßt sich nur eine allgemeine Eingrenzung der Entstehungszeit auf die Frühzeit (1716–1728) und die Knöllerperiode (1728–1744) festschreiben. Nur selten gibt es datierte Stücke, wie beispielsweise die hier abgebildeten Teile eines *Services* mit achteckiger Kaffeekanne, Koppchen und Untertasse. Alle drei Teile schmücken in Gold die Initialen E.A.H.Z.S.W. (Ernst August, Herzog zu Sachsen-Weimar) über dem Wappen und darunter die Jahreszahl 1731.

Bevorzugt wurde in der separaten Malstube für die braunglasierten Fayencen die Kombination von ornamentaler und figürlicher Bemalung. Chinoiserien dominieren neben Jagd- und Schäferszenen sowie Szenen des höfischen Lebens, die insgesamt den Erwartungen der aristokratischen Abnehmer entsprachen. Für die minutiösen Binnenzeichnungen der chinesischen Motive dienten wahrscheinlich graphische Vorlagen, die bisher jedoch kaum nachgewiesen werden konnten. Sowohl die szenischen Darstellungen als auch die Gefäßränder wurden vorzugsweise von Ornamentbordüren eingefaßt. Das Repertoire der aufwendig gestalteten Muster reichte vom streng geometrischen Bandelwerk über Rocailleformen bis hin zu Blumensträußen mit Girlandenbehang. Die Bordürengestaltung folgt darin der Ornamententwicklung innerhalb der 1. Hälfte des 18. Jahrhunderts.

E. R.

Europäisches Porzellan

Meißen

Zu Beginn des Jahres 1710 wurde in Dresden durch August den Starken die erste europäische Porzellanfabrik gegründet. Die Werkstatt erhielt ihren Sitz auf der Albrechtsburg im elbabwärts gelegenen Meißen, wo man das Geheimnis der Porzellanherstellung besser zu wahren glaubte. Das Unternehmen des sächsischen Kurfürsten, der zugleich König von Polen war, wurde zum bahnbrechenden Erfolg. Die Produkte der Meißner Manufaktur und all der anderen Werkstätten, die sich trotz der Bemühungen um Geheimhaltung der Rezeptur Böttgers gründeten, machten Europa vom Import fernöstlicher Ware zunehmend unabhängig. Bevor aber eine den ostasiatischen Erzeugnissen ebenbürtige Keramik hergestellt werden konnte, vergingen noch einige Jahre. Die qualitätvolle Porzellanproduktion, die man mit dem Namen Meißen verbindet, kam eigentlich erst nach dem Tod des Alchimisten Johann Friedrich Böttger (1682–1719) in Gang. Böttger fand bereits 1708 die Rezeptur zur Herstellung der Porzellanmasse. Sein Erfolg baute wesentlich auf die Experimente des Naturforschers Ehrenfried Walther von Tschirnhaus (1651–1708) auf, der auf Anordnung des Kurfürsten Böttgers Arbeit überwachte und weit stärker an deren Ergebnis beteiligt war, als landläufig bekannt ist.

Das Geltungsbedürfnis Augusts des Starken war vielleicht der entscheidende Antrieb für die Entwicklung von Formen, Farben und Dekoren in der Manufaktur, die während der ersten Jahrzehnte ihres Bestehens vorrangig für den sächsischen Hof arbeitete. Mit der Ankunft von Johann Gregorius Höroldt (1696–1775) in Meißen 1720 setzt eine Periode erfolgreicher Erprobung verbesserter Farbtechnik ein. Einher geht damit die Entfaltung einer neuen, für die Manufaktur spezifischen Motivwelt. Höroldts Chinoiserien dominieren für einige Jahre die Dekore auf den inzwischen ebenfalls verbesserten Porzellanscherben. Die eigene Porzellanherstellung entstand anfangs in bewußtem Wettbewerb mit den ostasiatischen Vorbildern, die im kurfürstlichen Kabinett in reicher Zahl als Qualitätsmaßstab vor Augen standen. Die Pläne Augusts des Starken für die Ausstattung eines ganzen Schlosses mit Porzellanen führte zur Beflügelung der Manufaktur. 1717 erwarb er das in der Dresdner Vorstadt gelegene »Holländische Palais«, das seit 1723 den Namen »Japanisches Palais« trug und ab 1728 programmatisch ausgebaut wurde. Das Erdgeschoß blieb der Ostasiatica-Sammlung vorbehalten; im Hauptgeschoß sollten die Porzellane der einheimischen Produktion zur Geltung kommen, durchaus mit Stolz und Überzeugung, daß sie der fernöstlichen keramischen Kunst ebenbürtig, wenn nicht überlegen sei. Die anspruchsvollen Pläne wurden nach dem Tod des Kurfürsten 1733 von seinem Sohn August III., der sich eigenen Interessen, vornehmlich der Gemäldesammlung zuwandte, schon bald nicht mehr verfolgt. Doch hatte nach Umfang und Aufgabenstellung die bis dahin fertiggestellte Ausstattung des Porzellanschlosses eine eigenständige keramische Kunst hervorgebracht. Gerade die frühe Phase der Manufaktur ist in der Sammlung im Schloß Belvedere mit einer Anzahl eindrücklicher Beispiele vertreten.

Die 1720er Jahre dürfen als das Jahrzehnt Höroldts und seiner Malerwerkstatt bezeichnet werden. Mit der Verpflichtung 1733 von Johann Joachim Kaendler (1706–1775) erhält die plastische Gestaltung der Service erhöhte Bedeutung, und nun entsteht auch ein umfangreiches Programm figürlichen Porzellans. Höroldts Talent hatte Gefäßformen verlangt, deren Flächen geeigneten Raum für szenische Bemalung boten. Nun wurden Modelle entwickelt, deren plastische Wirkung durch farbige Staffierung zu steigern war. Zur Ausstattung des Japanischen Palais gehörte ein umfangreiches Figurenprogramm, vor allem große, in Porzellan gearbeitete Tierplastiken, an denen bereits Johann Gottlob Kirchner arbeitete, der von 1727 mit Unterbrechung bis 1733 als erster Modellmeister mit einer bildhauerischen Ausbildung in Meißen angestellt

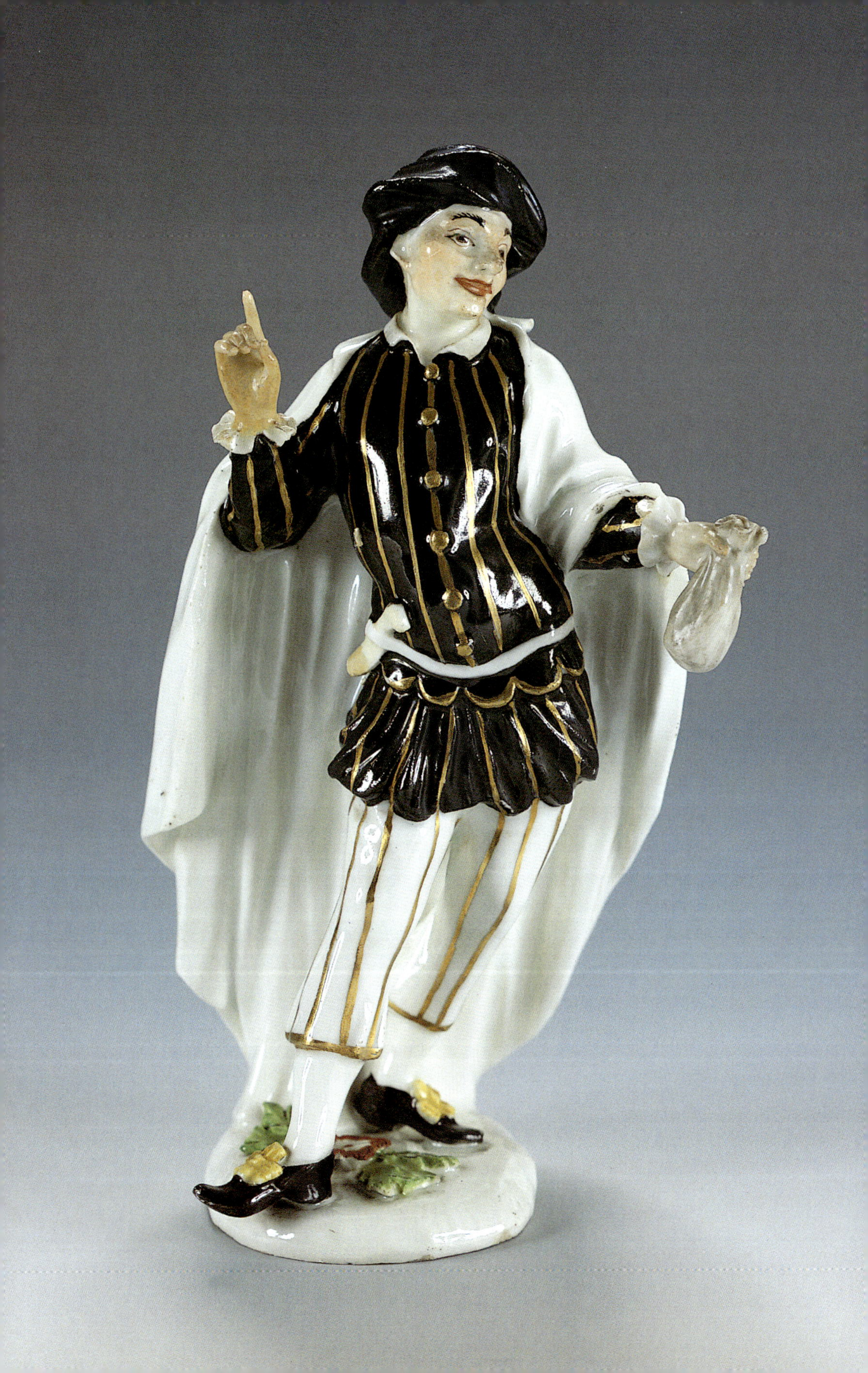

war. Die wahren plastischen Wirkungen des neuen Werkstoffs Porzellan sollte aber erst Kaendler künstlerisch entdecken. In vier Jahrzehnten Tätigkeit für die Manufaktur entwarfen er und die durch ihn geschulten Modelleure vielteilige Service und Vasen, kleinformatige Figurengruppen, in denen das galante Rokoko in der Leichtigkeit des Materials vollendet Ausdruck gewinnt, aber auch monumentale Plastiken, deren Nähe zur zeitgenössischen Bildhauerei und zur Bauplastik der Schule Balthasar Permosers in Dresden spürbar bleibt.

Seit 1733 leitete Heinrich Graf von Brühl die Manufaktur und gab als Auftraggeber vielteiliger Service den Werkstätten selbst künstlerische Impulse. Die erste Blüte Meißens ging in der Zeit des Siebenjährigen Krieges (1756–1763) zu Ende. Die Beeinträchtigungen durch die preußische Besetzung führten zum Verlust der Führungsrolle Meißens. Weitere, um die Mitte des 18. Jahrhunderts gegründete Porzellanmanufakturen wurden zur ernsten Konkurrenz. In wieder friedvolleren Zeiten berief man den französischen Modelleur Michel Victor Acier zur Verstärkung Kaendlers und suchte den Anschluß an neuere künstlerische Entwicklungen. Die bewußte Orientierung an der Produktion aus Sèvres trug dem allgemeinen Geschmackswandel Rechnung. Seit 1774 leitete für vierzig Jahre in der Epoche des Klassizismus der Italiener Graf Marcolini die Manufaktur, ohne aber an die Erfolge der frühen Jahre anknüpfen zu können.

Der Beginn erfolgreicher Porzellanherstellung liegt nicht zufällig in Sachsen. Hier waren die historischen Voraussetzungen besonders günstig. Eine ausgeprägt merkantilistische Wirtschaftspolitik mußte Manufakturgründungen im eigenen Land fördern, um den Bedarf des prunkliebenden Hofs an hochwertigen kunsthandwerklichen Erzeugnissen weitgehend von Importen unabhängig zu machen. Zugleich war das Land auf einem technologisch relativ hohen Entwicklungsstand. Erfahrungen in der Hüttentechnik beispielsweise begünstigten die Verbesserung der Brenntechnik und Ofenkonstruktion – ein bei der Porzellanherstellung neben der Massezubereitung entscheidender Faktor. Auf die Erschließung neuer Rohstoffe und deren Nutzung hatte der als Wirtschaftsberater Augusts des Starken tätige Naturforscher Ehrenfried Walther von Tschirnhaus sein besonderes Interesse gelenkt. Unter seiner Aufsicht versuchte der aus Berlin geflohene und in Sachsen gefangengesetzte Johann Friedrich Böttger, gleich vielen Alchimisten vor ihm, Gold zu machen, um schließlich mit Hilfe der Experimente von Tschirnhaus die Zusammensetzung des »weißen Goldes« zu entdecken. Damit stand auch in Europa ein an sich in unbegrenzter Menge herstellbarer edler Werkstoff zur Verfügung, dessen Entdeckung in eine Zeit fiel, als sich die Eß- und Trinkgewohnheiten unter dem Eindruck der französischen Hofkultur wandelten. Die Mode, exotische Getränke wie Kaffee und Schokolade zu genießen, brachte zugleich eine Veränderung des Tafelgeräts mit sich. Den neuen Ansprüchen kam der Charakter des Porzellans in jeder Hinsicht entgegen.

Die Arbeit der Meißner Manufaktur setzte jedoch mit der Produktion von *Böttger-Steinzeug* ein, das Böttger und von Tschirnhaus bereits 1706 bei ihren Experimenten entdeckten. Es ist eine dem chinesischen Steinzeug ähnliche rottonige Keramik und diesem im Hinblick auf die Verarbeitung und Dekoration sogar überlegen. Das auf der Basis von rotem Ton, gemischt mit fein geschlämmtem Lehm, hergestellte Steinzeug verfärbt sich bei hohen Brenntemperaturen bis ins Schwarzgrau. Man spricht dann auch von Eisenporzellan. In seinem Charakter unterscheidet es sich freilich von dem leichten, transluziden weißen Porzellanscherben, doch ist das Steinzeug nicht als bloßer Zwischenschritt zur späteren, höherwertigen Produktion zu begreifen. Das durch

Abb. 53: Meißen, Scaramuz aus der Folge von Figuren der Commedia dell'arte, Modell von Johann Joachim Kaendler, um 1744

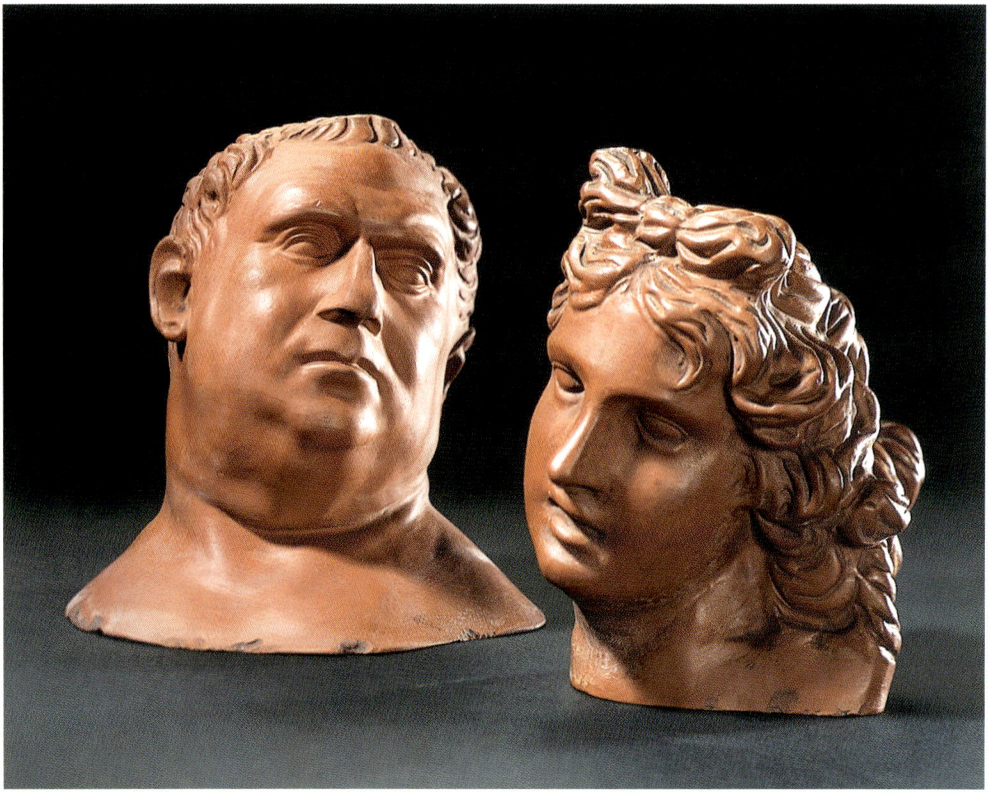

Abb. 54: Meißen, Büsten aus Böttger-Steinzeug, Modelle von Paul Heermann, 1711–1715; links: Kopf des römischen Kaisers Vitellius, rechts: Kopf des Apoll nach Berninis Gruppe »Apoll und Daphne« (Rom, Villa Borghese)

Polieren und werkgerechte Dekorierung veredelte Material besticht durch seine eigene Ästhetik. Eine »kalte« Bemalung mit Gold- oder Lackfarben kam gelegentlich vor. Die sowohl auf der Scheibe gedrehten wie auch gegossenen Formen aus glashartem Steinzeug legten eine Bearbeitungstechnik nahe, wie sie traditionell in der Goldschmiede- oder Glaskunst Anwendung fand. Glasschleifer aus Böhmen bearbeiteten die durch das Polieren matt glänzende Oberfläche der unglasierten Ware und überzogen sie mit einem Relief, dessen kontrastierend starker Glanz an die Wirkung des Edelsteins Jaspis erinnert (Jaspisporzellan).

Hinsichtlich der Gestaltung des neuen Werkstoffs ging man anfangs traditionelle Wege. Man begnügte sich mit Adaptionen vertrauter Gefäßtypen oder eiferte fernöstlichen Vorbildern nach, zumal es der ausdrückliche Wunsch Augusts des Starken war, Imitationen fernöstlichen Porzellans oder Steinguts zu erhalten. Nachweislich wurden Böttger 1709 Stücke aus der fürstlichen Sammlung zum Kopieren übergeben. Wie unmittelbar und doch kreativ dies geschah, veranschaulicht das Beispiel einer Teekanne, deren Henkel und Ausguß in der Form von Eidechsen gebildet sind. Das chinesische Vorbild zeigt anstelle der Eidechsen einen Qilong-Drachen. Die Kunsthandwerker, die der Manufaktur zur Verfügung standen – Böttger selbst war ja eher Techniker als Künstler –, brachten die ihnen vertrauten Arbeitsweisen mit. Die auf den europäischen Geschmack ausgerichtete Formgebung dürfte sich zunächst vornehmlich am zeitgenössischen Silbergerät orientiert haben. Der für

Meißen tätige Dresdner Hofgoldschmied Johann Jakob Irminger übertrug die typische Ornamentik unmittelbar auf das Steinzeug. Godronierungen, Treibarbeiten oder aufgelegten Formen, die bei Edelmetallvorbildern in Silber gegossen sind, begegnet man hier wieder. Auch Vermischungen der Gestaltungsprinzipien sind anzutreffen: Die Gefäßkörper folgen ostasiatischen Vorbildern, Dekorelemente sind europäisch aufgefaßt – oder umgekehrt.

Obgleich die Meißner Manufaktur erst ab 1727 einen eigenen Modelleur unter Vertrag hatte, entstanden seit den Gründungsjahren auch Kleinplastiken. Nachweislich hat der in Dresden als Mitarbeiter von Permoser beschäftigte Bildhauer Paul Heermann Modelle für Böttgersteinzeug geliefert. Auf ihn gehen mit großer Wahrscheinlichkeit die Ausformungen kleiner Büsten wie der Kopf des Apollo zurück, der in Anlehnung an Gian Lorenzo Berninis bekannte Marmorgruppe *Apollo und Daphne* entstand.

Die Formen und plastischen Dekore des in größerem Umfang seit 1713 produzierten *Böttgerporzellans* ähneln denjenigen des Steinzeugs, teils wurden sie nach den gleichen Modellen ausgeformt. Ein schönes Beispiel ist unsere Schokoladentasse mit zwei Henkeln aus der Sammlung der Grafen von Wintzingerode auf Schloß Bodenstein. Sie ist mit einem aufgelegten Akanthusblattfries geschmückt, wie er ähnlich auch auf einem Kännchen in Steinzeug erscheint.

Ist bei der Vorgeschichte der Porzellanherstellung nicht eindeutig festzulegen, welchen Anteil von Tschirnhaus bei der Entdeckung der Rezeptur hatte, so ist es wohl Böttgers Leistung gewesen zu erkennen, daß Porzellan aus zwei Komponenten aufgebaut sein muß: tonhaltiger Erde (Kaolin) als tragendes Material und einem Flußmittel, das der Porzellanmasse im Brand Festigkeit und Undurchlässigkeit verleiht. Vor allem aber darf Böttger die Entwicklung einer geeigneten Glasur zugeschrieben werden. Böttgerporzellan ist in der Farbe leicht gelblich oder cremig. Den anfangs verwendeten Colditzer Ton ersetzte man bald völlig durch die »weiße Erde« von Aue, und als gegen 1720 durch den Zusatz von Feldspat (»Siebenlehner Stein«) auch das Flußmittel verbessert wurde, war man in der Lage, reinweißes Porzellan herzustellen. Einher ging eine beständige Verbesserung der Öfen und Brennverfahren. Allein auf dem Gebiet farbigen Dekors, der eine differenzierte Farbtechnik voraussetzt, kam Böttger nicht wirklich weiter. Die Bemalung sollte erst nach seinem Tod, dann aber sehr rasch zu einer unerwarteten Blüte geführt werden.

Porzellane der Böttger-Zeit wurden, bevor Höroldt und seine Werkstatt die Meißner Dekore prägten, aber auch noch bis in die 1730er Jahre hinein, von *Augsburger Hausmalern* mit Goldmalerei dekoriert. Augsburg als Stadt der Goldschmiedewerkstätten und Luxuswarenindustrie, deren Produkte europaweit gehandelt wurden, pflegte regen Austausch mit Meißen. Dazu gehörte die Lieferung von Modellen in den Anfangsjahren der Manu-

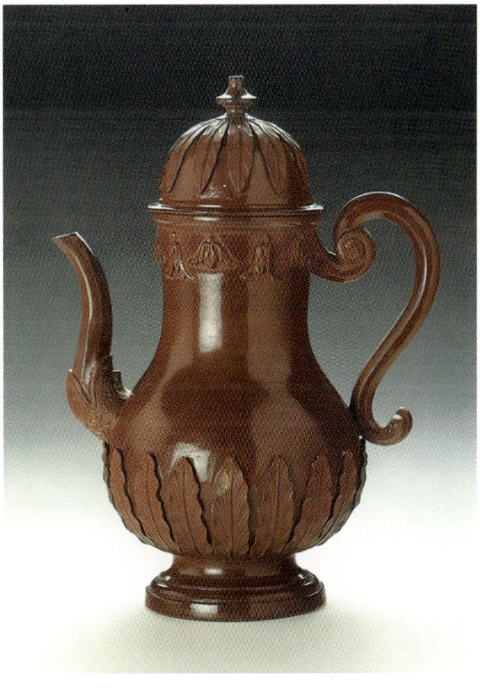

Abb. 55: Meißen, Kännchen aus Böttger-Steinzeug mit aufgelegten Blattkränzen, 1710–1715

faktur, später dann in Augsburg gestochene und verlegte Graphik, die in Meißen die Grundlage für Dekorentwürfe bildete. Umgekehrt wurden nach Augsburg Porzellane geliefert, die mit Reliefdekor, zum Beispiel mit aufgelegten Blütenzweigen nach ostasiatischem Vorbild, verziert sind. Sie wurden dort von Goldschmieden mit Randeinfassungen und Silbermontierungen für Deckel von Kannen und Dosen veredelt. Glattwandiges Porzellan wurde seit Mitte der zwanziger Jahre vor allem von Mitgliedern der Hausmaler-Familie Seuter dekoriert. Es handelt sich dabei meist um Stücke der frühen zwanziger Jahre; in späterer Zeit wurde Meißner Ware, um sich vor unliebsamer Konkurrenz zu schützen, nicht mehr an Werkstätten außerhalb der Manufaktur abgegeben. Die Goldmalerei zeichnet sich durch einen typischen Dekor, ein nach vereinfachtem Schema entwickeltes Laub- und Bandelwerk, aus. Die »Augsburger Kante« fand als Rahmenwerk auch in der sogenannten Höroldt-Malerei Verwendung. Die Bemalung zeigt dabei oft eine individuellere Handschrift als bei Arbeiten der Manufaktur. Chinoiserien spielen in Augsburg, beeinflußt durch Meißen, eine zentrale Rolle, und die radierten Goldchinesen erreichen eine Qualität wie kaum an einem anderen Ort. Gemeint ist damit nicht eine im engeren Sinn radierte Darstellung. Selten gehen Gravuren tatsächlich bis auf den als Malgrund dienenden Scherben. Die auf die Glasur aufgetragene Goldbemalung kam dunkel aus dem Brand, wurde mit einem Achatstift bearbeitet, wieder zu Glanz gebracht und durch Schattierungen mit Binnenzeichnung versehen. Zu den Bildthemen gehören seltener Jagdszenen, für die insbesondere die Stichwerke des Johann Elias Ridinger die Vorlagen boten. Teile eines Services mit Augsburger Vermeil-Fassung im Belvedere zeigen solche Szenen, die europäische und fremdländische Jagden darstellen.

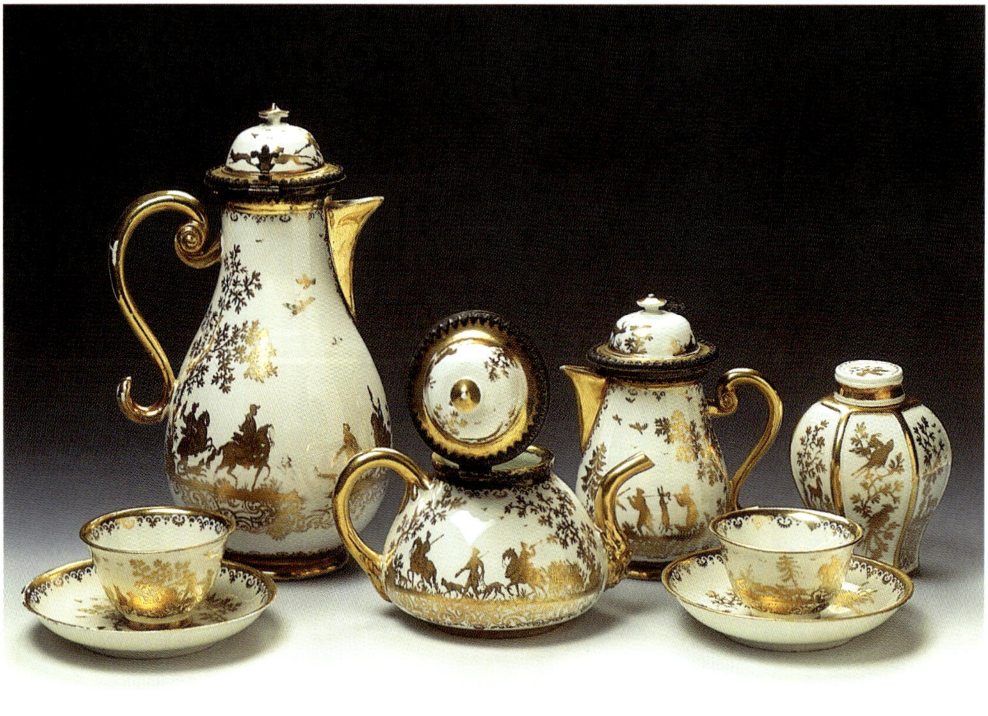

Abb. 56: Meißen, Teile eines Frühstücksgeschirrs mit goldradierten Jagdszenen in Augsburger Vermeilfassung, um 1722

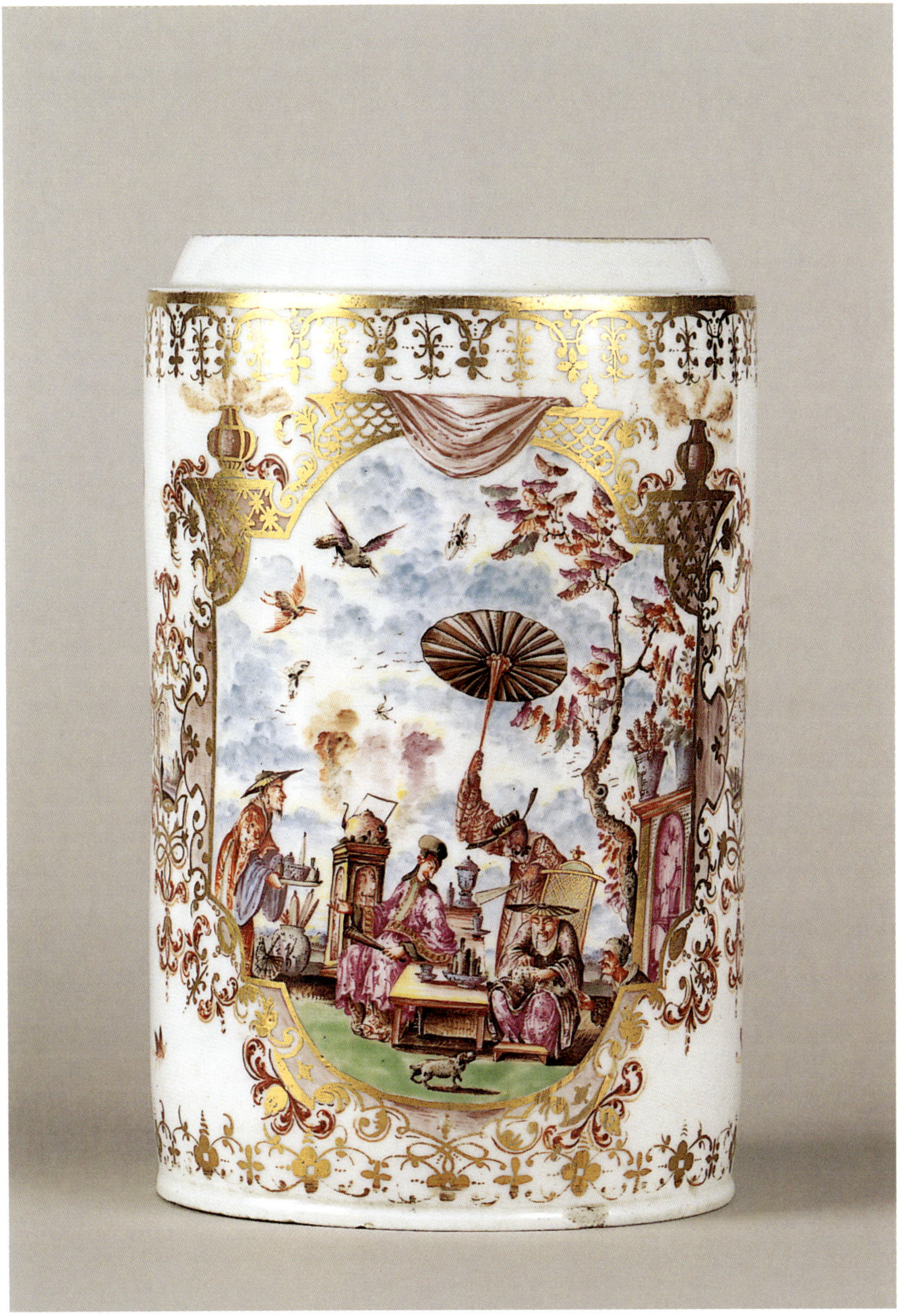

Abb. 57: Meißen, Walzenkrug mit Chinesenszene in einer Kartusche aus reichem Laub- und Bandelwerk mit Lüsterfeldern, Johann Gregor Höroldt (?), um 1725

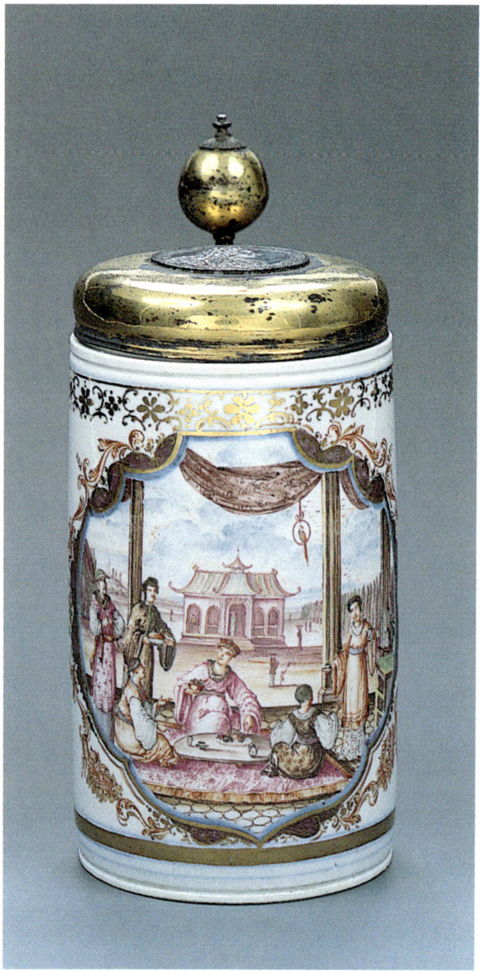

Abb. 58: Meißen, Walzenkrug mit Chinesenszene vor Palastarchitektur, Johann Gregor Höroldt (?), um 1724

In den Jahren, die auf das erste, von porzellantechnischen Experimenten bestimmte Jahrzehnt folgten, setzte sich in der Meißner Manufaktur eine künstlerisch wie unternehmerisch versierte Persönlichkeit durch, die dem Dekor dieser Periode den Namen verlieh. *Johann Gregorius Höroldt*, aus Jena stammend, kam im Frühjahr 1720 nach Meißen und schuf innerhalb weniger Jahre einen vollkommen neuen Malstil. Ein prominentes Beispiel für die miniaturhaft exotisch wirkenden Dekore von seiner Hand ist der *Walzenkrug* in unserer Sammlung, der alle Merkmale der entwickelten »Höroldt-Malerei« vorführt. Der zylindrische, glattwandige Körper läßt der Bemalung allen Raum; ihn ziert eine von reicher Ornamentrahmung eingefaßte vielfigurige Chinesenszene unter freiem Himmel, deren Komposition die Schulung an europäischer Motivwelt verrät. Die Handlung der Gruppe, die sich um einen Tisch und einen Ofen versammelt hat, richtet sich auf einen alten Chinesen, der in einem hohen Lehnstuhl sitzt und vergnügt einen Hund krault. Die Motive im einzelnen, Haltung, Kleidung und Accessoires der Figuren, sind chinesisch aufgefaßt, die Thematik der heiteren Szene jedoch vertraut abendländisch. Das Kolorit der Darstellung führt die Palette der inzwischen durch Höroldt entwickelten Schmelzfarben vor, mit denen Böttger erhebliche Probleme hatte. Die feine Malerei auf reinweißem Scherben rahmt eine aufwendige Kartusche, die sich überdies beiderseits in Felder mit Miniaturlandschaften erweitert. Der Rahmen setzt sich aus eisenrotem Laubwerk und goldenem Bandelwerk zusammen, dazwischen Felder mit metallisch glänzender Lüsterbemalung. Nach heutigem Kenntnisstand wurde die Malerei von Höroldt um 1725 eigenhändig ausgeführt.

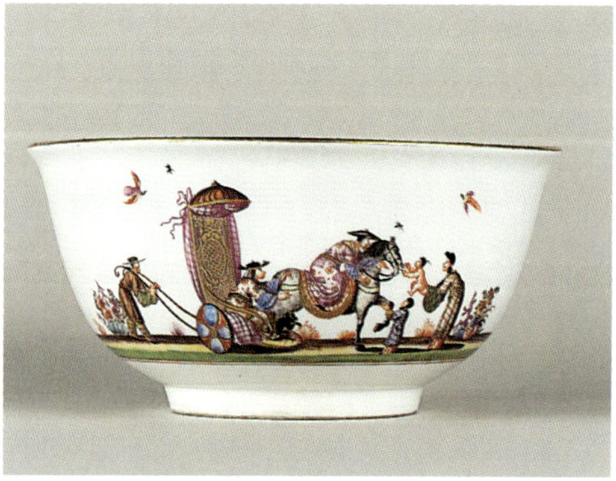

Abb. 59: Meißen, Kumme aus einem Frühstücksgeschirr mit Darstellung einer Reiseszene, auf der gegenüberliegenden Seite Straußenjagd mit einem Chinesen zu Pferde, Höroldt-Werkstatt, 1728–1730

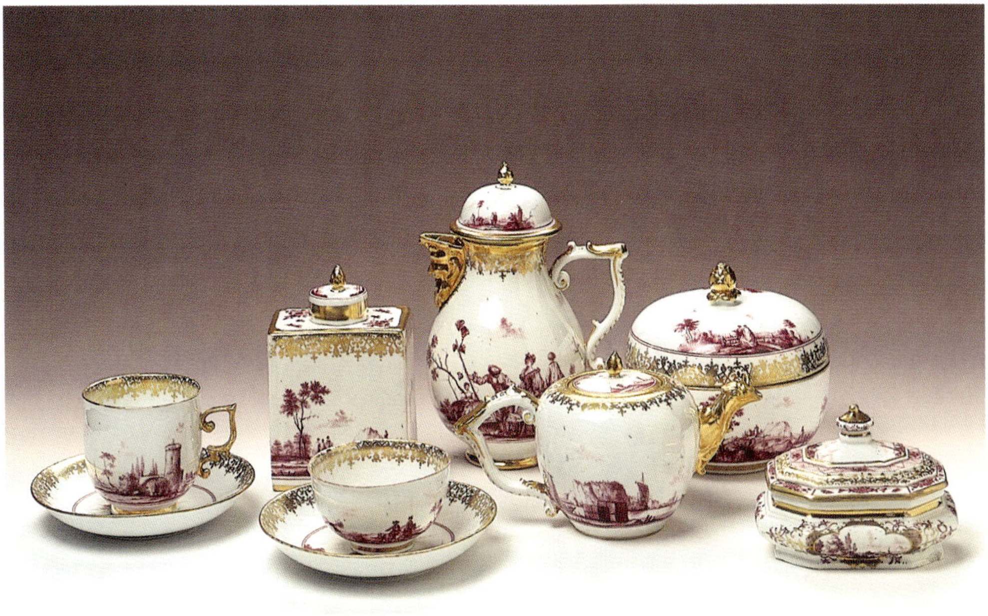

Abb. 60: Meißen, Kaffee- und Teegeschirr mit Landschaftsdarstellungen in Purpur-Camaieumalerei, um 1740

Johann Gregorius Höroldt war als Maler in Straßburg und dann in Wien als Tapetenmaler tätig, bevor er 1719 für kurze Zeit in der neugegründeten Wiener Porzellanmanufaktur von Du Paquier arbeitete und erste Erfahrungen in der Herstellung von Emailfarben erwarb. Der aus Meißen entwichene Arkanist Samuel Stöltzel hatte das Geheimnis der Porzellanherstellung verraten und brachte, als er aus Wien nach Meißen zurückkehrte – vielleicht im Sinne einer Wiedergutmachung –, den jungen Höroldt mit, an dessen Talent von Anfang an kaum Zweifel bestanden. Höroldt ist eine faszinierende Persönlichkeit. Künstlerisches Vermögen ist gepaart mit ehrgeizigem, unternehmerischem Denken. Bei der Verdrängung mißliebiger Konkurrenten zur Durchsetzung seiner Interessen, durchaus zum Gedeihen der Manufaktur, war er mehr als geschickt. Sein organisatorischer Weitblick gab der Meißner Werkstatt die arbeitsteilige Struktur und führte zur erfolgreichen Spezialisierung der Mitarbeiter. Doch die Porzellane blieben ein Gemeinschaftsprodukt, was heute nach wie vor Schwierigkeiten bereitet, nachweislich dort beschäftigte Maler mit bestimmten Arbeiten sicher in Verbindung zu bringen. Nur ein geringer Teil der »Höroldt-Malerei« ist von Höroldt eigenhändig ausgeführt worden. Das meiste entstand nach seinen Vorlagen. Höroldt stand der Manufaktur von Anfang an als eigenverantwortlicher Unternehmer mit einer beständig wachsenden Malerwerkstatt gegenüber, fest eingebunden in den Produktionsbetrieb, den er insbesondere im Hinblick auf den Brennvorgang der schließlich ein gutes Dutzend zählenden neugefundenen Farben entschieden verbesserte. Als Höroldt 1731 in der Nachfolge des über einen Korruptionsskandal gefallenen Manufakturdirektors Graf Hoym zum Hofkommissar ernannt wurde, erhält er ein nach außen glanzvolles Amt. Da er nun allerdings zu einem festen Salär angestellt war, erzielte er nur noch einen Teil des Gewinns, den er bislang mit seinem Zulieferbetrieb erwirtschaftet hatte. Die Malerwerkstatt wurde in die Manufaktur integriert. Der neue Status Höroldts wirkte sich auch im Künstlerischen aus. Ohnehin ist schon vor 1730 eine gewisse Stagnation bei der Fortentwicklung des Dekorationssystems festzustellen. Der durchorganisierte Werkstattbetrieb, der nach Höroldts Vorlagen arbeitete, führte zur Vereinheitlichung und zum Schematismus von bewährten Dekoren, freilich auf hohem Niveau.

Der Wunsch Augusts des Starken, reichlich Kopien und Imitate fernöstlicher Porzellane für das Japanische Palais zu erhalten, führte Höroldt und seine Mitarbeiter zwangsläufig in die Motivwelt der Chinoiserie ein. Der unmittelbare Umgang mit den Originalen der fürstlichen Sammlung war dabei die fruchtbare Quelle der Anregung. Die im Gefolge der allgemeinen Chinabegeisterung – die modisch ebenso andere Bereiche des Kunsthandwerks, der Raumausstattung, Architektur und Gartengestaltung einbezog – herausgegebenen graphischen Vorlagen wirkten als weitere Anregung. Stecher wie Elias Beck, Paul Decker oder Petrus Schenk griffen die am Ende des 17. Jahrhunderts sprießende Reiseliteratur und Chinabeschreibungen auf, zu denen die in Amsterdam verlegten Bände des Athanasius Kircher und Johan Nieuhof gehören, letzterer ein bebilderter Gesandschaftsbericht der niederländischen Vereinigten Ostindischen Kompagnie von 1665. Höroldts künstlerisches Vermögen erkennt man an der Freiheit, in der er mit solchen Anregungen umgeht. 1723 beginnt er selbst eine umfangreiche Sammlung chinoiser Motive anzulegen (heute als sogenannter Schulz-Codex im Leipziger Grassimuseum bewahrt), die Vorbild und Dokumentation fertiggestellter Arbeiten zugleich gewesen sein muß. Viele Figurenmotive, die wie Versatzstücke auf den Porzellanen erscheinen, lassen sich hier wiederfinden. 1726 schuf Höroldt eine Folge von Radierungen mit Chinesenszenen. Die Abzüge konnten verschiedenen Mitarbeitern zugleich zur Vorlage dienen und vereinfachten den Werkstattbetrieb. Die Beispiele der »Höroldt-Malerei« in unserer Sammlung zeigen fast ausschließlich Chinoiserien, doch wäre es eine ungerechtfertigte Einschränkung seiner Leistung, legte man Höroldt und seine Werkstatt auf diesen Themenkreis fest. Spätestens seit 1725 treten Kauffahrteiszenen, Hafenszenen, orientiert an holländischen Vorbildern, ebenso wie andere Motive auf, die sich die europäische Malerei zum Vorbild nehmen.

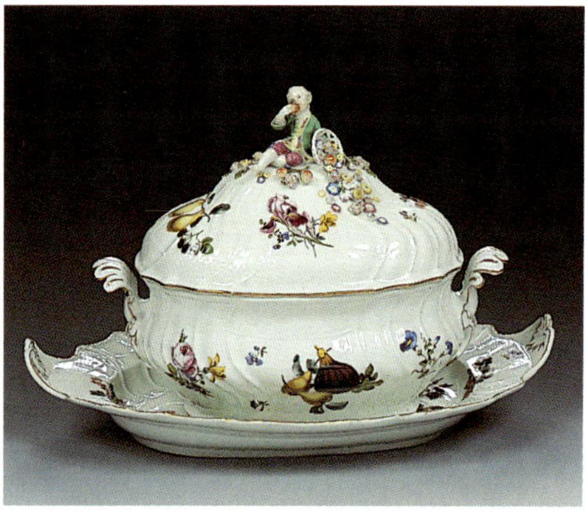

Abb. 61: Meißen, große Deckelterrine mit Unterschale, dekoriert mit »deutschen Blumen und Früchten«, um 1745

Als Maler, die sich neben Höroldt als Künstlerpersönlichkeit behaupteten, sind Johann Ehrenfried Stadler und Johann Georg Hintze, der fast namensgleiche Christian Friedrich Heroldt und Johann Christoph Horn zu nennen. Letzterer kann mit der Szene im Fond einer *Spülkumme* im Belvedere in Verbindung gebracht werden. Die Außenwand des Gefäßes, Teil eines ursprünglich vielteiligen Services, zeigt auf der einen Seite eine Straußenjagd und auf der anderen eine Reiseszene, flankiert von indianischen Blütenstauden, die im Fond der Kumme motivisch aufgenommen werden.

Der Wunsch nach Ostasiatischem brachte nicht allein Chinesenszenen hervor. Pflanzen- und Tierdekore – »indianische Blumen und Vögel« – entstanden, inspiriert vor allem durch japanische Porzellane im Kakiemon-Stil, der sich durch polychrome, in der Komposition asymmetrisch angelegte Dekore auf weißem Scherben auszeichnet. Ein *Kaffee-*

service, dessen Kannen Ausgüsse nach orientalischen Vorbildern sowie auffallend hohe Deckel aufweisen, die in der Form des großen Zuckerstreuers wieder erscheinen, zeigt solch exotische Motive. Die Augustus-Rex-Marke, ein ligiertes AR, dokumentiert, daß es sich um ein für den sächsischen Kurfürsten bestimmtes Porzellan handelt. Die indianischen Blumen erhielten bald Konkurrenz durch einheimische Gewächse. Die naturalistischen Dekore mit »deutschen Blumen« beruhen oftmals auf botanischen Studien, die, in Stichwerken festgehalten, ein Bild europäischer Flora und Fauna vermitteln. Auch in den Landschaftsdarstellungen und figürlichen Szenen ist um 1730 ein Wandel zu europäischen Motiven zu spüren. Die Faszination des Exotischen läßt offensichtlich nach.

Vermehrt wird die holländische Malerei zum Vorbild, die einen wichtigen Bestand fürstlicher Gemäldegalerien, nicht nur derjenigen in Dresden, darstellt. Vor allem aber die »galanten Feste« im Stile Watteaus mit in Parklandschaften lustwandelnden Paaren sind gefragt. Umfangreiche Stichfolgen nach seinen Gemälden vermitteln eine heitere Welt, die der ebenso trügerischen Unbeschwertheit der Chinoiserien in nichts nachsteht. Diese Szenen tragen dem Geschmackswandel Rechnung. Wenn sie in der von Höroldt bereits um 1723 eingeführten en camaieu-Technik, d. h. Ton in Ton gemalt sind, kommen sie dem Charakter der graphischen Vorlagen besonders nahe.

Die bemalten Porzellane dieser Periode zeigen verstärkt plastische Zierate und unterscheiden sich auch darin von den glattwandigen, flächig angelegten Gefäßkörpern der Höroldt-Malerei. Die Mitarbeit von neuverpflichteten Kräften wie dem Modelleur *Johann Joachim Kaendler* macht sich bemerkbar. Vielteilige, von hochgestellten Personen in Auftrag gegebene Eßservice mit aufwendigem plastischen Dekor stellen veränderte Anforderungen an die Malerei. Die mit Blumen und Früchten bemalten Terrinen in unserer Sammlung geben einen allerdings nur begrenzten Einblick in den möglichen Formenreichtum.

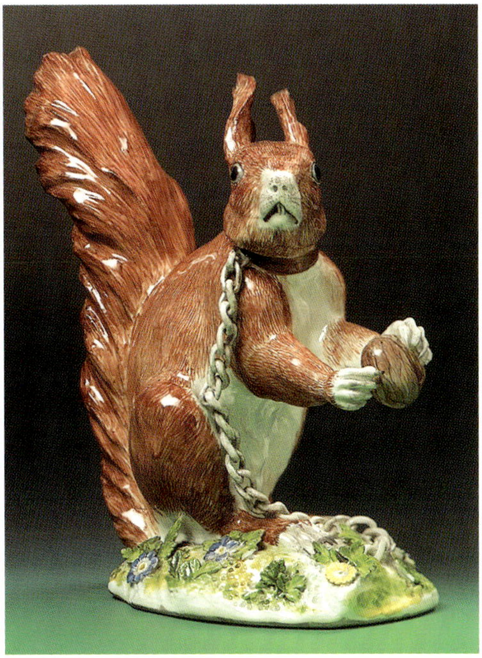

Abb. 62: Meißen, Eichhörnchen, Modell von Johann Joachim Kaendler, um 1740

Im Bereich zwischen Servicegestaltung und figürlicher Porzellanplastik steht der um 1737 von Kaendler entwickelte Schneeballdekor. Im Lauf der vierziger Jahre und auch später entstanden eine Reihe von Servicen und Vasen, deren Gefäßkörper sich in kleinsten, den Blüten des Schneeballstrauchs nachgebildeten plastischen Formen auflöst. Die zerbrechlichen Gebilde sind eigentlich schon jenseits der Gebrauchsfähigkeit und daher vor allem Schaustücke. Die Vasen werden oftmals – wie das Beispiel im Belvedere zeigt – in ihrer Wirkung gesteigert. Naturalistisch aufgefaßte einheimische und exotische Vögel beleben das strauchartige Gebilde, das die äußerliche Gefäßform verwischt und eine vollendete Verbindung von Plastik und Gefäßkeramik erzeugt.

Im Grunde ohne Voraussetzung im keramischen Bereich schufen Kaendler und seine Mitarbeiter seit den dreißiger Jahren Tierplastiken, deren überaus suggestive Wirkung auf Beobachtungen vor der Natur beruht. Kaendler suchte dafür gern die kurfürstliche

Menagerie in Moritzburg auf. Geradezu frappierend ist das Verharren im typischen Bewegungsablauf beispielsweise eines *Eichhörnchens* eingefangen. Kaendler und sein Vorgänger als Modellmeister in Meißen, Johann Gottlob Kirchner, hatten dieses Genre mit großformatigen Tierdarstellungen aufgegriffen, die für das Japanische Palais bestimmt waren. Kirchner, seit 1727 der erste festangestellte Modellmeister der Manufaktur, hatte die Arbeiten begonnen, war aber 1729/30 einem Ruf Herzogs Ernst August nach Weimar gefolgt und führte Bauplastik am Schloß Belvedere aus. Anschließend kehrte er nochmals für drei Jahre in die Meißner Manufaktur zurück. In verschiedenen Projekten der Zeit offenbart sich der Wunsch, der in dem Vorhaben für ein Reiterstandbild Augusts III. gipfelt, nach monumentaler Plastik in dem neuen, faszinierenden Material. Im Fall des Reiterstandbildes blieb es bezeichnenderweise beim Entwurfsmodell. Die technischen Möglichkeiten standen solchen Realisationen entgegen, und man sah bald ein, daß die spezifische künstlerische Wirkung des Porzellans in der Kleinplastik liegt. Bei der Arbeit an den umfangreichen Servicebestellungen der Grafen Brühl und Sulkowsky, wobei das *Schwanenservice* quantitativ und qualitativ an der Spitze steht, mußte Kaendler deutlich werden, daß das Zusammenspiel von Form und farbiger Gestaltung schon allein aus brenntechnischen Gründen nur im kleinen Format in der Vollkommenheit erzielt werden konnte, die den ganz eigenen Reiz von Porzellanfiguren ausmacht. Es ist das Verdienst Kaendlers und seiner straff geführten Werkstatt, dem Stil figürlichen Porzellans die entscheidenden Impulse gegeben zu haben.

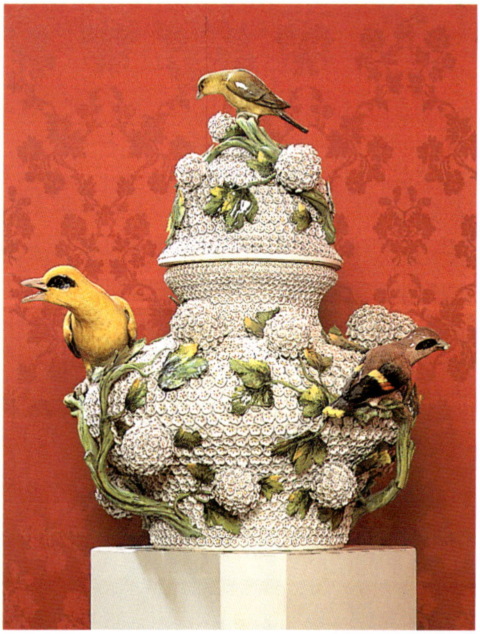

Abb. 63: Meißen, Schneeballvase mit bunten Vögeln, 1740–1750

Der 1730 zum Hofbildhauer ernannte Johann Joachim Kaendler wurde 1706 in Seeligstadt oder Fischbach in der Nähe Dresdens geboren und verstarb im selben Jahr wie Höroldt in Meißen. Der Modelleur kam aus der Schule Balthasar Permosers und brachte eine bildhauerische Ausbildung mit, die ihn zu großplastischen Aufgaben befähigte. Seit 1723 ging er bei dem Hofbildhauer Benjamin Thomae in die Lehre, der als Mitarbeiter Permosers an der Ausgestaltung des Dresdner Zwingers und des Grünen Gewölbes beteiligt war.

Die figürlichen Porzellane aus der Zeit, bevor Kirchner und Kaendler als Formgestalter in Meißen tätig wurden, sind vorwiegend Übernahmen ostasiatischer Vorlagen. Zu den abgeformten chinesischen Figuren gehören Reihen von kleinen hockenden, dickleibigen Pagoden, deren Köpfe teils beweglich sind. Über drei Jahrzehnte, bis zum Aufkommen des Klassizismus, bestimmte dann Kaendler das Programm der Manufaktur. Die kleinformatigen Tierplastiken wurden als Spezialität bereits erwähnt. Die sogenannten Krinolinengruppen, meist zweifigurige Darstellungen mit einer Dame in Begleitung eines Kavaliers, umgeben von Dienstpersonal, boten vielfältige Variationen in Haltung und Bewegung. Die faltenreiche, weitfallende Garderobe bot den Staffierern für die Bemalung geeignete Flächen. Ebenso entstanden Einzelfiguren, wie die Darstellungen von Vertretern der

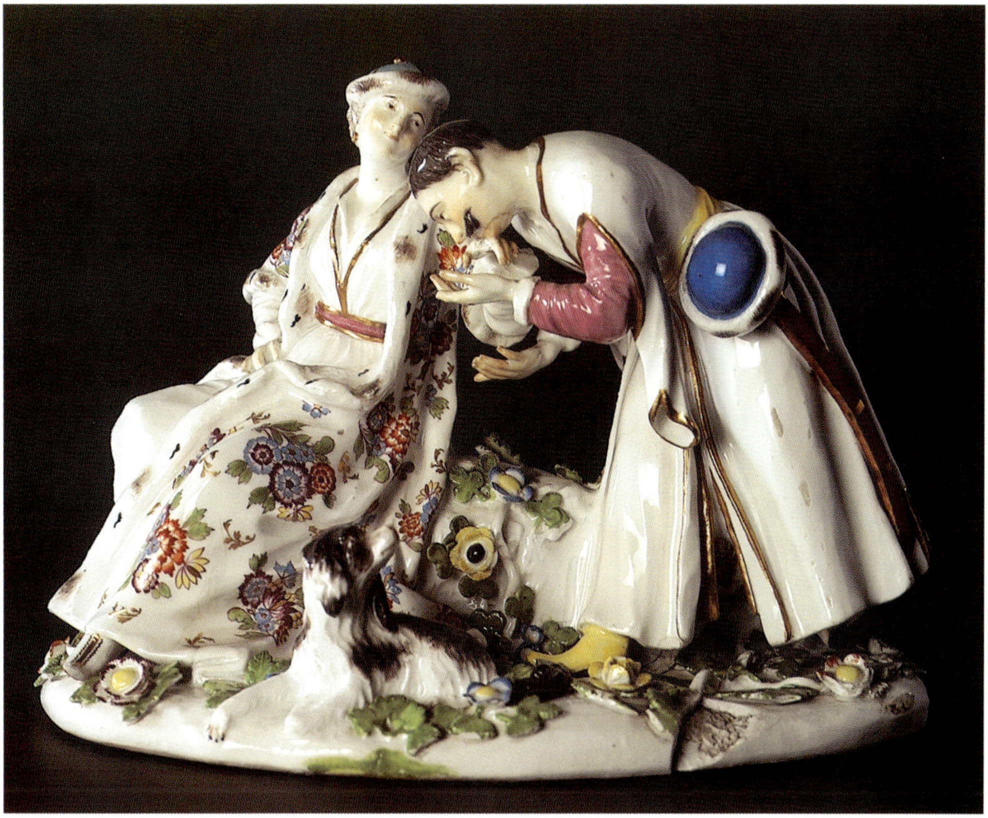

Abb. 64: Meißen, Polnischer Handkuß, Modell von Johann Joachim Kaendler, 1740–1750. Aus dem Besitz der Grafen von Wintzingerode, ehemals Sammlung Schloß Bodenstein

niederen Stände oder Volkstypen; weiterhin Figurenfolgen, bestehend aus den allegorischen Darstellungen der vier Elemente oder der vier Jahreszeiten, der Erdteile oder auch der lustigen Truppe der italienischen Commedia dell'arte. Der Stil des französischen Rokoko, die Figurenwelt der Malerei Bouchers und Fragonards, auch nach Meißen vermittelt durch Stichwerke, leitet die Gestaltungen Kaendlers. Eine Reise nach Paris krönt seine Auseinandersetzung mit der europaweit dominierenden Kunstströmung, die mit spielerisch leichten Formen den gravitätischen Hochbarock hinter sich läßt.

Darstellungen und Themen der Porzellanplastik spiegeln das Leben der höfischen Gesellschaft. Die Figuren waren Teil aufwendiger Tischdekorationen, und in einer Umgebung, deren Zeremoniell nichts dem Zufall überließ, jede Geste von Bedeutung war, gehörte auch die Maskerade in Porzellan zur Theatralik der Lebensführung. Die Figurenfolgen zur *Commedia dell'arte* entstanden seit 1736. Harlekin, immer zu derben Späßen aufgelegt, der alte und geizige Pantalone mit dem Spitzbart oder der stets besserwisserische Doctor Baloardo waren von der Bühne bekannt. In Dresden erfreute sich die italienische Komödie besonderer Beliebtheit. Kurfürst August III. selbst hatte großes Vergnügen an dieser drastischen Form des Theaterspiels, und es ist überliefert, daß Ende der dreißiger Jahre eine vielköpfige Schauspielertruppe am sächsischen Hof gastierte. Die komisch überzogene Darstellung bestimmter Volkscharaktere in immergleichen Kostümen erfolgte in festgelegten Rollen.

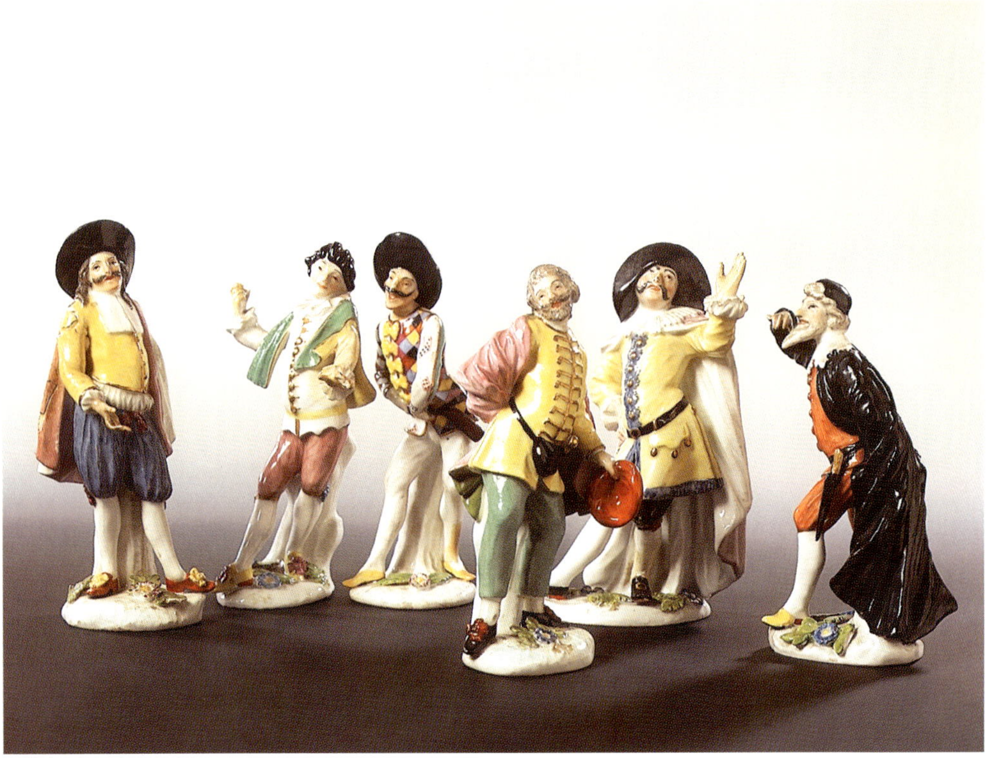

Abb. 65: Meißen, Figuren der Commedia dell'arte, Modelle von Peter Reinicke, nach 1744; von links: Capitano, Scaramuz, Harlekin, Scapin, Doctor Baloardo, Pantalone; aus einer Folge von insgesamt 20 Modellen, die Herzog Johann Adolph II. von Sachsen-Weißenfels 1743 in Meißen bestellte

Diese Eigentümlichkeiten verarbeitete Kaendler in seinen Entwürfen. Ähnlich affektiert begriff man die Darstellungen der Leute von einfachem Stand, ließ sich, von amourösen Gefühlen begleitet, durch die Porzellanfiguren in die unbeschwerte Welt der Schäfer und Schäferinnen versetzen. Mythologische Darstellungen gaben den Anlaß für erotische Szenen, in denen die Figuren der antiken Sagenwelt ihr Liebesleben vorführten. Der komplexe Aufbau der Figurengruppen, die teils exaltierte Haltung und geschraubte Bewegung erforderten es, daß die Modelle in Einzelteilen aufgebaut, ausgeformt und in einem arbeitsteiligen Werkstattprozeß zusammengesetzt und bis zur Bemalung schrittweise fertiggestellt wurden. Variationen der Komposition eines Themas sind daher möglich, Figuren können hinzutreten oder wegfallen, Bewegungsmotive sich verändern. So variiert auch unsere Ausformung der galanten Gruppe des *Polnischen Handkusses* geringfügig die Kopfhaltung der Dame gegenüber anderen überlieferten Stücken dieses Themas.

Johann Joachim Kaendler übte die Aufsicht über die Modellwerkstatt mit korrigierender Hand aus. Die Vereinheitlichung des Stils in dieser Epoche macht es daher schwer, die individuellen Leistungen der künstlerisch selbständigeren Mitarbeiter zu erkennen. Die Schulung durch Kaendler prägte sie, aber es gab dem Meister auch ebenbürtige Modelleure darunter, die mehr waren als Gehilfen. Hier ist vor allem der wenig ältere, mit guter Bildhauerausbildung 1735 nach Meißen kommende Johann Friedrich Eberlein zu nennen.

Der Bruder Christian Heinrich Kaendler avancierte später zum Vorsteher der Formerei. Peter Reinicke aus Danzig, seit 1743 in Meißen tätig, wird uns im Belvedere mit seinen Figuren der *Commedia dell'arte* gegenwärtig, die er nach den Vorlagen Callots entwarf. Der begabte Friedrich Elias Meyer schließlich begegnet uns als Modellmeister in Berlin wieder, wo er zunächst in der Manufaktur von Gotzkowsky und nach dem Siebenjährigen Krieg dann für die Königliche Manufaktur mit großem Erfolg arbeitete.

G.-D. U.

Wien

Bereits wenige Jahre nach der Neuerfindung des Porzellans durch Böttger wird in Wien, trotz aller Zwangsmaßnahmen zur Geheimhaltung des Arkanums, eine weitere Manufaktur eröffnet. Die beiden aus Meißen entwichenen Arkanisten und Brenntechniker Christoph Conrad Hunger und Samuel Stöltzel bringen dort seit 1719 die Produktion in Gang. Obwohl Stöltzel, und mit ihm Höroldt, schon bald nach Sachsen zurückkehrt, beginnt die Manufaktur unter der Leitung des Wiener Hofbeamten *Du Paquier* erfolgreich zu arbeiten. Sind die Modelle der frühen Zeit stark an Meißen orientiert, so zeigt die Bemalung der Porzellane durchaus eigenständigen Charakter und nimmt insbesondere bei den naturalistischen Blumendekoren vieles von der späteren Entwicklung in Meißen vorweg.

1744 gibt Du Paquier aus wirtschaftlichen Gründen auf; das nach 25 Jahren abgelaufene Privileg wird nicht verlängert, und der Betrieb wird nun staatlich geführt. Aus der Du Paquier-Zeit verfügt die Sammlung im Belvedere über keine Beispiele, wohl aber aus der folgenden *staatlichen Periode*, in der Figurenporzellane zum interessanteren Teil der Angebotspalette gehören. Während fast vier Jahrzehnten bestimmt Johann Josef Niedermayer den Stil der Modellwerkstatt. Elegante Einzelfiguren und Figurenserien von natürlicher Ausstrahlung entstanden im Geist des Rokoko. Die zurückhaltende Form zeigt sich ebenso in den schlicht ovalen Flachsockeln, die anstelle der rocaillenverzierten Standfläche nach 1760 auftreten. Angehörige der unteren Volksschichten wie die *Gemüsehändlerin* aus der Serie der *Wiener Kaufrufe* – Darstellungen des Straßenhandels, dessen typische Vertreter durch lautstarkes Ausrufen auf ihr Warenangebot aufmerksam machen – treten in eleganter Erscheinung auf. Jugendliche Kavaliere schlüpfen in Rollen, werden als Pilger in ein scheinbar anspruchsloses Kostüm gekleidet. In spielerischer Form werden die sozialen Schranken verwischt.

Für die Modellierung der Figur des geradezu anmutig wirkenden *Fleischerjungen* ist Joseph Gwandtner namhaft zu machen. Daß dies möglich ist, verdanken wir dem Kennzeichnungssystem der Wiener Manufaktur. Mit der Verstaatlichung 1744 wurde der Bindenschild als Porzellanmarke eingeführt. Eine

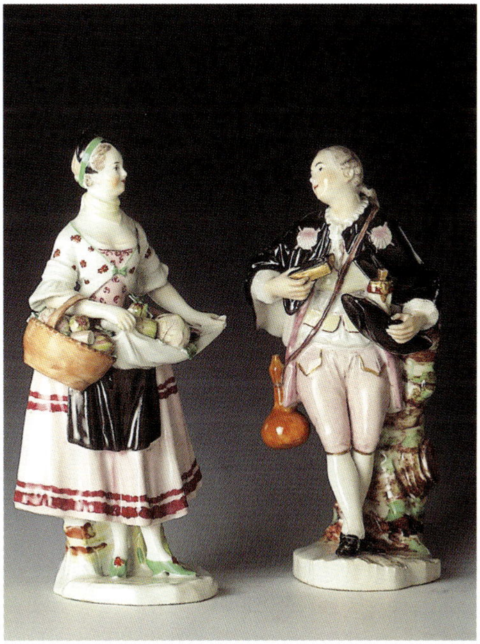

Abb. 66: Wien, Gemüsehändlerin aus einer Figurenfolge nach den Wiener Kaufrufen und Kavalier als Pilger, um 1760

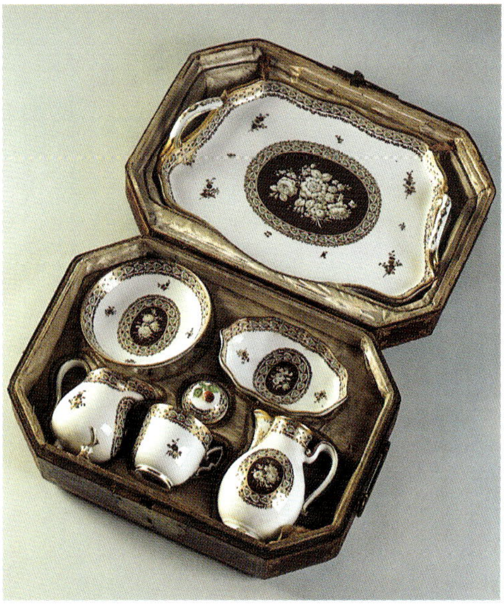

Abb. 67: Wien, Solitaire mit Blumendekor in Sepiamalerei in Lederetui, um 1780

Ziffernfolge, in Auf- oder Unterglasurfarbe angebracht, legte Rechenschaft über Modellierung und Bemalung der einzelnen Stücke ab. Die Auswertung der Betriebsunterlagen ermöglicht uns heute, sie mit den Namen bestimmter Mitarbeiter der Werkstätten in Verbindung zu bringen.

Die figürliche Produktion übertraf während der staatlichen Periode der Wiener Manufaktur an Umfang die Herstellung von Geschirren und Servicen. Das mit Blumenmedaillons in Sepiamalerei dekorierte *Solitaire* ist ein Beispiel dafür, daß die ursprünglich exklusive Form dieses Arrangements von Porzellangefäßen gegen Ende des Jahrhunderts auf eine breitere, bürgerliche Käuferschicht rechnen konnte. Solitaires – gewöhnlich bestehend aus einer Tasse mit Unterschale, meist zwei Kannen für die Heißgetränke sowie Gefäßen für Zucker und Gebäck, alles serviert auf einem »Kaffeebrett« – sind in ihrer ursprünglichen Funktion Prunkstücke des fürstlichen Levers. Die Morgentoilette im Beisein ausgewählter Höflinge wurde unter Ludwig XIV. bedeutsamer Bestandteil des Zeremoniells in Versailles, dessen Vorbild auf fast alle Fürstenhöfe Europas wirkte. Das Arrangement der Gerätschaften ergab sich aus dem Wandel des Frühstücks um 1700, zu dem nun nicht mehr die übliche Morgensuppe gehörte, sondern die modernen Heißgetränke Kaffee, Tee und Schokolade, die in Verbindung mit warmer Milch und Zucker sowie etwas Gebäck auf einem Tablett gereicht wurden. Letzteres war in der 2. Hälfte des 18. Jahrhunderts allgemein ebenfalls aus Porzellan, das nach und nach das bis dahin übliche Silbergerät oder Gefäße aus weniger edlen Materialien verdrängte. Entsprechend den neuen Gewohnheiten waren die Arrangements für nur eine (»Solitaire«), zwei (»Tête-à-tête« oder »Déjeuner«) oder mehrere Personen, meistens sechs, zusammengestellt. Außerhalb des höfischen Zeremoniells war das Frühstück eine eher private Angelegenheit. Wie die Zusammenstellung des Solitaires zeigt, vollzog es sich im Gegensatz zu Diner und Souper »en solitude« oder im Fall des Déjeuners in trauter Zweisamkeit. Repräsentativ aufbewahrt in einem als Lederkoffer gestalteten Etui waren solche Service an vielen Orten verfügbar.

Nach erneuten wirtschaftlichen Mißerfolgen übernimmt der Tuchfabrikant *Konrad von Sorgenthal* 1784 die Leitung der Wiener Manufaktur. Zeitgleich erfolgt ein Wechsel in der Modellwerkstatt. Anton Grassi wird zum Leiter ernannt, und die nun einsetzende dritte Periode der Manufaktur ist von der endgültigen Wendung zum Klassizismus bestimmt, der sich in den Dekoren schon zuvor zaghaft angekündigt hatte. Das Aufnehmen der aktuellen stilistischen Strömung verhalf der Manufaktur wieder zum erhofften Erfolg; insbesondere die an der französischen Manufaktur Sèvres orientierten, in der Farbe kraftvollen Fondporzellane mit prächtigen Goldhöhungen entsprachen dem Geschmack der Zeit. Eine Besonderheit waren die nach graphischen Vorlagen in die Reserven der Fondfarben übertragenen Gemälde mit allegorischen und mythologischen Themen. Grassi erwarb in großem Umfang Stichwerke für die

Malerwerkstatt, in der seine nach antiken Formen entworfenen Porzellane bemalt wurden. Der Höhepunkt dieser Produktion lag in den Jahren nach 1800. Zu den prominenten zeitgenössischen Künstlern, deren Bildvorlagen als miniaturhafte farbige Kopien in großer Zahl auf Tassen, Teller und Vasen übertragen wurden, gehört Angelika Kauffmann (1741–1807). Die auch von Goethe und mehr noch von Herder geschätzte Künstlerin ließ sich 1782 endgültig in Rom nieder. Ihr Werk, hauptsächlich Porträts und Historien allegorischen Gehalts, aber auch Themen der Literatur, wurde nicht zuletzt durch die englische Reproduktionsgraphik weit verbreitet. Die nach solchen Vorlagen entstandenen Bildporzellane trugen ihrerseits zum Ruhm der fast kultisch verehrten Angelika Kauffmann bei. Die Sammlung im Belvedere bewahrt ein klassizistisches *Kaffeeservice* für sechs Personen, zu dem zwei Kannen unterschiedlicher Höhe gehören, die sich an antikischen Vasenformen orientieren. Dazu gehört weiterhin eine Zuckerdose in Form eines von drei sitzenden Sphingen getragenen Gefäßes mit durchbrochenem Deckel. Die repräsentative Fassung des um 1810/15 entstandenen Services wird durch die kräftigen maigrünen Fondfarben mit Goldhöhungen unterstrichen. Die Reserven zieren insgesamt neun Szenen nach Bildern von Angelika Kauffmann. Durchgehendes Motiv sämtlicher Darstellungen ist die Figur des geflügelten Amor. Die Zusammenstellung der Bilder folgt nur teil-

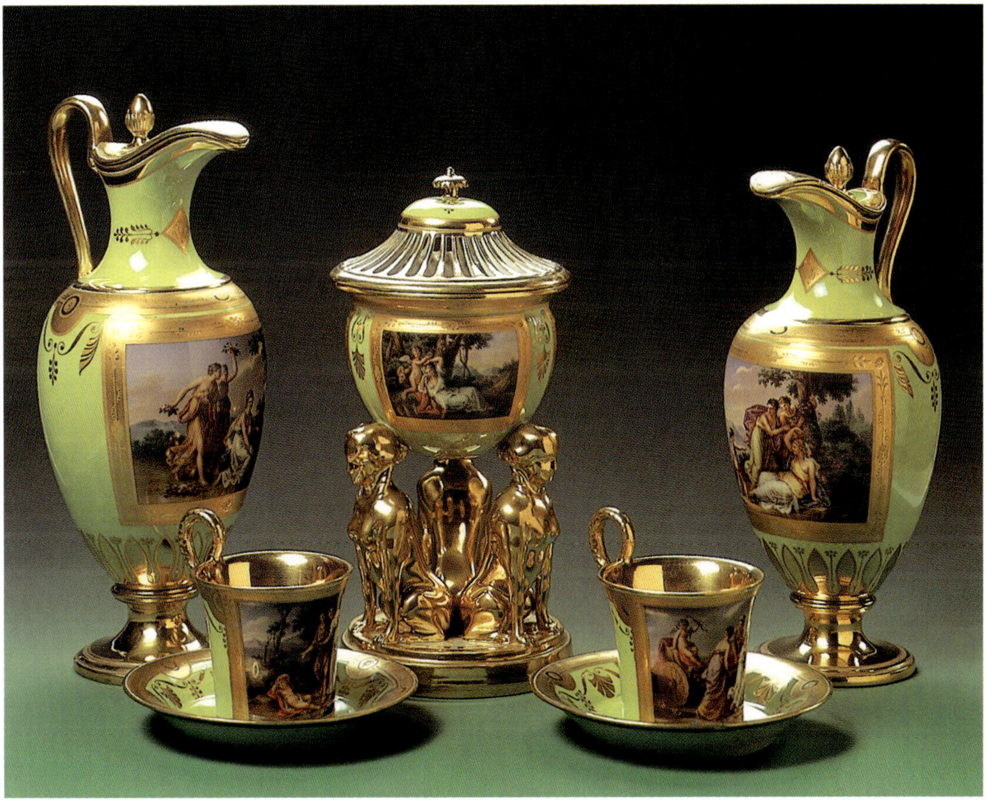

Abb. 68: Wien, Teile eines Kaffeegeschirrs, dekoriert mit Szenen nach Gemälden von Angelika Kauffmann, 1800–1810; Kanne links: Amor, von den Grazien gefesselt, Kanne rechts: Aglaia, von Amor gefesselt, Zuckerschale: Venus, von Amor bekränzt, Tasse links: Die Nymphen wecken den schlafenden Amor, Tasse rechts: Triumph der Liebe

weise der vielfältig in Literatur und Kunst aufgegriffenen Erzählung des Apuleius *Amor und Psyche*. Das Hauptstück des Services, die aufwendig geformte Zuckerdose, zeigt die Bekränzung der Venus durch Amor.

In solchen miniaturhaften Darstellungen kündigen sich die biedermeierlichen Dekore mit topographischen Ansichten und ähnlichem bereits an. Die Wiener Manufaktur leistete hier noch einmal Hervorragendes. 1864 wird der Betrieb für immer aufgelöst.

G.-D. U.

Höchst, Frankenthal und Ludwigsburg

»Man darf sagen, daß fast alle deutschen und mehrere fremde Porzellanfabriken des 18. Jahrhunderts zu einer einzigen großen Familie von vielfach abgestuftem Verwandtschaftsgrad gehören, zu einer Familie, deren Stammutter Meißen gewesen ist.« (Sauerlandt 1923)

Nach den Gründungen in Meißen und schon bald darauf in Wien entstanden in der Mitte des 18. Jahrhunderts in dichter Folge weitere Porzellanmanufakturen in Nord- und – noch zahlreicher – in Süddeutschland. Wenn sie nicht schon von Beginn an unter der Regie des Landesherrn liefen, gerieten die mit Privilegien des Fürsten ausgestatteten bürgerlichen Unternehmungen meist bald in deren Obhut. Denn Rentabilität war selten zu erreichen, zumeist handelte es sich um Zuschußbetriebe. Trotz der allmählichen Verbreitung des Porzellans blieb es bis an das Ende des Jahrhunderts ein Luxusprodukt und bediente in erster Linie die Nachfrage des Adels. Wohl und Wehe der Unternehmen hing in besonderer Weise vom politischen Schicksal des jeweiligen Territoriums ab. Die 1747 gegründete Manufaktur Höchst bei Frankfurt/Main, zuletzt als »Churfürstlich Mainzische Manufaktur« geführt, findet 1796 in Folge der unruhigen Revolutionszeit ihr Ende.

Zu den frühen Gründungen der Jahrhundertmitte gehören ebenso Fürstenberg im Herzogtum Braunschweig, Nymphenburg bei München und die Manufaktur Wegely als Vorläuferin der Königlichen Porzellanmanufaktur Berlin. 1755 folgten Frankenthal als Ableger der Straßburger Manufaktur und 1758 Ludwigsburg als letzte bedeutende fürstliche Gründung durch Herzog Carl Eugen von Württemberg, der sie »als notwendiges Attribut des Glanzes und der Würde« seiner absolutistischen Hofhaltung begriff. Diese Formulierung charakterisiert treffend die Einstellung der Landesherrn zu ihren kostspieligen Unternehmen, die keine reinen Wirtschaftsbetriebe sein mußten, weil sie zugleich zur fürstlichen Repräsentation gehörten. Die Marken des Porzellans, zumeist mit unterglasurblauem Kürzel, dienten in einer Zeit, als man noch keinen Gebrauchsmusterschutz kannte, auch zur Darstellung des Souveräns. Insignien der Macht wie die Kurschwerter in Meißen, das Szepter als Zeichen des brandenburgischen Kurfürsten in Berlin oder das sechsspeichige Rad aus dem Wappen der Kurfürsten von Mainz wurden daher zu den »Markenzeichen« der jeweiligen Manufakturen.

Die Gründung weiterer Porzellanmanufakturen in dieser Zeit ist auch ein Phänomen von Wirtschaftsspionage des 18. Jahrhunderts. Das Abwerben von Fachkräften, die über Kenntnisse des Arkanums, die geheimen Rezepturen verfügten, gehört dazu. Schon in Meißen war es nicht gelungen, das Geheimnis der Porzellanherstellung zu bewahren. Je größer aber die Zahl derjenigen wurde, die die technischen Voraussetzungen zur Beherrschung der Brenntechnik kannten und wußten, wie die Porzellanmasse zu bereiten ist, desto weniger exklusiv waren gegen Ende des Jahrhunderts diese geheimen Kenntnisse. Dennoch hatten fast alle Manufakturen am Anfang Schwierigkeiten, qualitätvolles Porzellan zu erzeugen. Oft lief eine ernstzunehmende Produktion erst einige Jahre nach dem jeweiligen offiziellen Gründungsdatum an, das daher in seiner wirklichen Bedeutung zu relativieren ist. Ein gut überschaubarer Kreis von Technologen und Kunsthandwerkern, auf die man an den verschiedenen Orten immer wieder trifft, setzte die Porzellanindustrie in

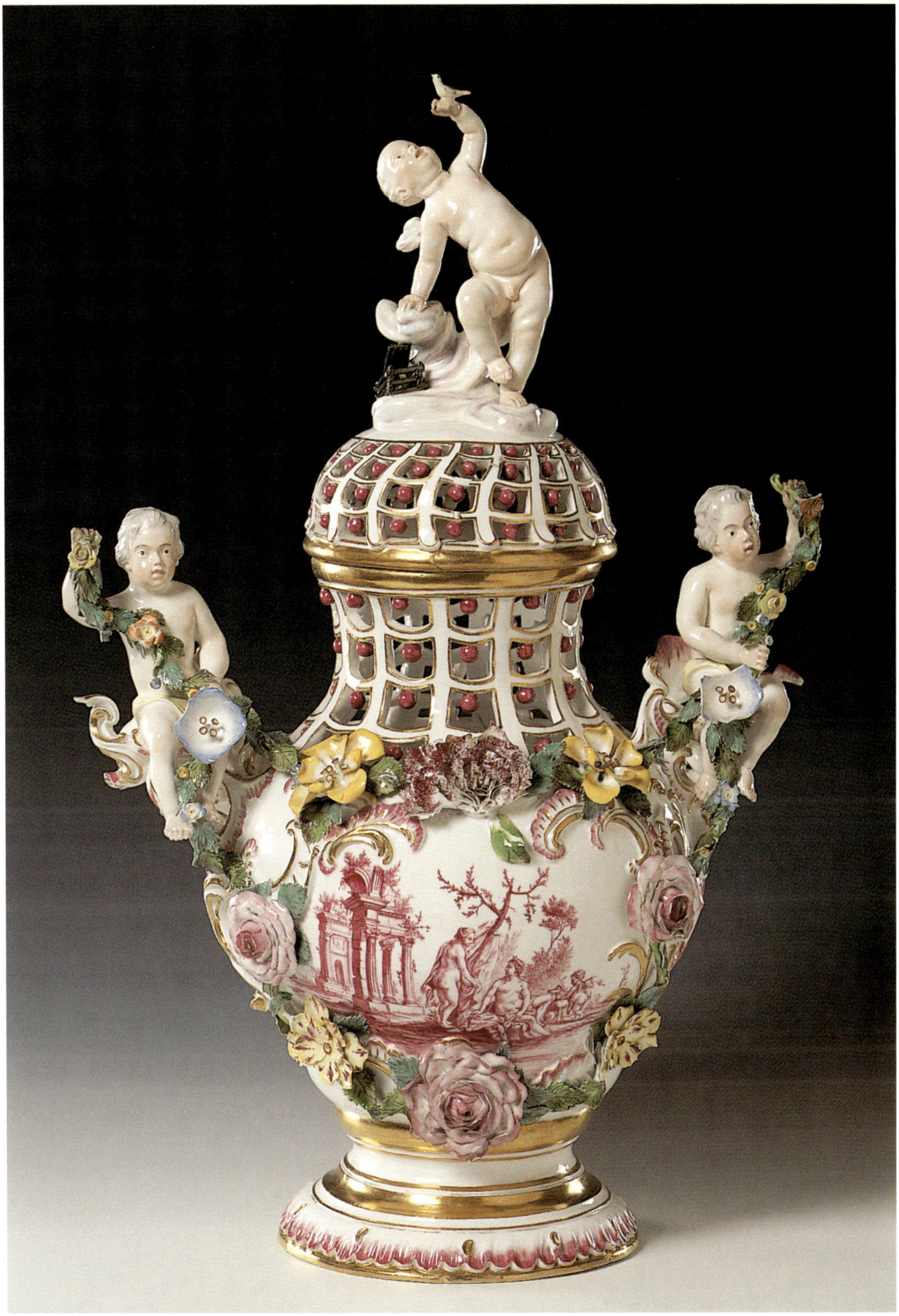

Abb. 69: Höchst, Potpourri-Vase, Modell von Laurentius Russinger (?), um 1765

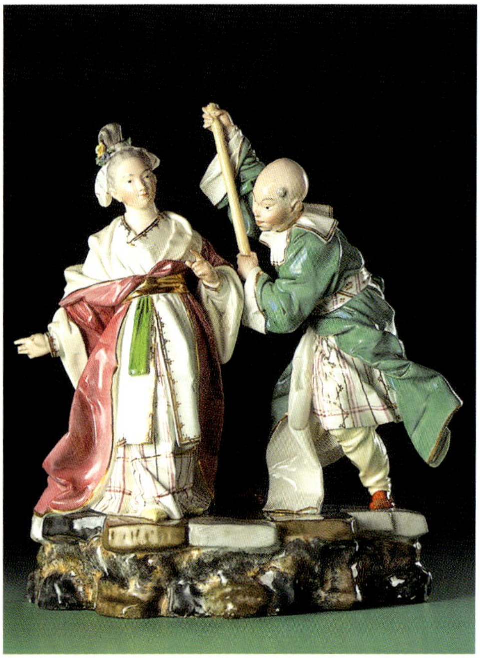

Abb. 70: Höchst, Chinesische Kaiserin, Modell von Johann Peter Melchior, um 1770 (Fächer des Dieners verloren)

Gang. Der Arkanist und Spezialist für Ofenbau Joseph Jakob Ringler wirkte als technischer Leiter der Manufakturen in Höchst, Straßburg und Frankenthal, dann in Nymphenburg und schließlich in Ludwigsburg. Der Keramiker Simon Feilner arbeitete zunächst in Höchst, ging nach Fürstenberg, wo er seit 1753 Modellmeister war und wechselte 1770 nach Frankenthal. Hier avancierte er aufgrund seiner vielfältigen Erfahrung zum leitenden Direktor der Manufaktur. Die Etappen des Künstlerlebens des bedeutenden Bildhauers und Modelleurs Johann Peter Melchior – um ein letztes Beispiel zu nennen – sind anfangs Höchst, dann Frankenthal und schließlich Nymphenburg. Der Wechsel der Kunsthandwerker zwischen den regionalen Zentren der Porzellanindustrie förderte die Vielfalt der Stile durch künstlerischen Austausch, aber ebenso die Übernahme von Vorbildern bis hin zur Nachahmung und Kopie fremder Entwürfe. Doch schon aufgrund unterschiedlicher Materialbeschaffenheit der Erzeugnisse variierten die Porzellane der einzelnen Manufakturen. Die Ausbildung von Eigentümlichkeiten ist ebenso in der Servicegestaltung, den Figurenprogrammen wie auch bei Dekoren und der Staffierung der Porzellane zu beobachten. Darin unterscheidet sich die deutsche Porzellanindustrie des 18. Jahrhunderts von der Produktion im zentralistischen Frankreich, denn dort erhält Vincennes/Sèvres per königliches Dekret eine Monopolstellung.

Mit der 1747 gegründeten Manufaktur in *Höchst* bei Frankfurt/Main entstand die im mittelrheinischen Raum vorherrschende Porzellanfabrik. Die Manufaktur begann mit der Herstellung von Fayence. Erst 1750, nach dem Weggang Adam Friedrich von Löwenfincks, der anfangs als Maler in Meißen, dann in einer Reihe süddeutscher Fayencefabriken beschäftigt war, wurde wohl mit der Produktion echten Porzellans begonnen. Die Höchster Manufaktur macht geradezu exemplarisch das Auf und Ab der Werkstätten deutlich. Abwanderung und Abwerbung von Arbeitskräften, Geheimnisverrat, innerbetriebliche Intrigen und persönliche Querelen behindern über einen langen Zeitraum eine gedeihliche Entwicklung der künstlerischen Arbeit. Um so erstaunter steht man vor den qualitätvollen Ergebnissen.

Das von den Frankfurter Kaufleuten Johann Christoph Göltz und Johann Felician Clarus mit kurfürstlichem Privileg errichtete Unternehmen ging nach ersten Erfolgen 1756 bankrott, wurde bis 1759 vom Mainzer Kurfürsten finanziell gestützt und erlebte dann unter der Leitung von Johann Heinrich Maas eine neuerliche Blüte. Seit 1764 wurde die Manufaktur als Aktiengesellschaft geführt. Sie firmierte seit 1776 als »Churfürstlich Mainzische Manufaktur« und wurde schon bald zu einem erheblichen Zuschußunternehmen. 1796 erfolgte die Auflösung. Die Phasen des Aufschwungs sind jeweils durch ausgeprägte Künstlercharaktere bestimmt, wobei in der Höchster Produktion die Figuren eine besondere Rolle spielten. Für die Frühzeit, als sich die Manufaktur stark an Meißner Entwürfe anlehnte, verfügt unsere Sammlung über keine Beispiele, für die 1760er Jahre und den Neuanfang unter Maas gibt es einige aussagekräftige Stücke. Um 1760 war es Laurentius Russinger, der als Modellmeister die Produktion prägte und in seinen Arbeiten ein vollendetes Rokoko präsentiert. Ein Satz von drei prunkvollen *Potpourri-Vasen* zeigt sein Repertoire an ausgefeilten Dekorationen, in deren Künstlichkeit alles Natürliche aufgehoben ist. Seitlich auf den Henkeln der Vasen sitzen beinah schwebend Putten, die Blumengirlanden halten, die wiederum en camaieu ausgeführte, d.h. Ton in Ton gemalte Purpurlandschaften umrahmen; diese Art der Landschaftsdarstellung gehört in jener Epoche zu den Spezialitäten von Höchst. Das Gitterwerk im Oberteil der balusterförmigen Vase wird von einem ebenso filigranen Deckel mit bekrönendem Putto abgeschlossen. Die ovale, pausbackige Gesichtsbildung mit spitzer Nase ist typisch für Russingers Figurenstil. In den Öffnungen der à jour gearbeiteten Partien hängen scheinbar schwerelos perlenartige Porzellankügelchen, die reflektierend Glanzpunkte setzen. Potpourris, die heute aus der Alltagskultur verschwunden sind, waren beliebter Teil der Raumausstattung und verströmten durch die gebrochenen Wandungen Wohlgeruch. Eine nach kundigem Rezept hergestellte Mischung aus Blüten, Blättern und Gewürzen, die mit Salz zur Bindung der Flüssigkeit angesetzt wurde, konnte über lange Zeit die Räume mit angenehmen Gerüchen erfüllen.

Nach Russingers Fortgang aus Höchst wurde der noch junge Johann Peter Melchior Modellmeister. Anfangs stand er wohl noch ganz unter dem Eindruck der Arbeiten eines uns bis heute namentlich unbekannt gebliebenen Modelleurs an der Höchster Manufaktur, der aufgrund einer Reihe von grazilen Chinesendarstellungen sowie der berühmten Gruppe eines thronenden chinesischen Kaisers, seines Hauptwerks, die Bezeichnung »Chinesenmeister« erhielt. Die Eleganz der Figuren eines Tänzers und einer Tänzerin aus der Höchster Werkstatt läßt daran denken, daß auch sie von der Hand dieses Meisters

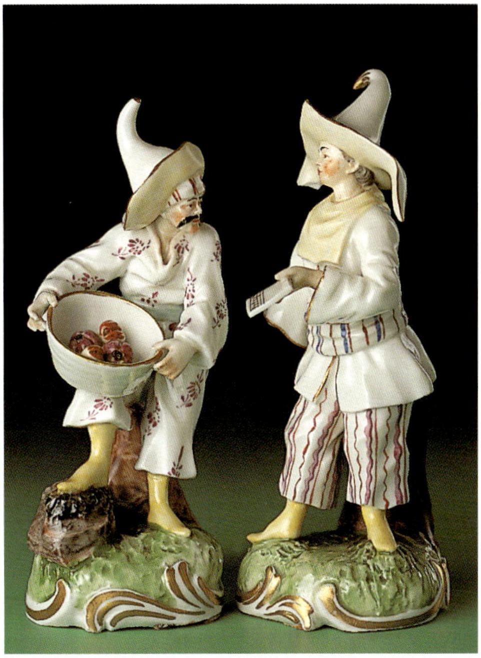

Abb. 71: Frankenthal, Chinese mit Früchtekorb und Chinese mit Notenblatt aus der Folge der Chinesenfiguren, nach 1762

stammen könnten. Melchior hat von dessen Entwürfen profitiert, als er am Beginn seiner Laufbahn um 1766 seinerseits die Figurengruppe eines *Chinesenkaisers* modellierte. Zu den weiteren Gruppen dieses vielfigurigen Tafelaufsatzes gehört die Darstellung einer chinesischen Kaiserin in Begleitung ihres fächertragenden Dieners. Die Darstellung erinnert nur noch fern an ältere Chinoiserien, die von ostasiatischen Vorbildern ausgehen. Auch unsere Ausformung zeigt den für Melchior typischen Stil, die Standplatte naturalistisch aufzufassen und sie als gescheckten Steinsockel mit Grasnarbe zu gestalten. Im späteren Werk des vom Mainzer Kurfürsten Emmerich Joseph von Breidbach-Bürresheim früh geförderten Künstlers – Melchior wurde 1770 zum Hofbildhauer ernannt – machen sich naturalistische Momente noch deutlicher bemerkbar und unterstützen den stilistischen Wandel vom verspielten Rokoko zum Klassizismus. Berühmt sind seine natürlich wirkenden Kindergruppen, nicht minder seine Porträts, die er mit Vorliebe in Biskuitporzellan ausführte. Als Freund der Familie Goethe in Frankfurt schuf er vor der Abreise des von ihm hochverehrten Dichters des *Werther* nach Weimar ein Bildnis. 1779 verließ er selbst diesen Lebenskreis, um in Frankenthal Modellmeister an der kurpfälzischen Manufaktur zu werden.

Frankenthal liegt in der oberrheinischen Tiefebene zwischen Worms und Mannheim. Protestantische Glaubensflüchtlinge mit guten kunsthandwerklichen Kenntnissen hatten sich hier bereits angesiedelt, als der pfälzische Kurfürst in der Mitte des 18. Jahrhunderts eine intensive Förderung des Manufakturwesens betrieb. 1755 erhielt die Familie Hannong aus Straßburg die Konzession, in einer leerstehenden Kaserne eine Porzellanfabrik zu eröffnen. Sie war anfangs eine Filiale der 1748 in Straßburg eingerichteten Manufaktur, eine Gründung des dortigen Fayencefabrikanten Paul Hannong, der seinen Sohn Karl beauftragte, die Produktion in der benachbarten Pfalz fortzuführen, weil ihm in Frankreich aufgrund des königlichen Monopols von Vincennes bzw. Sèvres untersagt war, Porzellan herzustellen. Der wirtschaftliche Erfolg blieb auf Dauer aus, und 1763 erwarb der Kurfürst selbst die hochverschuldete Manufaktur. Direktor wurde nun Adam Bergdoll, den Simon Feilner 1775 ablöste. Die Blütezeit des Betriebs währte bis um 1780. Zwei Jahre zuvor war der Mannheimer Hof im Zuge der bayerischen Erbfolge nach München übergesiedelt. Die französische Besetzung Frankenthals während der Revolutionszeit und mehrfacher Besitzerwechsel kennzeichnen die letzten Jahre bis zur Auflösung des Betriebs 1799, der teilweise in die Manufaktur Nymphenburg übernommen wurde.

Die zentrale Künstlerpersönlichkeit ist der Modelleur Konrad Linck, dessen Figurenschöpfungen den hohen Rang der Frankenthaler Produktion bestimmen. Er hatte eine akademische Ausbildung als Bildhauer genossen und wurde von Kurfürst Carl Theodor bei der Übernahme der Manufaktur berufen, man zog ihn aber bereits seit 1766 für großplastische Aufgaben nach Mannheim ab. Die Sammlung im Belvedere zeigt Arbeiten zweier Modelleure, die vor und nach ihm verantwortlich für Frankenthal tätig waren. In den Anfangsjahren, nachweislich bis 1761, lieferte Johann Wilhelm Lanz die Modelle. Lanz war zuvor in der Straßburger Manufaktur beschäftigt. Frankenthaler Werke können ihm aufgrund stilistischer Beobachtungen zugeschrieben werden, aber es bleibt schwierig, die frühe dortige Produktion von derjenigen in Straßburg zu trennen. Den Arbeiten von Lanz merkt man an, daß er zuvor Fayencen modellierte. Deren Formen blieben, teils bedingt durch die Schwerfälligkeit des keramischen Materials, länger dem Barock verhaftet als gleichzeitige Porzellane. Ein gravitätischer Ausdruck, eine kraftvolle Modellierung ist auch seinen Frankenthaler Werken zu eigen. Sie gewinnen an Leichtigkeit, wenn sie eine durch Rocaillenschwünge aufgelockerte Standplatte erhalten. Thematisch orientierte sich Lanz am üblichen Kanon und setzte, wie alle anderen Modelleure seiner Epoche, unterschiedliche Schwerpunkte: Chinoiserien und antike Mythologie, allegorische Darstellungen im Sinne barocker Weltdeutung, Szenen aristokratischer Lebenswelt, wozu insbesondere Darstellungen der Jagd gehören, denen dann andererseits Darstellungen des einfachen Lebens, von Handwerkern und verschiedenen Vertretern der unteren Volksschichten gegenüberstehen. Aus dem Repertoire von Lanz besitzt die Sammlung im Belvedere eine mehrfigurige allegorische Szene mit dem Titel *Der Sieg der Zeit über den Neid.* Chronos mit der Sense als Attribut triumphiert über den am Boden liegenden Neid, in der Hand die das Gift der Zwietracht verspritzende Schlange. Daneben sitzt Historia über dem Buch der Geschichte und hält in einem Moment der Inspiration die Wahrheit fest.

Als Linck zum Hofbildhauer berufen wurde und sich 1766 aus Frankenthal zurückzog, rückte Karl Gottlieb Lück, der bereits mehrere Jahre für die Manufaktur gearbeitet hatte, als Modellmeister nach. Der mit ihm verwandte Johann Friedrich Lück war bereits aus

Meißen gekommen, als dort bei Ausbruch des Siebenjährigen Krieges (1756–1763) die Verhältnisse schwierig wurden; 1764 kehrte er dorthin zurück. Karl Gottlieb blieb bis zu seinem Tod 1775 und leitete die Werkstatt. Er wird oft als »Meister der Kleinfiguren« bezeichnet, deren Gestaltung sich durch einen neuartigen Sinn für alltägliche Szenen auszeichnet und einen Zug ins Bürgerliche aufweist. Auch seine Serie von kleinen Chinesenfiguren sind im Grunde Genrestücke im Gewand phantasievollen Kostüms, das eher exotisch als chinesisch wirkt. Die breitkrempigen Hüte geben ihnen eine heitere Note. Man muß sich dabei vorstellen, daß diese mit verschiedenen Handlungen beschäftigten Figuren – zwei sind im Belvedere zu sehen – in größerer Zahl als Tischdekoration um pavillonartige »Chinesenhäuser« gruppiert wurden, die übrigens bereits eine Spezialität des älteren Johann Friedrich Lück waren.

Auch in der Produktion der 1758 durch Herzog Carl Eugen von Württemberg in *Ludwigsburg* bei Stuttgart errichteten Manufaktur spielen die Figurenporzellane eine bedeutende Rolle. Direktor wurde Joseph Jakob Ringler, der als Manufakturgründer von anderen Orten reichlich Erfahrung mitbrachte. Die Manufaktur, für die der leicht graustichige, ins Grünliche gehende Scherben charakteristisch ist, war von Anfang an ein herzoglicher Betrieb, der auf die finanziellen Zuwendungen durch Carl Eugen angewiesen war. Unter seinem Nachfolger Friedrich, seit 1806 König von Württemberg, konnte sich das Unternehmen noch einmal stabilisieren, wurde jedoch zur Zeit der Regierung König Wilhelms I. wegen anhaltender Schwierigkeiten 1824 aufgelöst.

Die Manufaktur verfügte über einige hervorragende Modelleure und Bossierer, außerdem waren die württembergischen Hofbildhauer von Pierre François Lejeune bis Johann Heinrich von Dannecker in der Epoche des Klassizismus als Entwerfer für Ludwigsburg engagiert. Eine herausragende Persönlichkeit in den Anfangsjahren war der als Bildhauer geschulte Johann Christian Wilhelm Beyer, der 1759 bis 1767 für die Modellwerkstatt verantwortlich war. Seine Arbeiten blieben in Bewegung und Haltung dem Rokoko verpflichtet, öffnen sich aber kompositionell den Prinzipien des frühen Klassizismus, den Beyer während seiner Studienjahre in Italien im Kreise Winckelmanns kennengelernt hatte. Die *Bacchantengruppe* in unserer Sammlung, die ein bei Beyer beliebtes antikes Thema aufgreift, ist dafür ein sprechendes Beispiel. Die Konzentration und Axialität der gleichwohl bewegten Gruppe gipfelt in einer emporgehaltenen Weintraube. Die körperliche Durchbildung der Figuren läßt die Ausbildung zum Großplastiker spüren, ein Gebiet, dem sich Beyer nach seinem Weggang nach Wien mit den Aufträgen für Schloß Schönbrunn stärker widmen konnte. Um 1765/66 entstand die Figurenfolge der *Musiksoli*, insgesamt sieben Darstellungen von Musizierenden, die auf verschiedenen Instrumenten spielen; die *Spinett-*

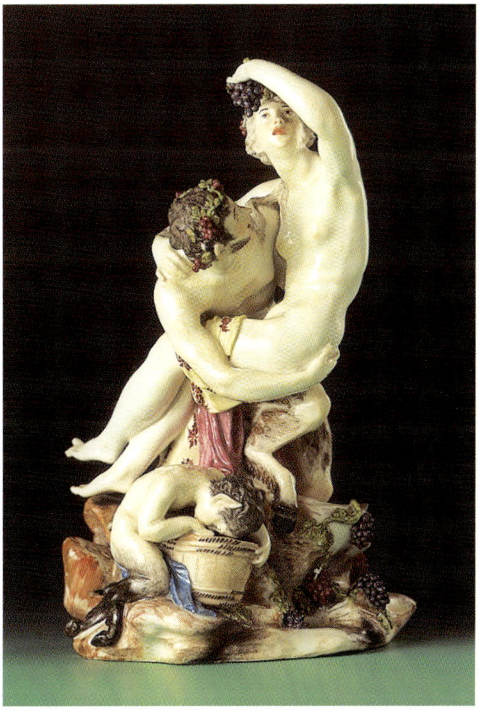

Abb. 72: Ludwigsburg, Bacchantengruppe, Modell von Johann Christian Wilhelm Beyer, um 1770

spielerin im Belvedere ist ein isoliertes Einzelstück aus der umfassenderen Serie. Den inneren Zusammenhang mit der dekorativen Plastik, wie sie für barocke Gartengestaltungen typisch ist, meint man angesichts einer Gruppe zweier Putten zu spüren, die sich an einem Feuerbecken wärmen. Es handelt sich um eine *Allegorie des Winters* aus einer Jahreszeitenfolge. Der Entwurf stammt wohl von Lejeune, der nach Beyer seit 1768 für ein Jahrzehnt als Modellmeister in Ludwigsburg tätig war.

G.-D. U.

Die Berliner Manufakturen

Der Siebenjährige Krieg (1756–1763) brachte für Meißen einschneidende Veränderungen, die schließlich dazu führten, daß die sächsische Manufaktur ihre führende Rolle verlor. Unmittelbare Rückwirkungen aus den Vorgängen in Meißen ergaben sich für die frühe Produktion von Porzellan in Berlin. Die preußische Besetzung Sachsens gab Friedrich II. die Verfügungsgewalt über die Meißner Manufaktur. Doch war man dort nicht unvorbereitet und versuchte zu verhindern, daß der preußische König Zugriff auf die Mitarbeiter erhielt, die Kenntnisse der Porzellanherstellung besaßen. Friedrichs II. Leidenschaft für das »weiße Gold« hatte sich bereits gezeigt, als er noch Kronprinz war. Sein Wunsch, nun die Produktion von Meißen nach Berlin zu verlagern, erfüllte sich nicht.

1751 hatte der geschäftstüchtige Wollzeugfabrikant *Wilhelm Caspar Wegely* mit königlichem Privileg eine Porzellanmanufaktur in Berlin eröffnet. Die eigentliche Produktion begann wohl zwei Jahre später mit Hilfe der Kenntnisse, die der damalige technische Leiter der Höchster Manufaktur, Johann Kilian Benckgraff, preisgab. Wegely konnte ihn jedoch nicht ganz für Berlin abwerben, da das gleichzeitige Angebot, für die 1747 begründete herzoglich-braunschweigische Manufaktur auf Schloß Fürstenberg an der Weser tätig zu werden, noch verlockender war. Daß um 1753 in Berlin erfolgreich Porzellan hergestellt werden konnte, beweist ein Teller mit Wappenschmuck aus dem Service für den damals zum preußischen Generalpostmeister ernannten Graf Gotter.

Der preußische König war sehr an einer landeseigenen Porzellanproduktion interessiert und stellte zugleich hohe, an der Qualität Meißner Erzeugnisse orientierte Ansprüche, die die Ware Wegelys, entgegen dessen Versprechungen, nicht erfüllen konnte. Das erteilte Privileg war auf fünfzig Jahre ausgestellt, eine Option, die nicht eingelöst wurde, denn schon 1757 schloß der immer noch solvente Unternehmer den Betrieb, dessen Erzeugnisse aus einem rein weißen Scherben durchaus Qualität erreicht hatten. Vermutlich wurde dem umsichtigen Kaufmann die weitere wirtschaftliche Entwicklung angesichts der unsicheren Kriegszeiten zu ungewiß. Zwar kam es nicht zur beabsichtigten Verlagerung der Meißner Produktion nach Berlin, auch konnte Wegely verhindern, daß durch den Verkauf der in Sachsen beschlagnahmten Lagerbestände an Porzellan der einheimische Markt in Berlin überschwemmt wurde, daß aber Friedrich II. künftig in großem Umfang Wegelysches Porzellan abnehmen würde, war wohl nicht zu erwarten. Die Unterstützung durch den jeweiligen Landesherrn jedoch entschied in fast allen Manufakturen des 18. Jahrhunderts über den dauerhaften ökonomischen Erfolg und den Fortbestand der Einrichtung.

Zum künstlerischen Personal, das Wegely in der kurzen Zeit des Bestehens seiner Manufaktur beschäftigte, gehörten die Maler Isaac Jacob Clauce und Friedrich Roth. Als Modelleur war wahrscheinlich ausschließlich Ernst Heinrich Reichard tätig. Von ihm stammen sämtliche Modelle sowohl für die Geschirre als auch für die Figuren. Diese zeigen gegenüber den Serviceteilen, soweit sie uns überliefert sind, die größere Formenvielfalt. Allenthalben ist das übermächtige Vorbild Meißen präsent, doch gibt es ganz unabhängige Leistungen. Die *Dame mit Fächer* in unserer Sammlung führt Reichards Stil vor Augen. Die leicht gedrungene Figur mit geschlosse-

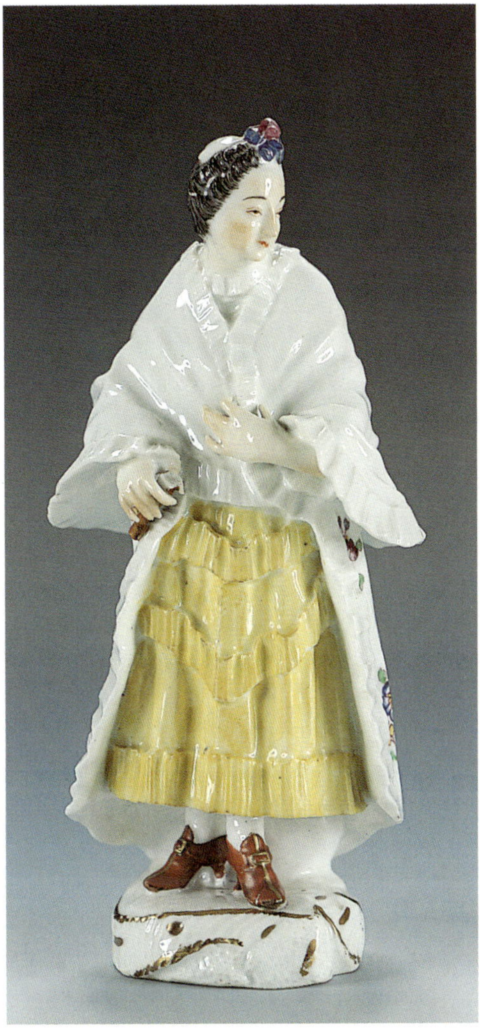

Abb. 73: Berlin, Manufaktur Wegely, Dame mit Fächer, Modell von Ernst Heinrich Reichard, um 1755 (Fächer verloren)

nem Umriß wirkt weniger artifiziell, vielleicht sogar erdverhaftet und zeugt in ihrer natürlich aufgefaßten Bewegung von der frischen Beobachtungsgabe des Modelleurs. Reichard, von dem man lediglich weiß, daß er aus dem thüringischen Gera stammte, von wo er eine bildhauerische Ausbildung mitbrachte, ist unmittelbar vor Gründung der Manufaktur Wegely in Berlin nachweisbar. Dort ist er mit bauplastischen Arbeiten am Palais Schwedt Unter den Linden und an anderen Bauten beschäftigt. Reichard verkörpert in seiner Person die Kontinuität der frühen Porzellanherstellung in Berlin. Er hatte über seine gestalterischen Fähigkeiten hinaus offenbar Kenntnisse in der Zubereitung der Porzellanmasse erworben und führte nach der Aufgabe Wegelys wohl in einem eigenen werkstattähnlichen Betrieb die Arbeit weiter. Als dann Gotzkowsky 1761 eine neue Manufaktur gründete, machte dieser ihn zum technischen Leiter seines Betriebes. Ihn für die im Aufbau befindliche Manufaktur in Gotha abzuwerben mißlang. Reichard verstarb 1764 in Berlin.

Friedrichs II. Wunsch nach einer Meißen ebenbürtigen Manufaktur in Preußen schien sich durch den tatkräftigen Unternehmer *Johann Ernst Gotzkowsky* zu erfüllen. Tatsächlich arbeitete Gotzkowskys Manufaktur nur ein Jahr lang, erreichte dabei aber eine erstaunliche Qualität. Freilich sind aufgrund der kurzen Produktionsphase nur wenige Stücke überliefert, die die meist unterglasurblaue Fabrikmarke tragen. Viele der vorhandenen Modelle sind erst später ausgeformt und dekoriert worden. Über den Bestand an Gotzkowsky-Porzellanen sind wir ungewöhnlich gut durch ein umfangreiches Inventar unterrichtet, das anläßlich der Übernahme der Manufaktur durch den preußischen König 1763 erstellt wurde. Besonderes Augenmerk verdienen die im Belvedere ausgestellten Teile eines *Tee- und Kaffeeservices* des Modells »Glatt« mit Maskaronausguß und astförmig gestalteten Henkeln. Die naturalistische Wirkung der Form wird durch die Staffierung der Blütenstempel und Blätter in Gelb und Grün gesteigert. Die Bemalung zeigt, wie es in den Unterlagen der Manufaktur heißt, »bunte Blumen und Früchte« in »natürlichen« Farben. Es sind Kompositionen aus exotischen und einheimischen Gewächsen, wie Feigen und Granatäpfel, aufgeschnittene Äpfel, Pflaumen und Kirschen, Rosen und Anemonen. Dem Modell »Glatt« folgte das noch erfolgreichere Modell »Radiertes Dessin« oder »Reliefzierat«, dessen fein reliefierte Oberflächen im Zusammenspiel mit einer zurückhaltenden Staffierung Service von großem

Reiz hervorbrachten, die bald darauf in der dann vom König betriebenen Manufaktur weiterentwickelt wurden. Der Erfolg läßt sich auch daran erkennen, daß sie Nachahmung in anderen Manufakturen, namentlich in Fürstenberg, fanden.

Schöpfer der Modelle war Friedrich Elias Meyer. Zu den großen unternehmerischen Leistungen, die Gotzkowsky für seine Manufaktur verbuchen konnte, gehört die erfolgreiche Abwerbung dieses begabten Schülers Johann Joachim Kaendlers von Meißen nach Berlin. Die schwierige Situation der von Friedrich II. im Siebenjährigen Krieg geschlossenen Manufaktur Meißen und nicht zuletzt das autoritäre und bevormundende Auftreten Kaendlers in der Modellwerkstatt, das jüngeren Talenten wenig freie Entfaltung ließ, dürften Meyers Wechsel begünstigt haben. Mit ihm oder durch ihn befördert kamen auch Kollegen aus der Malereiwerkstatt nach Berlin. Bereits in der Manufaktur Wegely hatte der ebenfalls aus Meißen gekommene Figurenmaler Clauce gearbeitet. Auch aus Sachsen kam Johann Georg Grieninger, der zum Leiter der Gotzkowskyschen Manufaktur berufen wurde und Direktor des Unternehmens blieb, als der König die Manufaktur übernahm.

Friedrich Elias Meyer, der die Formgestaltung Berliner Porzellans zur Zeit Friedrichs des Großen prägte, stammte aus Thüringen. Er wurde 1723 oder 1724 in Erfurt geboren, wuchs aber in der Residenzstadt Gotha auf. Hier erhielt er, selbst Sohn eines Bildhauers, seine erste künstlerische Ausbildung bei dem Hofbildhauer Grünebeck. Schon 1741 geht er als Hofbildhauer in die schwarzburgische Residenz Sondershausen. 1746/47 ist er nachweislich für den Weimarer Herzog Ernst August, den Bauherrn von Schloß Belvedere, mit plastischen Arbeiten am Schloß in Eisenach beschäftigt, wohin Ernst August 1745 seine Hofhaltung nach der Vergrößerung seines Herrschaftsbereiches verlagert hatte. Für die Ausbildung seines Stils dürfte Meyers Begegnung mit dem ebenfalls in Eisenach tätigen Architekten Gottfried Heinrich Krohne von Bedeutung gewesen sein. Krohne vermittelte Vorstellungen des fränkischen Rokoko, die dem jungen Bildhauer, als er nach dem Tod des Herzogs 1748 an die Meißner Manufaktur ging, als Alternative zur Dresdner Schule in der Tradition Balthasar Permosers vor Augen blieben. Wie hoch man seine Leistung in Meißen einschätzte, wird daran deutlich, daß er an den Platz des tödlich erkrankten Johann Friedrich Eberlein rückte, Kaendlers vielleicht engsten Mitarbeiters über viele Jahre. Meyers Arbeiten in Meißen können nur aufgrund stilistischer Beobachtungen bestimmt werden; archivalisch sind sie nicht zu fassen. Seine Modelle heben sich in ihren Bewegungsmotiven, ihren Ausdrucksqualitäten und in ihren Gesten von den Figuren Kaendlers und seines Schülerkreises ab.

Schon vor seinem Wechsel zu Gotzkowsky war Meyer für Berlin tätig, und zwar im Zusammenhang mit dem in Auftrag gegebenen *Preußisch-musikalischen Tafelservice*. Der Entwurf sollte später, als Meyer für die Königliche Manufaktur arbeitete, seine Vollendung im Modell des Services mit »radiertem« Dessin finden.

Zu den ungemarkten Figuren der Gotzkowsky-Manufaktur, die vielmals ausgeformt und oft erst in der KPM-Zeit staffiert wurden, gehört das *Schreibzeug mit Merkur*, dem Amor einen Brief übergibt. Friedrich II. verschenkte die Figurengruppe offenbar häufiger. Ohne die Gefäße für Tinte und Streusand kommen die Figuren auch isoliert vor, wie das Beispiel im Belvedere zeigt. Zwar wirken sie als ein in sich geschlossenes Kunstwerk, doch geht dabei die spezifische Verbindung von Funktion und Ikonographie der mythologischen Gruppe verloren. Weite Verbreitung fand nicht minder Meyers allegorische Figurenfolge *Schäfer und Schäferinnen als Elemente*. Kein vollständiger Satz, wohl aber zwei Figuren der Serie, die beiden männlichen Darstellungen, sind in der Sammlung im Belvedere vertreten: ein junger Schäfer mit Tabakspfeife und Fackel als Symbol für das Feuer (ihm eigentlich zugeordnet eine junge Schäferin als Allegorie des Wassers) und ein weiterer, der einen »Polnischen Bock« spielt, eine slawische Variante des Dudelsacks, gefertigt aus dem Balg eines Ziegenbocks. Das Instrument, an sich nur ein Attribut zur Veranschaulichung der Luft, macht aus dem jungen Schäfer in der Gestaltung Meyers einen flotten Musikanten (hier fehlt als Gegenstück eine junge Frau, die etwas kokett einen Korb mit Früchten als Symbol der Erde hält). Es ist ein Charakteristikum der Entwürfe Meyers, daß sich die Figuren bei solchen Serien in der Komposition aufeinander beziehen und miteinander korrespondieren. Überhaupt ist der Eindruck seiner Figuren lebhaft, ihre Bewegungen voll anmutiger, natürlicher Eleganz, ihre Gebärden und die Mimik der durchmodellierten Gesichter heiter. Die Brillanz der Gestaltung ist offenbar fruchtbares Ergebnis studierender Vorarbeiten. Ohne Frage gehören Meyers Figuren zu den Höhepunkten der friderizianischen Porzellanplastik. Erst in Berlin konnte er sein gestalterisches Können voll entfalten, das eine Fortentwicklung des Meißner Stils

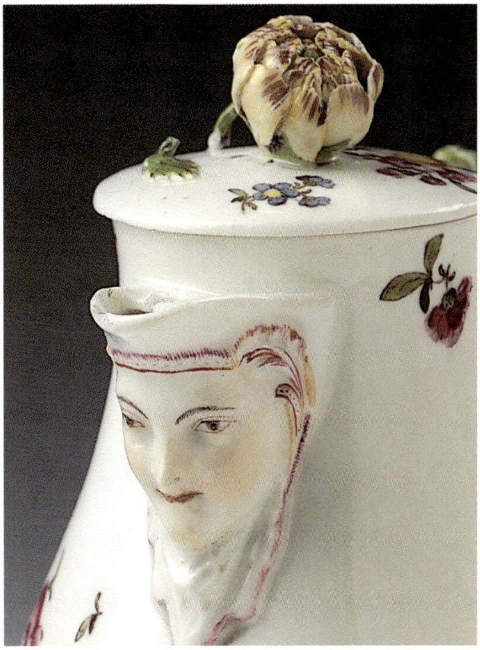

Abb. 75: Detail von Abb. 74

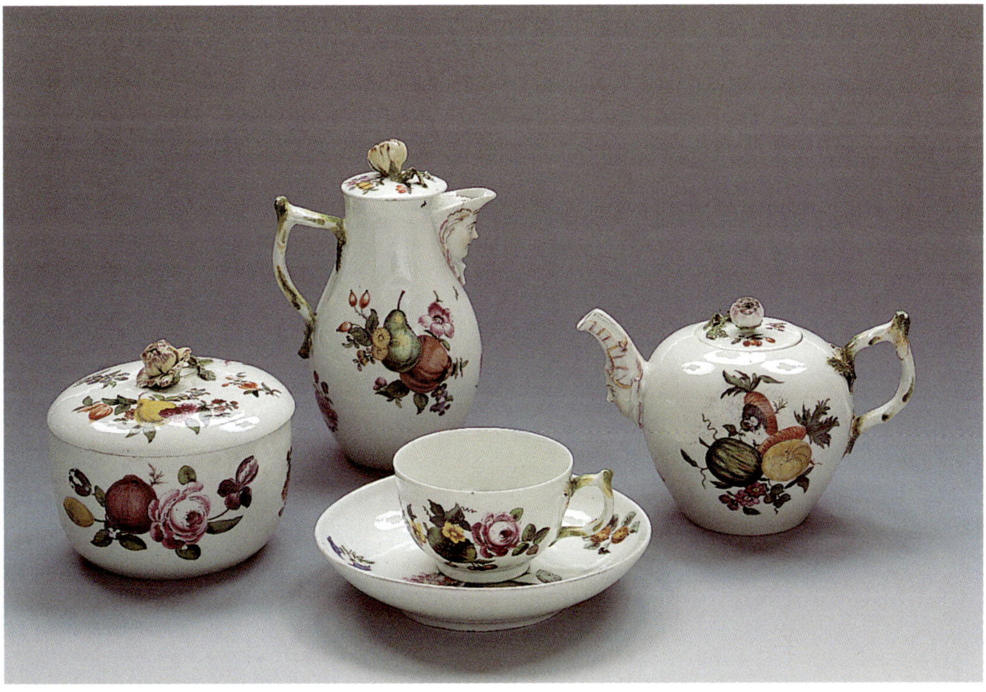

Abb. 74: Berlin, Manufaktur Gotzkowsky, Teile eines Kaffee- und Teeservices »mit bunten Blumen und Früchten«, Modell »Glatt« mit Asthenkeln und Maskaronausguß, 1761–1763

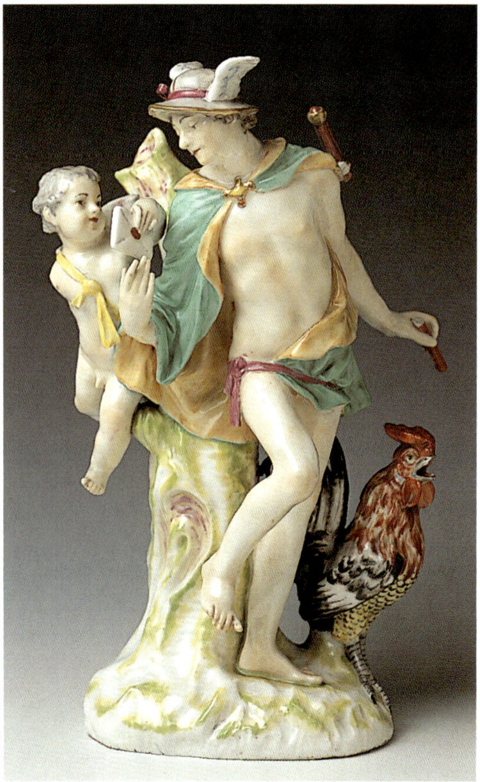

Abb. 76: Berlin, Manufaktur Gotzkowsky/KPM, Schreibzeug mit Merkurgruppe, Modell von Friedrich Elias Meyer, um 1762/63

zeigt. Die Begegnung mit der von Friedrich II. geschätzten französischen Bildhauerkunst, die Meyers Neigungen überaus entsprach, wirkte sich künstlerisch aus und empfahl den talentierten Modelleur dem preußischen König.

Friedrich Elias Meyers nur wenig jüngerer Bruder Wilhelm Christian, der vor allem als Großbildhauer in Berlin Erfolg hatte und zum Direktor der Kunstakademie avancierte, war zeitweilig als freier Mitarbeiter für die Königliche Manufaktur tätig. In seinem Werk sind bereits Tendenzen zum Klassizismus zu spüren. Gemeinsam arbeiteten die Brüder am vielteiligen Dessertaufsatz des Services für Katharina die Große, ein Staatsgeschenk Friedrichs II. an die russische Zarin. Beispiele für die Arbeiten Wilhelm Christian Meyers, vor allem mythologische und allegorische Figuren, befinden sich in unserer Sammlung. Sie lassen in ihrer monumentaleren Auffassung die Hand des Großplastikers erkennen. Insgesamt aber spielten die Figurenporzellane der Königlichen Manufaktur zur Regierungszeit Friedrichs II. eine geringe Rolle und werden von den gestalterischen Leistungen im Bereich der Service überflügelt.

Trotz der Erfolge bestand Gotzkowskys Manufaktur nur ein gutes Jahr. Sie war Teil der europaweiten Unternehmungen des Berliner Kaufmanns und Bankiers, der zu den reichsten Bürgern Preußens zählte und sein Geld vor allem mit der Textilherstellung verdiente. Zeitweilig betätigte er sich als Kunsthändler, besaß eine umfangreiche Bildersammlung und hatte zum Porzellan ein nicht nur geschäftliches Verhältnis. Dies alles war Ausdruck seines luxuriösen, am Adel orientierten Lebensstils, zu dem es gehörte, sich in Meißen ein Speiseservice zu bestellen. Das Modell »mit Gotzkowskys erhabenen Blumen« geht wohl auf seinen Auftrag zurück.

Gewagte Finanzspekulationen rissen Gotzkowskys Unternehmungen infolge der Wirtschaftskrise 1763 in den Konkurs. In dieser Situation entschloß sich Friedrich II. zur Übernahme der Porzellanfabrik, die seine Privatschatulle mit der stattlichen Summe von 225.000 Talern belastete; während seiner Regierungszeit sollte noch einmal ein ähnlich hoher Betrag in Form von Aufträgen in den Betrieb fließen. Der König wurde so selbst zum Unternehmer und zugleich sein bester Kunde. Für Preußen wurde dadurch eine gut funktionierende Porzellanmanufaktur erhalten, deren bewährter Mitarbeiterstab für die neue *Königliche Manufaktur (KPM)* übernommen wurde. Die Belegschaft konnte in den folgenden Jahren erheblich erweitert werden, und auch in die Verbesserung der technischen Anlagen wurde investiert. Systematische geologische Untersuchungen führten überdies zur Verbesserung der Rohstofflieferungen. Die Qualität des Porzellanscherbens konnte endgültig mit der Meißner Produktion konkurrieren. Die Ausweitung des Vertriebssystems mit Warenlagern auch außerhalb Preußens sorgte für guten Absatz.

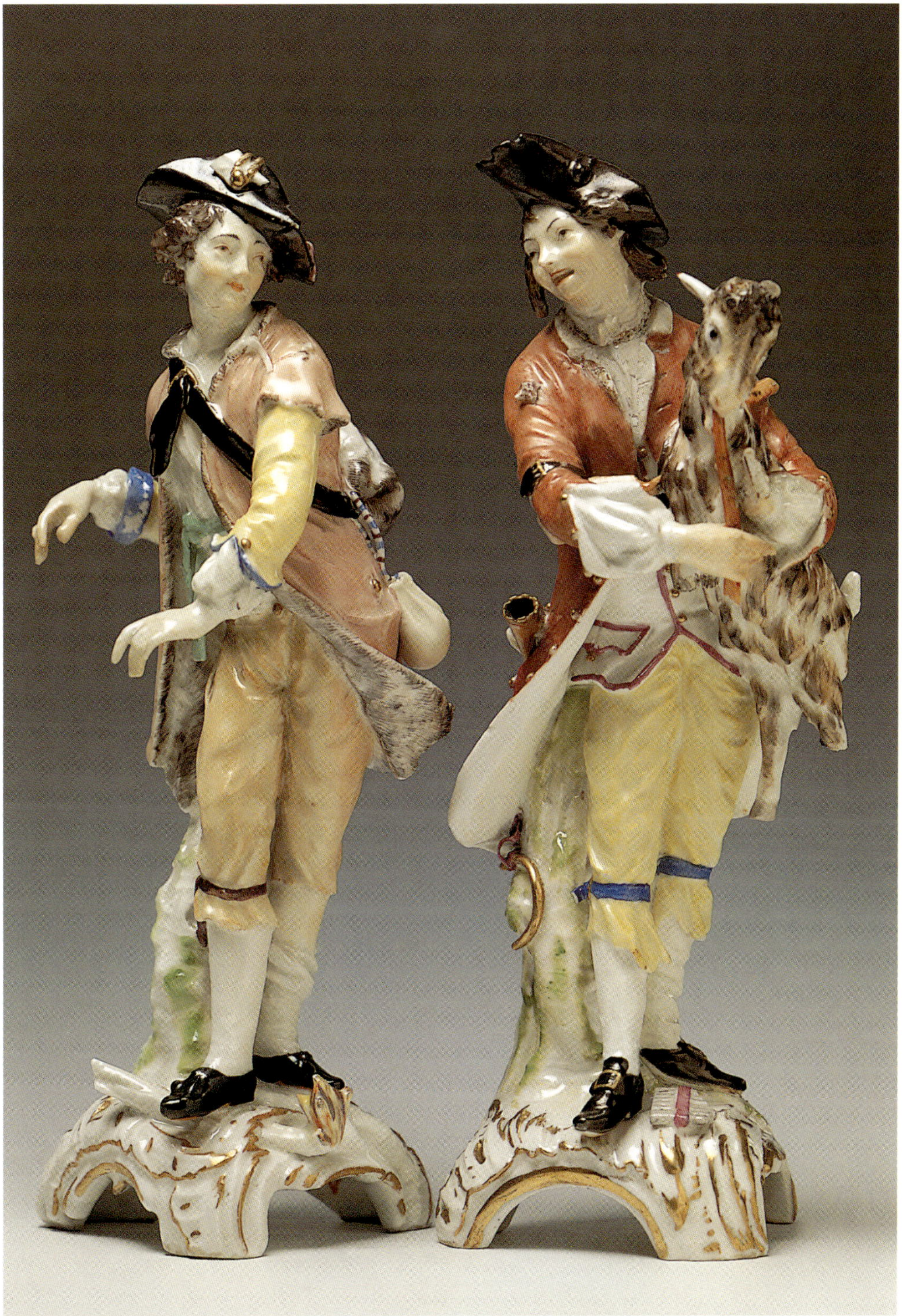

Abb. 77: Berlin, Manufaktur Gotzkowsky/KPM, Allegorie des Feuers und der Luft aus einer Folge von Schäferpaaren als Allegorien der Vier Elemente, Modelle von Friedrich Elias Meyer, nach 1763 (Tabakspfeife und Fackel des »Feuers« verloren)

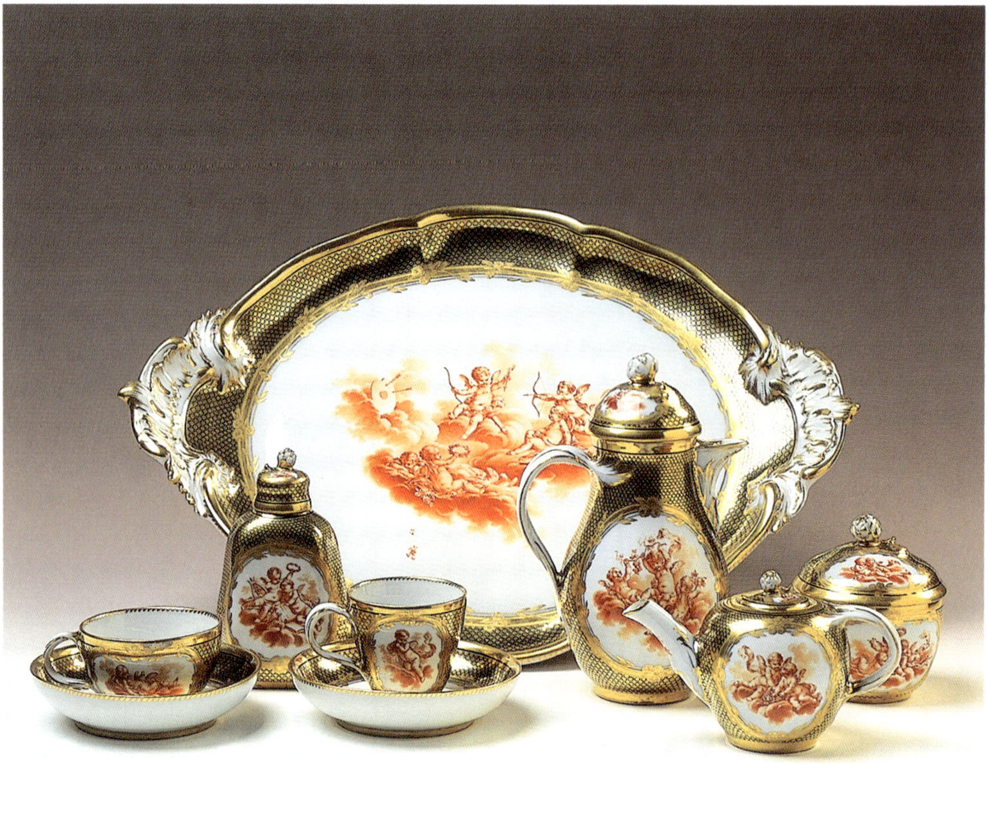

Abb. 78: Berlin, KPM, Kaffee- und Teeservice mit Goldschuppenmosaik und »Fliegenden Kindern« nach Boucher, um 1777

Die Bestellungen, die Friedrich II. bis zu seinem Tod 1786 aufgab, dienten gutteils zur Ausstattung der verschiedenen Schlösser, teils waren sie diplomatische Geschenke, die die Leistungsfähigkeit der Manufaktur unter Beweis stellten. Die königlichen Aufträge beflügelten den Betrieb und wirkten stilbildend auf die gesamte Produktion, die bis zum Ende der Regierungszeit dem Rokoko verpflichtet blieb, wenn sich auch in den 1780er Jahren »zopfige«, frühklassizistische Tendenzen bemerkbar machen. Friedrich II. bestellte im Laufe der Jahre 21 Tafelservice. Schon bald nach der Übernahme der Manufaktur entstand nach Entwurf Friedrich Elias Meyers das Modell »Reliefzierat« für das als *1. Potsdamsches Service* bekannt gewordene Eßgeschirr. 1764/65 ausgeführt, war es für das nach dem Siebenjährigen Krieg als Erweiterung der Anlagen von Sanssouci errichtete Potsdamer Neue Palais bestimmt. Der plastische Dekor nimmt Bezug auf die Raumgestaltung. Die Innendekoration des preußischen Rokoko spiegelt sich mit ihren vegetabilischen Elementen im Zierat der Porzellanform wider. Das in einem ledernen Etui verwahrte Solitaire, das diesen Dekor aufnimmt, dürfte bald danach, wohl um 1768, entstanden sein.

1769 gab Friedrich II., sehr wahrscheinlich zum Gebrauch im chinesischen Teehaus im Park von Sanssouci bestimmt, ein Service in Auftrag, für das erstmals das neue Modell »Neuglatt« ausgeformt wurde. Bemalt war es, in für die Berliner Manufaktur untypischer

Weise, mit Chinesenszenen, die freilich wenig Verwandtes mit den älteren Höroldt-Chinoiserien Meißens zeigen. Der plastische Dekor dieses Modells zeichnet sich gegenüber den älteren Geschirrformen durch Zurückhaltung aus; der malerische Dekor erhält daher entsprechend mehr Raum. Im Belvedere präsentiert sich ein *Kaffee- und Teeservice* dieses Modells, das wohl Mitte der 1770er Jahre ausgeführt wurde. Bemalt ist es mit einem Goldschuppenmosaik, das Szenen mit »Fliegenden Kindern« nach Boucher umfängt. Plastisches Eigenleben entfalten vor allem die muschelförmigen Handhaben, die Griffe der dazugehörigen Platte.

Der Vorliebe Friedrichs II. entsprechend, damit aber auch dem allgemeinen Zeitgeschmack folgend, dominierten bei den figürlichen Dekoren die Vorlagen französischer Maler. Sie bestimmten die gesamte, auch auf andere Käuferschichten ausgerichtete Produktion der Berliner Manufaktur. Bekanntlich schätzte der preußische König Watteaus galante Szenen einer Hofgesellschaft, die in Harlekinkostümen heitere Feste feierte, besonders. Watteau-Malerei auf Porzellanen hatte es bereits in Meißen gegeben. In Berlin erfuhr sie nach der Jahrhundertmitte nochmals eine künstlerische Steigerung, wobei Isaac Jacob Clauce als Leiter der Malerwerkstatt manches vermittelte. Friedrichs II. Begeisterung für Watteau zeigte sich beim Erwerb von Gemälden aus der bedeutenden Sammlung des Jean de Jullienne, die nach dessen Tod 1766 versteigert wurde. Die umfangreiche Kollektion von Watteau-Gemälden hatte bereits 1726 die Grundlage für das von demselben edierte Stichwerk geliefert, den sogenannten Recueil Jullienne. Die ungeheure Wirkung des bereits 1721 verstorbenen Watteau, speziell seine Rezeption in der Porzellanmalerei, basierte auf dieser weitverbreiteten Bildersammlung, an der französische Stecher mitarbeiteten, unter ihnen der junge François Boucher. Die Watteau-Szenen wurden farbig angelegt, wie im Fall unseres Solitaires mit Reliefzieraten, oder »en camaieu« ausgeführt, d. h. als Ton-in-Ton-Malerei mit einer bestimmten Farbe, bevorzugt in Rottönen wie Purpur oder Eisenrot, weil diese dem Effekt der für die Zeit typischen Rötelzeichnungen in idealer Weise entsprachen.

Neben dem Meister der »galanten Feste« war es der eine Generation jüngere und im Geiste Watteaus ausgebildete François Boucher, der durch seine Malerei – sowie durch die auch in seinem Fall bald als Vorbildersammlung entstehenden Stichwerke – die gesamte dekorative Kunst Frankreichs und auch Deutschlands beeinflußte. Seine Bilderfindungen prägten das Kunsthandwerk in vielen Bereichen, auch die Porzellandekore. Zu den Szenen, die auf den Servicen für die modischen Heißgetränke Kaffee, Tee und Schokolade während der Zeit Friedrichs II. in der Berliner Manufaktur häufig erscheinen, gehören die schon erwähnten »Fliegenden Kinder auf Wolken«, die außer dem genannten Kaffee- und Teeservice ein Tête-à-tête in unserer Sammlung zieren. Die heitere, doch zurückhaltend stille Bildwelt Watteaus wird hier durch die erotisch unterlegten Szenen nackter Kinder mit flatternden Draperien und Blumengirlanden ersetzt.

G.-D. U.

Thüringer Porzellan

Der Bestand an Thüringer Porzellanen in Weimar hat seine eigene Sammlungsgeschichte. Nicht die herzogliche Sammlung gab diesem Bestand das Profil, sondern Erwerbungen, die seit Beginn des 20. Jahrhunderts unter musealen Gesichtspunkten erfolgten.

1904 richteten die beiden Leipziger Kunstwissenschaftler Dr. Richard Graul und Dr. Albrecht Kurzwelly im dortigen renommierten Grassimuseum eine umfassende Ausstellung mit Thüringer Porzellanen des 18. und frühen 19. Jahrhunderts ein. Was sie zutage brachten, ließ nicht nur Museologen, Kunsthändler und Sammler erstaunen. Hier wurde etwas vorgestellt, das in seiner Eigenart deutlich gegenüber den längst bekannten und anerkannten Porzellanschöpfungen des 18. Jahrhunderts abgegrenzt werden konnte.

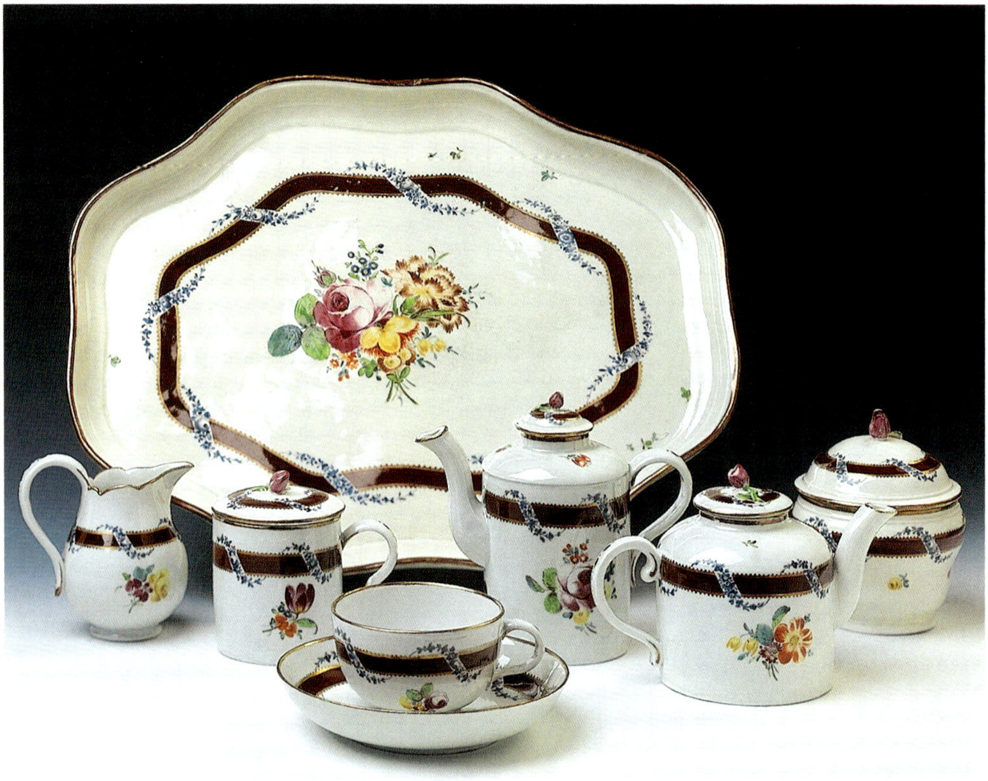

Abb. 79: Limbach, Tête-à-tête mit Deckeltasse, um 1780

Es war um 1760, als im Thüringischen gleich mehrere originelle wie bedeutende Persönlichkeiten, unabhängig von der Leistung Böttgers, die Nacherfindung des Porzellans erbrachten: in Sitzendorf Georg Heinrich Macheleid, ein gelernter Pastor und Sohn eines Laboranten und Olitätenhändlers, in Limbach die kundigen Glas- und Glasfarbenmacher Johann Gotthelf und Johann Gottfried Greiner, in (Groß-) Breitenbach der tragisch endende Glasmeister Christian Zacharias Gräbner. Der denkwürdige, aus dem Süddeutschen zugewanderte Hüttenmeister Johann Wolfgang Hammann, später Mitbesitzer in Wallendorf, zeigte nach mehr als fünfjährigem Laborieren in Katzhütte im September 1760, fast gleichzeitig mit Georg Heinrich Macheleid, dem zuständigen Schwarzburger Hof in Rudolstadt das endliche Gelingen von guten Stücken an. Schenken wir seinem späteren Kompagnon Gotthelf Greiner Glauben, so hatte er jedoch zeitweilig einige Arkanisten in Dienst genommen.

In Gotha wurde durch die Initiative des naturwissenschaftlich und künstlerisch aufgeschlossenen Oberhofmeisters Wilhelm Theodor von Rotberg bereits um 1757/58 in einem Kleinstbetrieb Porzellan hergestellt. Es ist bekannt, daß auch von Rotberg fachkundige Hilfe in Anspruch nahm. In Kloster Veilsdorf bei Hildburghausen, eine der renommiertesten der Altthüringer Fabriken, fabrizierte man von 1760 bis 1763 zunächst Fayencen. Dafür gibt es heute eindeutige Belege. Erst als Nikolaus Paul d. J. in der technischen Leitung Abraham Ripp ablöste, scheint die Fabrikation eines »ächten« Porzellans funktioniert zu haben. Wohl aber war dem versierten und ver-

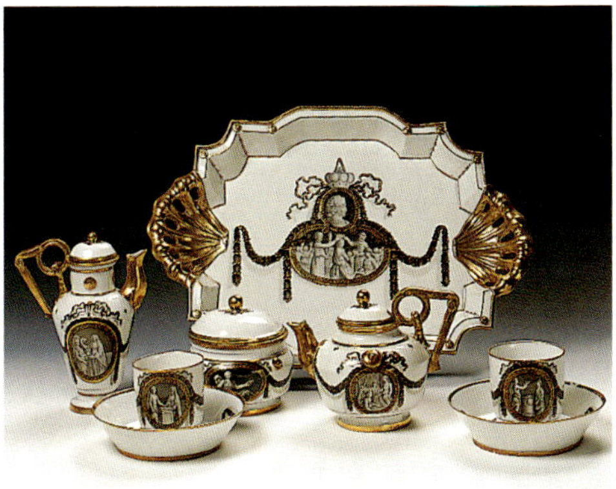

Abb. 80: Volkstedt (?), Déjeuner aus herzoglich sächsisch-weimarischem Besitz mit dem Porträt Herzog Carl Augusts auf der Anbietplatte; die übrigen Stücke zeigen grisaillenartige Medaillons mit antiken Szenen, um 1800

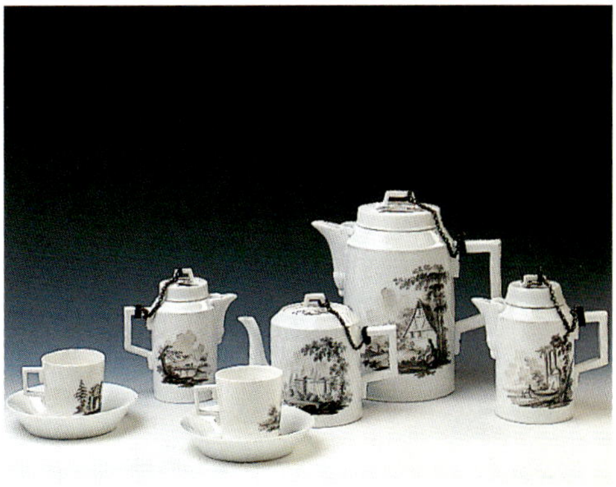

Abb. 81: Gotha, Frühstücksgeschirr mit in Sepiamanier gemalten Landschaften, nach 1796

dienstvollen Mäzen des Veilsdorfer Unternehmens, dem Prinzen Friedrich Wilhelm Eugen, seine Fabrik fast »die einzige Unterhaltung«. Mit Ausnahme der Manufakturen in (Groß-) Breitenbach, Ilmenau (beide 1777) und Gera (1779) fallen die restlichen Gründungen der Altthüringer Fabriken in die Zeit nach 1780, da das Geheimnis des »Arcanums« schon weitgehend gelüftet war. 1783 entstand durch den Unternehmungsgeist von drei Greiners der Betrieb in Rauenstein als eine der fruchtbarsten der »Wald-Fabriquen«. Es folgten, um die wichtigsten Orte herauszustellen, 1790 Blankenhain bei Weimar, 1794 das damals auf preußischem Gebiet gelegene Tettau, 1796 Eisenberg und 1800 Pößneck. Vor allem die günstigen natürlichen Voraussetzungen – Rohstoffe, der Holzspender Wald, billige Wasserkraft und ausreichend Arbeitskräfte – hatten ihre Etablierung in dieser Anzahl und auf so engem Raum ermöglicht. Und so geschah es, daß sich das damals in mehr als zehn kleine, meist arme und verschuldete Herzog- bzw. Fürstentümer zersplitterte Land zu einem der Zentren der deutschen Porzellanindustrie entwickelte.

Und was auch wichtig erscheint: Die leistungsfähigen Fabriken gehen hier und bereits im 18. Jahrhundert überwiegend auf bürgerliche Initiative zurück. Nicht mehr Fürsten, bürgerliche Gewerbetreibende, in der Regel Kompagnien, waren die Besitzer dieser Unternehmen. Genau besehen, bildet allein die Manufaktur in Kloster Veilsdorf eine Ausnahme. So bildeten sich von Anbeginn neue, rationelle Produktionsmethoden und ein neues Absatzsystem heraus. Und hinzu kam das Bemühen, sich neue, zunehmend bürgerliche und kleinbürgerliche, im Verlauf der Zeit auch bäuerliche Abnehmerkreise zu erschließen und das Angebot entsprechend zu erweitern. Zwangsläufig ergab sich eine volkstümliche Ausrichtung in der Auffassung, in Form und Dekor. Die vorrangige Beachtung galt den Artikeln des täglichen Gebrauchs, die in erster Linie natürlich das breite Sortiment des Geschirrporzellans umfaßten. Dennoch wurden die ästhetischen Belange nicht außer acht gelassen. Aus einem natürlichen, stilsicheren Empfinden heraus sind Funktion und Anmut in vorbildlicher Weise verbunden worden. Und über die gutdurchschnittliche, die geldbringende Stapel- und Massenware hinaus gibt es Ergebnisse von hochtalentierten Porzellinern, von Modelleuren, Bossierern, Schmelzmalern vornehmlich aus *Kloster Veilsdorf*, *Volkstedt*, *Gotha*, *Wallendorf* und *Limbach*, die einen Vergleich mit Erzeugnissen der sächsischen, der Berliner oder süddeutschen Manufakturen nicht zu scheuen brauchen.

Zurück zu den »Thüringern« in Weimar, die als einer »thüringischen Sammlung« schon in der Ausstellung der zwanziger Jahre einen bevorzugten Platz erhielten. Bei Durchsicht der Inventare wird evident, daß der Grundstock der Kollektion mit spezifischen und künstlerisch hochwertigen Exponaten schon damals vorhanden war. Noch heute gehören sie zu den kostbaren Stücken der Weimarer Sammlung. Zu ihnen zählen voran die beiden *Gefesselten Sklaven*, um 1762 in Volkstedt von Wenzel Neu (Ney) nach einem Bronze-Bildwerk des Pietro Tacca (1577–1640) vom Denkmal in Livorno gearbeitet. Zur Sammlung gehörten bereits auch die anmutig-frische, plastisch vortrefflich gelöste Volkstedter Figur *Gärtnerin mit Gießkanne* (um 1775/80) und das mit dem Fürstenhaus Schwarzburg-Rudolstadt verbundene, von Franz Kotta modellierte *Hochzeitsmonument*. Es entstand 1780 auf die Verbindung des Erbprinzen Friedrich Carl mit Auguste Ludovice Friederike von Sachsen-Gotha.

Aus einer schon geschätzten Periode der Manufaktur in Gotha kommen unter anderem drei vorzügliche *Frühstücksgeschirre*, darunter das Tête-à-tête mit zartfarbenen weiblichen Figuren und Putten in antiker Manier und ein gleiches mit porträthaftem Silhouettendekor in zierlich gerahmten Medaillons, beide aus der Zeit um 1780. Schenk zu Schweinsberg vermerkt dazu: »[...] den Meißener Stücken dieser späten Zeit gewachsen an Eleganz und überlegen in der besonderen Zartheit der Wirkung«. Gerühmt wird zudem die kultivierte Bemalung einer Gothaer Platte, die auf eine Stichvorlage von Johann Jacob Nilson, Augsburg, zurückgeht. Und recht gut vertreten ist zu dieser Zeit bereits auch die fürstliche Manufaktur in Kloster Veilsdorf, die im Altthüringer Figurenporzellan wohl das Beste geleistet hat. Neben Planeten- und Jahreszeiten-

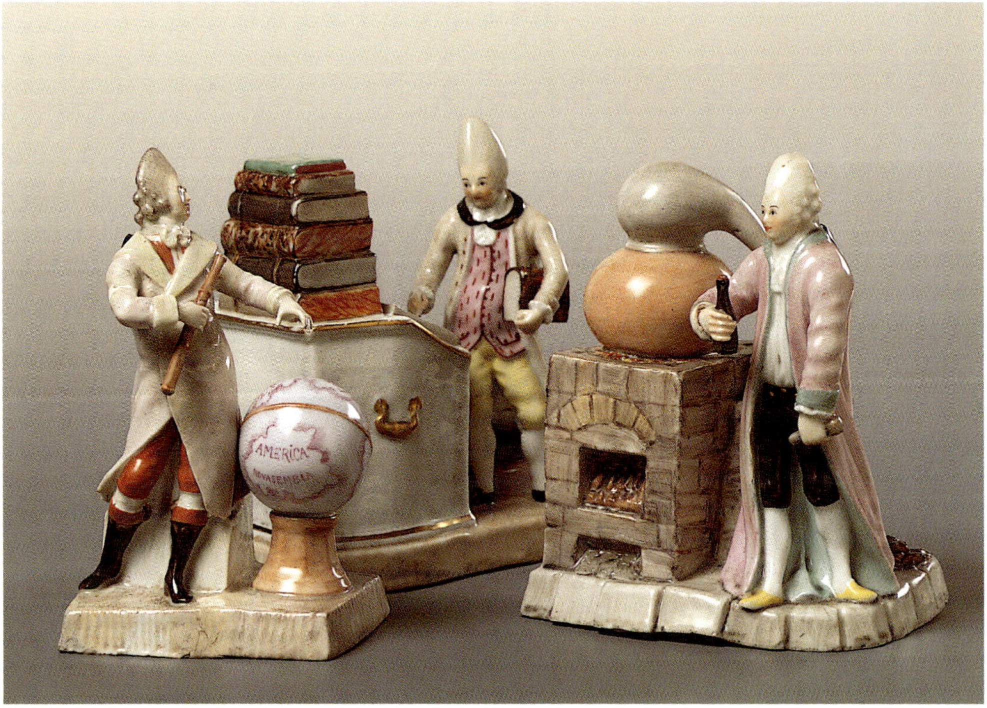

Abb. 82: Wallendorf, Geograph, Kaufmann und Alchimist aus der Folge von Berufsdarstellungen, Modelle von Johann Heinrich Haag, um 1790

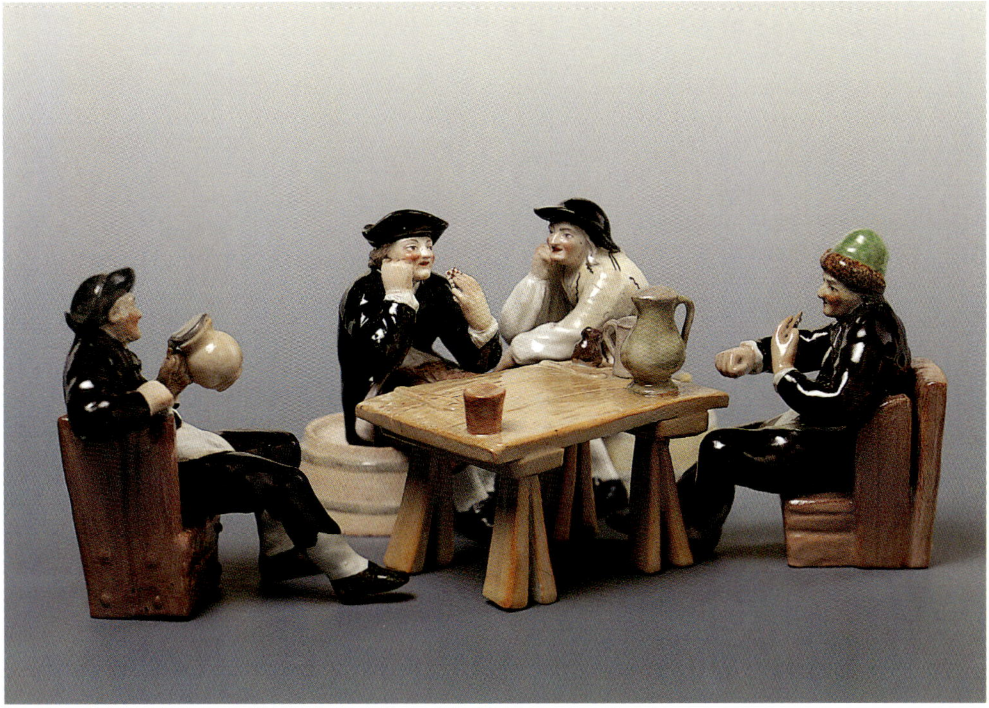

Abb. 83: Kloster Veilsdorf, Zechende Bauern, Modelle von Franz Kotta nach niederländischen Bildvorlagen, 1782–1787

figuren sind hervorzuheben die anmutige *Radleierspielerin* (1766), modelliert von Göring und abgeformt von Pfränger sen., und ein figurierter *Leuchter*, nach einer französischen Stichvorlage 1768 von Friedrich Wilhelm Eugen Döll (einem der befähigten Schüler Wenzel Neus) modelliert. Auch reizvolle Geschirrporzellane, gern mit feinen Reliefs und ebenso feiner Staffierung versehen, repräsentieren Stil und Leistung Kloster Veilsdorfs: kleine Kannen, eine Sauciere, eine Kumme, mehrere Teller, Leuchter, eine Anbietplatte und ein Täßchen, nachweislich bemalt von dem Buntmaler Gottfried Theodor Döll, dem Bruder des schon genannten Modelleurs. Ein Prachtexemplar kommt aus Wallendorf, der *Galoppierende Husar*, um 1775/80 gefertigt. Zu ihm gesellen sich aus der gleichen Manufaktur liebenswerte Gärtner-(Jahreszeiten-)figuren, betont kleinbürgerlichen bis ländlichen Anstrichs. Aus Limbach, einer der »Wald-Fabriquen« Johann Gotthelf Greiners, zeigte die frühe Ausstellung zwei der später komplettierten Figuren aus der wohlbekannten Folge der *Erdteile* (um 1775), dazu Geiger und Cellist (um 1775/80) als typische der Limbacher Musikantenfiguren. Natürlich, mit glaubwürdiger Pose stehen sie auf purpurgehöhten rocaillierten Sockeln, ihr Instrument hingebungsvoll spielend. Alter Bestand ist schließlich auch das einprägsame bäuerliche *Kiepenträgerpaar* (um 1790) aus der ostthüringischen Manufaktur Gera.

Die weitere Komplettierung der Kollektion ist Ausgang der zwanziger und in den dreißiger Jahren bis hin zum Ausbruch des Zweiten Weltkrieges, nicht minder in den Jahrzehnten nach 1945 erfolgt. Bereits die Publikation von Renate Müller-Krumbach (1973) gibt eine Vorstellung von dem erfreulichen Zuwachs an hochwertigen Stücken aus namhaften Altthüringer Manufakturen. Bemerkenswert dabei die aus dem zentralen Kulturfonds finanzierten Neuerwerbungen im Jahre 1976 aus

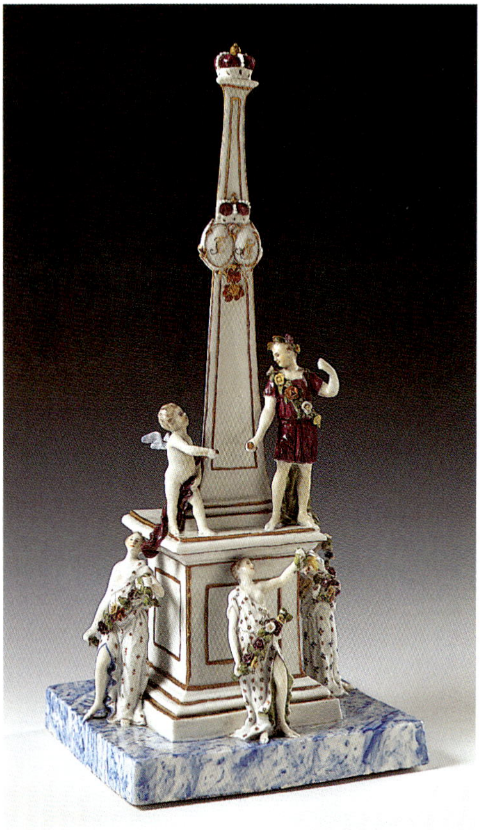

Ab. 84: Volkstedt, Obelisk als Tischmonument zur Hochzeit des Fürsten Friedrich Carl von Schwarzburg-Rudolstadt mit Auguste Ludovice Friederike von Sachsen-Gotha, Modell von Franz Kotta, 1780

einer Erfurter Privatsammlung. Begrenzt galt das Interesse, um die Weiterentwicklung – Ab- und Aufstieg – in der Thüringer Porzellankunst zu verdeutlichen, den wohl technisch perfektionierten, doch weitgehend unschöpferischen Erzeugnissen des späteren und späten 19. Jahrhunderts wie auch den gewichtigen Leistungen um die Jahrhundertwende und des frühen 20. Jahrhunderts.

Zu den glanzvollen Alt-Volkstedter Exponaten zählt die nun vollständige, um 1780 zu datierende Folge der *Vier Elemente*. Die Figurenpaare, wiederum erfreulich realistisch aus der Welt des Kleinbürgertums gespeist, stehen unter aufwendig modellierten, wenn auch etwas »putzig« anmutenden Bäumen. Auch die Gruppe *Von Hunden gehetzter Eber* (um 1770/75) zielt in dem etwas derben Realismus ins unverkennbar Provinzielle, Rustikale. Im Bereich des Alt-Volkstedter Gefäßporzellans gehören dazu eine prächtige, kraftvoll mit Blumen staffierte und mit plastischen Girlandenhenkeln ausgestattete Vase (ursprünglich wohl mit Deckel, um 1775), ein Paar frühe, wiederum plastisch verzierte, dazu mit kleinen Buketts und Purpurdekor feinbemalte Leuchter (um 1770/75), ein liebenswerter kleiner Blumenübertopf (Cachepot, um 1775/80) wie eine Deckeldose (um 1780/90) mit bunter Blumenmalerei von außerordentlicher Qualität. Um oder bald nach 1800 wurde in Volkstedt (?) das für Herzog Carl August bestimmte Frühstücksservice gefertigt, schon mit ausgeprägt klassizistischem Einschlag in origineller Formgestaltung. Man sollte annehmen, daß es vom Hof eher in der zum Herzogtum gehörigen Manufaktur Ilmenau bestellt worden wäre.

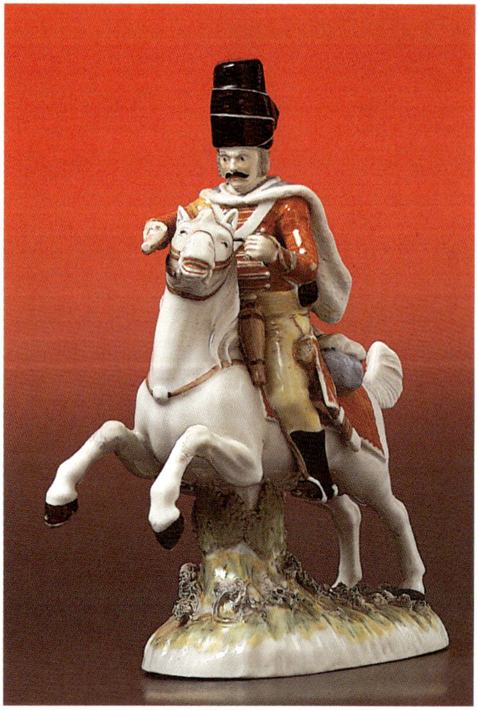

Abb. 85: Wallendorf, Galoppierender Husar, um 1780

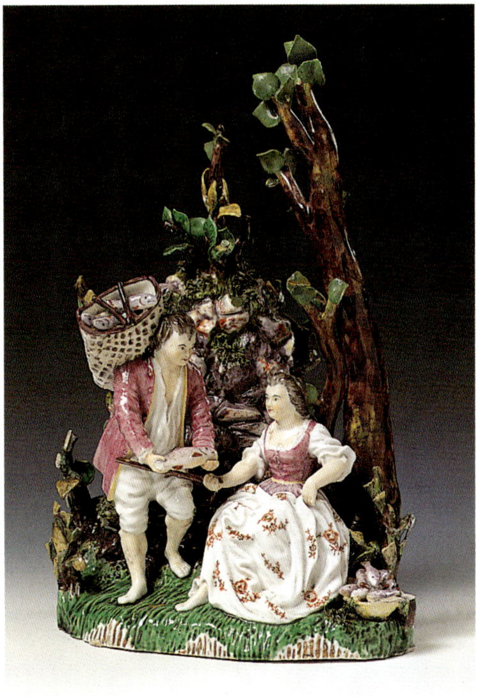

Abb. 86: Volkstedt, Junges Fischerpaar als Allegorie des Wassers aus der Folge der Vier Elemente nach Jacopo Amigoni, um 1775

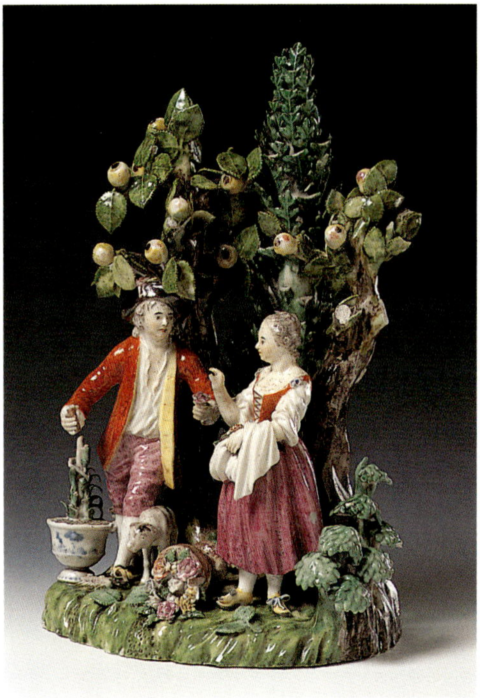

Abb. 87: Volkstedt, Junges Gärtnerpaar als Allegorie der Erde aus der Folge der Vier Elemente nach Jacopo Amigoni, um 1775

Aus dem schönen Bestand der Kloster Veilsdorfer Figurenplastik seien hervorgehoben der *Mezzetin* aus der vielgerühmten und oft präsentierten Folge der *Italienischen Komödie* (modelliert 1764/65 von Wenzel Neu), die Gruppe *Holländische Bauern*, die Ludwig Daniel Heyd erstmals 1769 nach Kupferstichvorlagen modellierte, das seinem Charakter nach höfische Paar *Jäger und Jägerin* (um 1785/90) wie auch der prachtvolle, auf Natursockel stehende *Eber* (um 1775/80). Gleich den Plat-de-Menage-Figuren zum Schmuck der Tafel bestimmt war auch ein im Geschmack der Zeit kunstvoll in Porzellan nachgebildeter *Nelkenstock* (um 1785), in einem Blumenübertopf mit plastischen Bocksköpfchen und reliefierter Girlande im Louis-seize-Stil. Auch kleinere Stücke der Manufaktur wie Stockknäufe, Pfeifenköpfe, »Wickelkinder« (Nadelbüchschen) bestechen durch ihre Qualität, so ein früher figurierter Stockgriff, um 1767 vermutlich von F. W. E. Döll modelliert und von G. Th. Döll staffiert.

Noch älterer Weimarer Bestand ist eine *Biskuit-Büste* (um 1772/73) aus der Gothaer Manufaktur, wohl den dortigen jugendlichen Herzog Ernst Ludwig darstellend und von Friedrich Wilhelm Eugen Döll modelliert. Bereits 1770 war Döll aus Kloster Veilsdorf nach Gotha übergewechselt und, nach Zwischenstationen, seit 1782 als Hofbildhauer und Leiter der von ihm gegründeten Zeichenschule hier tätig. Die Biskuit-Büsten und die Medaillen sind im übrigen eine Besonderheit der Gothaer Fabrik. Zu einer Spezialität wurden auch, angeregt durch die Antiken-Sammlung am Hof, die Vasen und Geschirre im Stil der griechisch-italischen Tongefäße. Noch in die Rokokoperiode der Fabrik gehört eine unbemalte, aber kreativ und feinsinnig reliefierte große Fischplatte. Mit Gotha ebenfalls eng verbunden sind zwei reich vergoldete

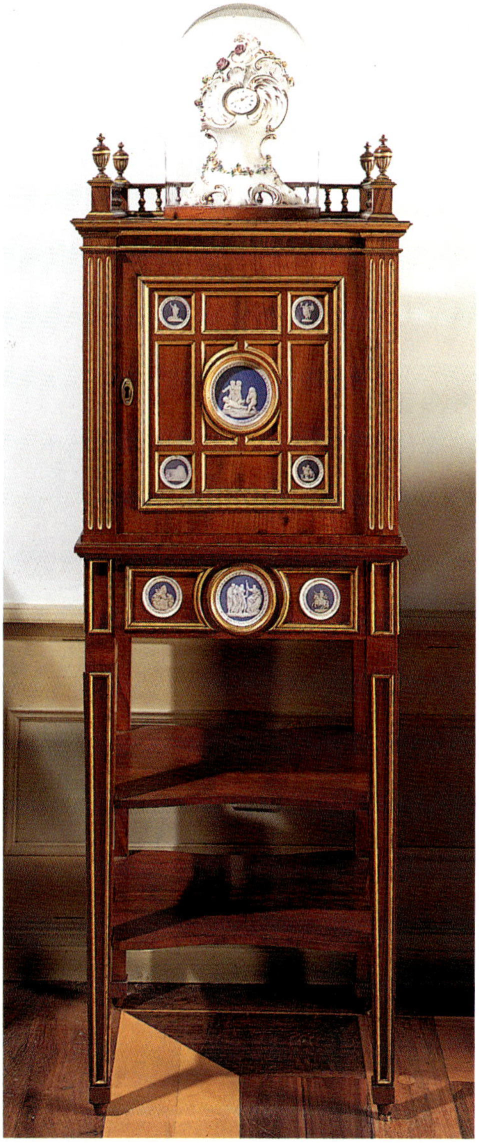

Abb. 88: Johann Wilhelm Kronrath, Kabinettschränkchen mit Ilmenauer Plaketten, Mahagoni furniert mit vergoldeten Profilleisten, um 1800

und mit feinen Medaillon-Bildnissen (Bernhard von Lindenau und Herzog Friedrich IV. von Sachsen-Gotha-Altenburg) versehene klassizistische Tassen. Einer der besten der Gothaer Buntmaler, Johann Friedrich Rottmann, staffierte um 1810 eine wiederum im klassizistischen Stil kostbar dekorierte und reich vergoldete Tasse mit Untertasse. Rottmann, zunächst Mitglied des Konsortiums, verließ 1807 die Manufaktur und etablierte in Gotha eine eigene Schmelzmalerei.

Bekannt ist uns auch der Name des begabten, einfallsreichen Staffierers (und zugleich wohl Modelleurs) der Wallendorfer Folge der *Berufsdarstellungen*. Johann Heinrich Haag hat sie um 1790 gefertigt, und gleich drei von ihnen, *Der Kaufmann* (dessen Kontobuch mit voller Signatur und der Jahreszahl »1792« versehen), *Der Geograph* und *Der Alchimist*, sind in Weimar vorhanden. Sie ordnen sich zu den übrigen Wallendorfer Figuren, Musikanten, Kleinbürgern, Landleuten, die ungeachtet ihrer provinziellen Note fein und eigenständig erfaßt und plastisch gekonnt durchgebildet sind. Qualitativ ins Auge fällt noch eine *Allegorie der Sonne*, zu der sich eine Anzahl kleinerer Figuren gesellt, darunter solche mit den so typisch aufgetürmten Frisuren. An Wallendorfer Geschirrporzellan, das, auffallend vielseitig, gute und originelle Modelle einschließt, ist im Belvedere leider kaum etwas zu finden. Anders verhält es sich mit den Beispielen aus der Limbacher Manufaktur. Hier kann die Weimarer Sammlung, neben anderem, mit einem besonders liebenswerten Service aufwarten. Es ist ein noch in der Frühzeit Gotthelf Greiners entstandenes *Déjeuner* (um 1780), mit Platte, Kännchen, Deckeldose und -tassen, die Malerei geprägt von braunen Bändern mit blaugrüner Spitzenborte, diese von zarten Blumengirlanden umwunden. Aus dem reichen Sortiment der in sich gut zu gruppierenden Limbacher Figuren konnten die mehr repräsentativen *Erdteile* aus der Frühzeit komplettiert werden. Eine andere Handschrift und Mentalität wird bei den stückmäßig ebenfalls ergänzten *Musikanten* offenkundig – bei aller gelegentlichen Unbeholfenheit und Komik ist doch nichts stümperhaft.

Auch dem Glasmeister Christian Zacharias Gräbner, einem Schwager Gotthelf Greiners, darf man die eigenständige Nacherfindung des Porzellans in Thüringen wohl zutrauen. Nach gescheiterten Bemühungen in (Groß-)

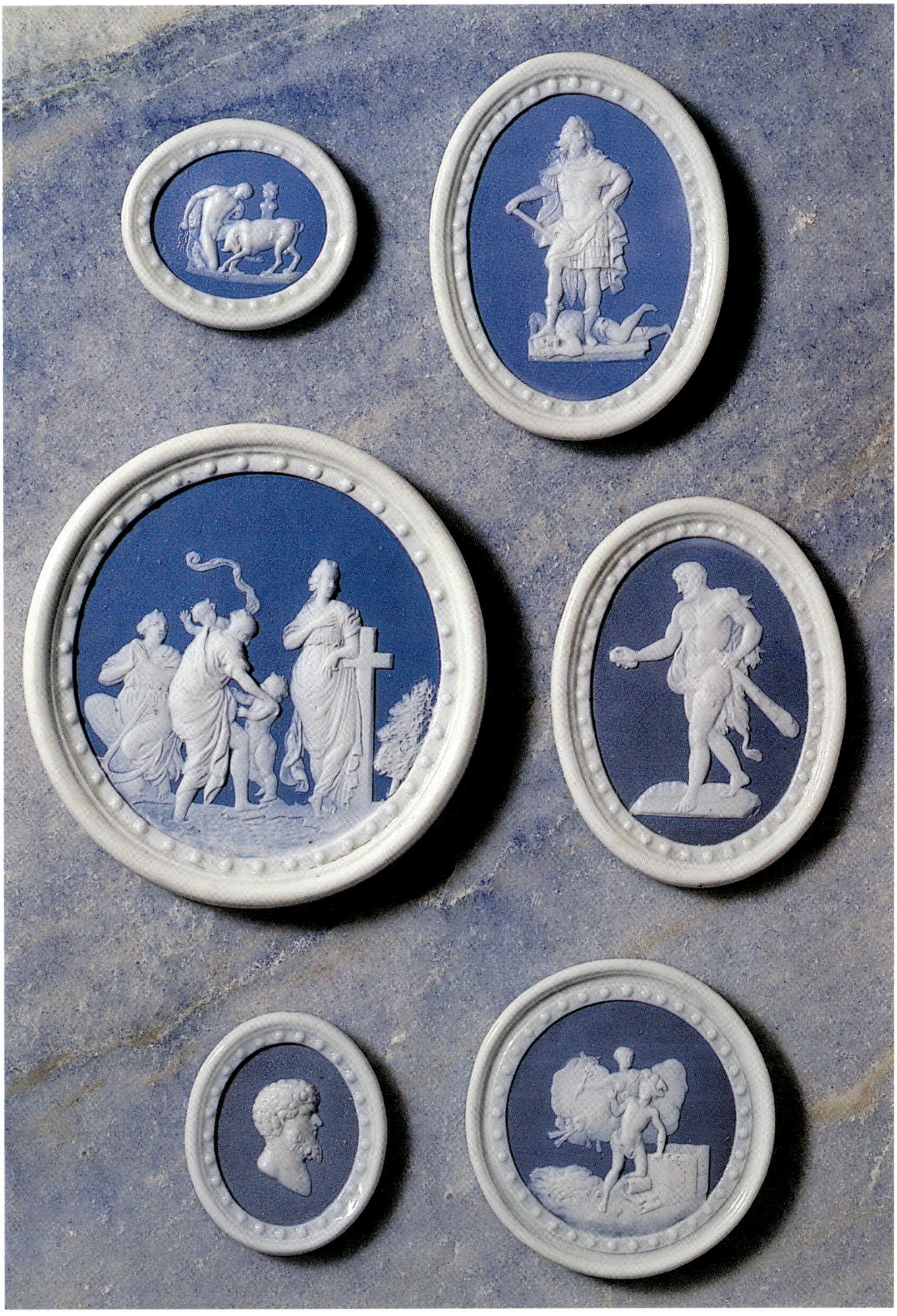

Abb. 89: Ilmenau, Medaillons und Plaketten in Wedgwood-Manier mit Darstellungen antiker und christlicher Allegorien, Szenen aus der Herkulesmythologie und Profilbildnis des Demosthenes, Biskuit-Porzellan, 1810–1820

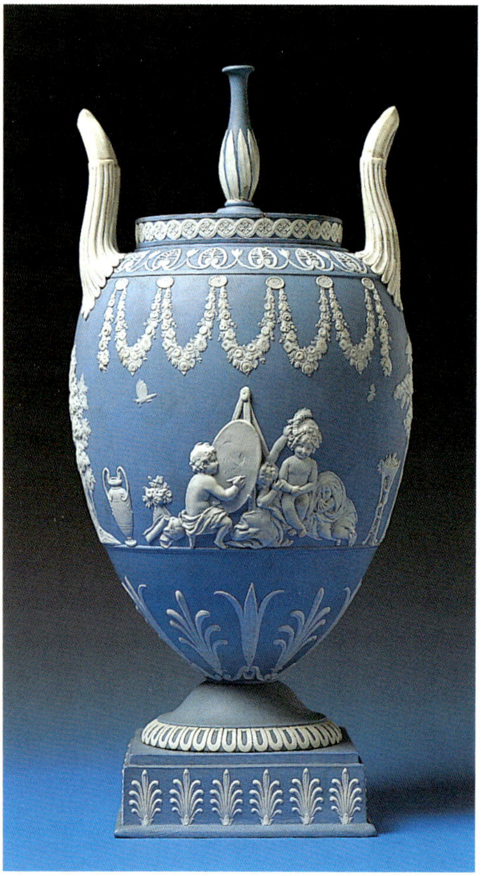

Abb. 90: Manufaktur Josiah Wedgwood, Potpourri in Urnenform mit allegorischen Darstellungen der Malerei und der Musik, Jasperware um 1800

Breitenbach gründete er schließlich 1777 die Porzellanfabrik in *Ilmenau*. Friedrich Justin Bertuch, der Weimarer »Kaufmann der Goethe-Zeit«, Gotthelf Greiner als zeitweiliger Pächter und Christian Nonne aus Volkstedt verhalfen ihr zu wirtschaftlicher Blüte. Neben wohlfeilen, gangbaren Fabrikaten wurde auch Feineres mit einer qualitätvollen Rötel-, Grisaille- und Chromgrünmalerei gepflegt. Zu ihm gehört, die Tassen schon in betont klassizistischer Form, das Weimarer *Déjeuner* (um 1800) mit lichtbraunen Landschaften aus der Umgebung von Ilmenau und filigranen Goldgirlanden. Und sehr fein auch ein *Solitaire* (nach 1800), mit bukolischen Landschaften in brauner Camaieumalerei in goldgeränderten Medaillons. Christian Nonne verdankte die Ilmenauer Fabrik, als eine ihrer Spezialitäten, die gegen 1800 anhebende Fertigung blau-weißer Gefäße und *Plaketten* in der Art der Jasperware des Josiah Wedgwood. Letztere schmückten, Weimar bezeugt es, selbst Möbelstücke aus der Zeit.

Unter den ostthüringischen Manufakturen gebührt zweifellos, vor Eisenberg und Pößneck, derjenigen in *Gera* der Vorrang. 1779 wurde sie, nicht in der herkömmlichen Weise, gegründet und erhielt noch im gleichen Jahr im »Gelben Haus« in Gera-Untermhaus ihr erstes Domizil. Bereits im März 1780 ging der verschuldete Betrieb in den Besitz zweier Greiners, der Brüder Georg Wilhelm und Johann Andreas, aus Volkstedt über. Des markanten Paares der *Kiepenträger* in der Weimarer Sammlung ist schon gedacht worden. Aufmerksamkeit verdient jedoch auch ein für Gera durchaus typisches *Kaffeeservice* (gegen 1785). Einige Meißner Stücke nämlich, drei Kännchen und eine Zuckerdose, sind durch Tassen mit Untertassen nebst Anbietplatte zu einem Service vereint worden. Sie ist zunächst schon prächtig, natürlich in Meißner Art, die Bemalung etwa der ovalgeschweiften und goldgeränderten Anbietplatte: Watteau-Figuren unter girlandengeschmückten Holzspalieren, dazu Blumenketten, Streublumen und Insekten in polychromer Malerei. Freilich, schaut man näher zu, dann ist der Wandel in der Gesinnung evident, sind hinsichtlich des Scherbens wie der Staffierung Original und Kopie bald zu scheiden.

Und zu einer jeden musealen oder privaten Sammlung gehören auch die einmal verbreiteten »Massen«-Artikel wie Pfeifenköpfe, Köppgen, Gewürznäpfe, Besteckbänkchen, Nadelbüchschen – so auch in Weimar. Gelegentlich sind sie auch von den »besseren« Malern staffiert worden und bestechen durch Qualität und Originalität. Vor allem aber runden sie in liebenswerter Weise ab und vervollständigen das Bild vom damaligen Sortiment gerade der Thüringer Fabriken.

H. Sch.

Französisches Porzellan

Sèvres, zwischen Paris und Versailles gelegen, ist seit 1756 Standort der Porzellanmanufaktur. Die Produktion nahm ihren Ursprung in der 1738 in Vincennes als Privatunternehmen gegründeten Manufaktur. Im Jahre 1753 mit königlichen Privilegien ausgestattet, ging die Porzellanmanufaktur Sèvres sechs Jahre später in das Eigentum König Ludwigs XV. über.

In Frankreich war das Frittenporzellan (pâte tendre) – ein Weichporzellan, das kein Kaolin enthält und eher mit Glas verwandt ist – lange Zeit gebräuchlich. Auch wenn die Haltbarkeit und Widerstandsfähigkeit des Frittenporzellans gering war, wurde dieses Material aufgrund der außerordentlichen Leuchtkraft der Farben bevorzugt. Die niedrige Brenntemperatur ermöglichte eine reichhaltige Farbpalette, die vor dem Brand auf die bleihaltige Glasur aufgetragen wurde. Erst rund 60 Jahre nachdem in Meißen die Mischungsverhältnisse für Porzellan bekannt waren, führte man auch in Sèvres das Hartporzellan ein. Mit dem Dekret vom 16. Mai 1784 wurden die königlichen Privilegien der Sèvres-Manufaktur gelockert. Nunmehr durften auch neun Pariser Porzellanmanufakturen neben ihrer Malerei mit nur einer Farbe die Buntmalerei und Vergoldung in ihr Repertoire aufnehmen.

Das Sèvres-Porzellan ist bekannt für seine leuchtenden Farbfonds. Für das Weichporzellan wurden die blauen, grünen und rosa Farbtöne bevorzugt. 1749 hatte man das Königsblau (bleu du roy) und vier Jahre später das Himmelblau (bleu céleste) erfunden. Beide Farben der berühmten Sèvres-Blautöne sind auch auf Porzellanen im Belvedere vertreten. Das *Teeservice* von 1754 mit Puttendarstellungen, umrahmt von Königsblau mit Golddekor, besteht aus einer ovalen Anbietplatte, einer kugelförmigen Kanne, zwei Tassen mit Unterschalen und einer runden Deckeldose für Zucker. Das abgebildete *Deckelvasenpaar*, aus dessen unterem himmelblauen Bereich mit Goldbemalung die obere Vasenhälfte einschließlich Deckel in kanneliertes weißes Porzellan mit Blumendekor übergeht, stammt ebenfalls aus dem Jahr 1754. Ein weiteres Teeservice aus Sèvres um 1760 in den Farben blau, rosa, gold auf weißem Grund mit Girlandendekor weist an den beiden Teetassen geflochtene Asthenkel mit Goldstaffierung auf.

Westlich von Paris existierte in *Saint-Cloud* bis zur Produktionseinstellung im Jahre 1766 die zweitälteste Porzellanmanufaktur Frankreichs. Bereits 1693 wurde Weichporzellan und seit 1702 Frittenporzellan hergestellt. Im Belvedere ausgestellt sind zwei Deckeldosen mit Silberrandeinfassung aus der Zeit um 1710/20. Die mit Möpsen bemalte Rechteckdose zeigt auf dem Deckel eine Dame mit Mops und zwei Kavaliere in farbiger Emailmalerei. Die zweite Porzellandose ist als sitzender Buddha farbig gefaßt.

Zwei hohe Kannen aus *Pariser Porzellanmanufakturen* fallen durch ihre reiche Goldbemalung mit Chinoiserien und Schnaupenform in Tiergestalt auf. Die um 1800 gefertigte *Kanne* mit rotem Fond, auf der ein goldener Schwan liegt, dessen Schnabel die Ausgußöffnung bildet, stammt aus der Pariser Manufaktur von Pierre Louis Dagoty. Der hoch aufragende Kannenhenkel ist als Schlange geformt. Die weiße Deckelkanne von 1810/20 weist als Gießtülle ebenfalls einen Schwanenkopf auf.

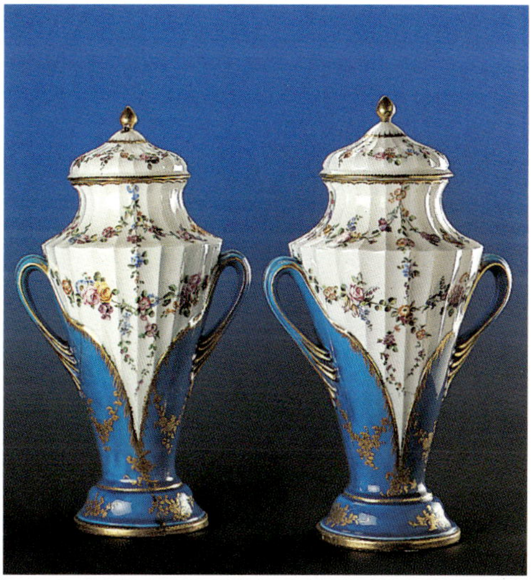

Abb. 91: Sèvres, Deckelvasenpaar mit Blumendekor, 1754

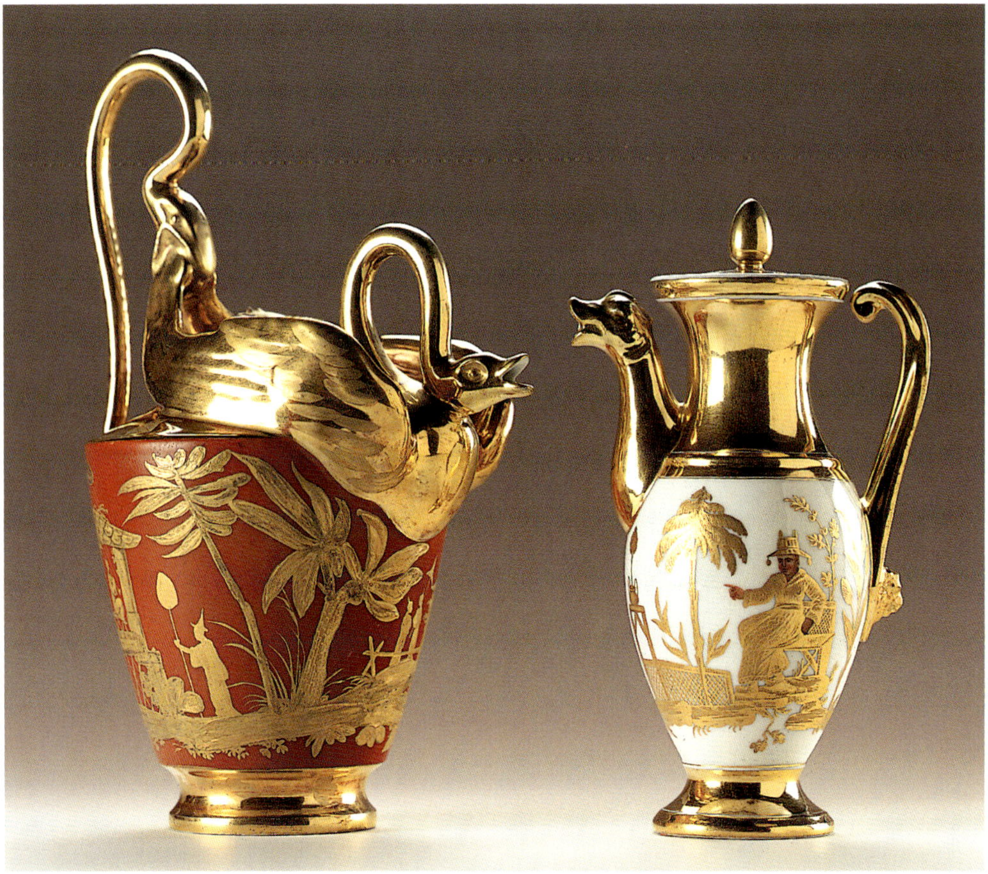

Abb. 92: Paris, Manufaktur Dagoty (links) und ungemarkt, zwei hohe Kannen mit Chinoiserien in Goldbemalung und Schnaupenform in Tiergestalt, um 1800 bzw. 1810–1820

Zwei Vitrinen präsentieren Teile aus einem umfangreichen *Eßservice* aus der Zeit des Klassizismus. Zwischen 1800 und 1812 wurde das Geschirr von dem Pariser Porzellanmaler Halley im Geschmack der Zeit dekoriert. Strenge Randgestaltungen in klassizistischem Golddekor rahmen ornithologische Darstellungen ein. Jedes Serviceteil schmückt ein anderer Vogel, der jeweils darunter mit seinem französischen Namen benannt wird. Der exakten Wiedergabe der Tiere liegt wahrscheinlich ein naturwissenschaftliches Werk zugrunde. Die Übertragung von Kupferstichen mit Tier- und Pflanzendarstellungen auf Porzellan war eine Modeerscheinung, die Ende des 18. Jahrhunderts in Europa aufkam. Das Service stammt aus der ehemaligen Sammlung der Grafen von Wintzingerode auf Schloß Bodenstein.

E. R.

Russisches Porzellan

Die dynastische Verbindung der herzoglichen Familie mit dem Zarenhaus wird angesichts des russischen Porzellans im Belvedere nochmals bewußt. 1804 heiratete Maria Pawlowna den Weimarer Erbprinzen Carl Friedrich. Viele der in russischen Manufakturen nach 1800 entstandenen und hier präsentierten Porzellane dürften nicht zuletzt als Erinnerungsstücke an die Heimat der Zarentochter zu verstehen sein. Dies ruft ins Gedächtnis, daß schon ein halbes Jahrhundert zuvor die nach Weimar verheiratete Herzogin Anna Amalia Fürstenberger Porzellan aus ihrer braunschweigischen Heimat geschickt bekam, das sich heute überwiegend in den bevorzugten Wohnungen der Herzogin in Schloß Tiefurt und dem Wittumspalais befindet.

Auf noch eine andere Verbindung zwischen Thüringen und dem zaristischen Rußland auf dem Gebiet des Porzellans soll hier verwiesen werden. Am Ende des 18. Jahrhunderts wurde in großer Zahl Ware der Thüringer Manufakturen ins Ausland exportiert, vor allem auch nach Rußland, wovon noch heute die erstaunlich umfangreiche Sammlung in der St. Petersburger Ermitage zeugt. Darüber hinaus gab es insbesondere mit der Manufaktur Kloster Veilsdorf einen unmittelbaren Austausch von Fertigkeiten und offenbar auch Modellen. Die Hinwendung zu bodenständigen Themen, die sich an ein breites Publikum wenden, wie sie sich in Thüringen in der geradezu liebevollen Schilderung von Volkstypen zeigt, hat in der russischen Porzellankunst eine auffällige Parallele.

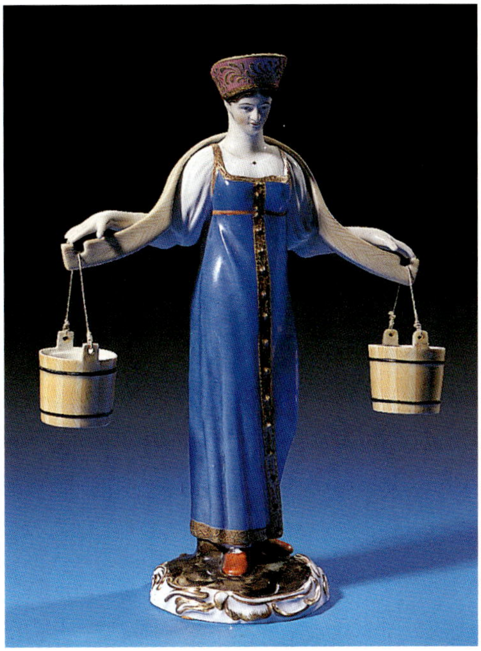

Abb. 94: Werbilki bei Moskau, Manufaktur Gardner, Wasserträgerin, nach Modell von Stepan Pimenow, um 1820

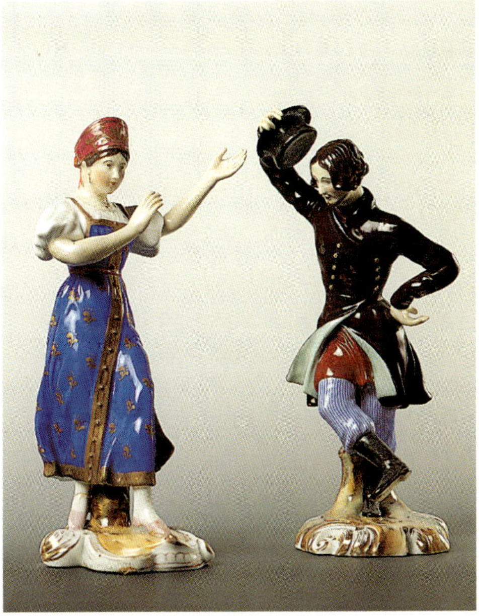

Abb. 93: Werbilki bei Moskau, Manufaktur Gardner, Tanzendes Paar, um 1820

Am Ende der vierziger Jahre des 18. Jahrhunderts gelang Dmitri Winogradow (1720 bis 1758) aufgrund eigener Experimente die Herstellung von Porzellan. Winogradow war mit dem bekannten russischen Naturforscher Michail Lomonossow befreundet und erwarb seine Kenntnisse auf dem Gebiet der Mineralogie durch Studienaufenthalte, die ihn insbesondere in die sächsischen Bergwerkstädte führten. Am Ufer der Newa, unweit der Residenz von *St. Petersburg*, wurde mit staatlicher Unterstützung die erste Porzellanmanufaktur unter dem Namen Newski gegründet. Zu einer bemerkenswerten Produktion kam es dann in der daraus hervorgegangenen *Kaiserlichen Porzellanmanufaktur*, die Kräfte der Kunstakademie verpflichtete und ihr künstlerisches Personal im Ausland anwarb. In ihrer Orientierung an Westeuropa unterschied sich

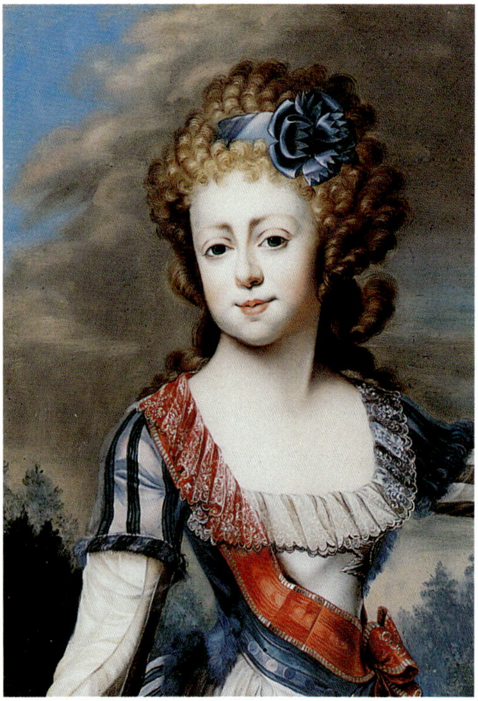

Abb. 95: Unbekannter Maler, Bildnis der Großfürstin Maria Pawlowna von Rußland als Prinzessin, Hinterglasmalerei, um 1795

die Porzellanproduktion anfangs in keiner Weise von anderen Bereichen des Kunsthandwerks und der Architektur dieser Epoche. Seit 1779 leitete Jacques Dominique Rachette die Modellwerkstatt. Die russischen Erzeugnisse faszinieren aus mitteleuropäischer Sicht durch die Herausbildung von nationalen Eigenheiten auf der Grundlage westlichen Einflusses. Die Neigung zum Naturalismus ist unverkennbar, im Hang zu kräftiger Farbigkeit schwingt zugleich eine orientalische Komponente mit.

Viele in der Kaiserlichen Manufaktur erzeugten Porzellane tragen keine Marke. Eine Zuweisung ist oft nur über die Qualität möglich, die allerdings auch von der Ware einiger der bald zahlreich in den Provinzen entstehenden privaten Manufakturen erreicht wird. Die gemarkten russischen Porzellane im Belvedere kommen aus solchen bürgerlichen Unternehmungen. Von beachtlichem künstlerischen Rang sind die Porzellane aus der *Manufaktur Gardner*. 1766 gründete der eingebürgerte Engländer Francis Jacob Gardner im Gouvernement Moskau, in *Werbilki*, das in einem traditionsreichen Gebiet keramischer Werkstätten liegt, eine Porzellanmanufaktur, deren Erzeugnisse auch vor den Augen höchster Adelskreise zu bestehen vermochten. Die Wertschätzung ist daran zu ermessen, daß Katharina die Große seit 1777 mehrere Prunkservice in Werbilki bestellte, deren Ausführung sich bezeichnenderweise an dem Berliner Service orientierte, das sie selbst als Staatsgeschenk des preußischen Königs erhalten hatte. Gardner arbeitete mit dem deutschen Arkanisten Johann Gottfried Müller zusammen, der aus Meißen stammte und über St. Petersburg zu ihm gekommen war. Um 1800 beginnt sich auch diese Manufaktur weitgehend von westeuropäischen Vorbildern zu lösen, wenngleich der allgemeine Stilwandel zum Klassizismus mitvollzogen wird. Zwei aus der Manufaktur Gardner stammende Figuren einer Tänzerin und eines Tänzers, deren noch rocaillenförmige Standflächen für eine relativ frühe Entstehung sprechen, zeigen, daß nun nationale Elemente in den Vordergrund treten, was angesichts der Figurenporzellane deutlicher wird als anhand der Geschirrdekore. Die Darstellung bestimmter Volkstypen, die bemerkenswert korrekte, fast ethnographisch gewissenhafte Schilderung ihrer Sitten, Gebräuche und äußeren Erscheinung wird im frühen 19. Jahrhundert zu einem Charakteristikum der russischen Porzellane und zeugt von der Faszination des Lebens der einfachen Leute. Die *Wasserträgerin*, die bei aller realistischen Durchbildung der Gestalt und des langfallenden Gewandes eine fast klassische Haltung und würdevolle Ruhe ausstrahlt, geht auf ein Modell Stepan Pimenows um 1820 für die Kaiserliche Manufaktur zurück und wurde leicht variierend in der Manufaktur Gardner aufgenommen, wie das Beispiel in unserer Sammlung belegt. Die intensiv blaue, leicht stumpf wirkende Glasur ist ein charakteristischer Farbton der Figuren.

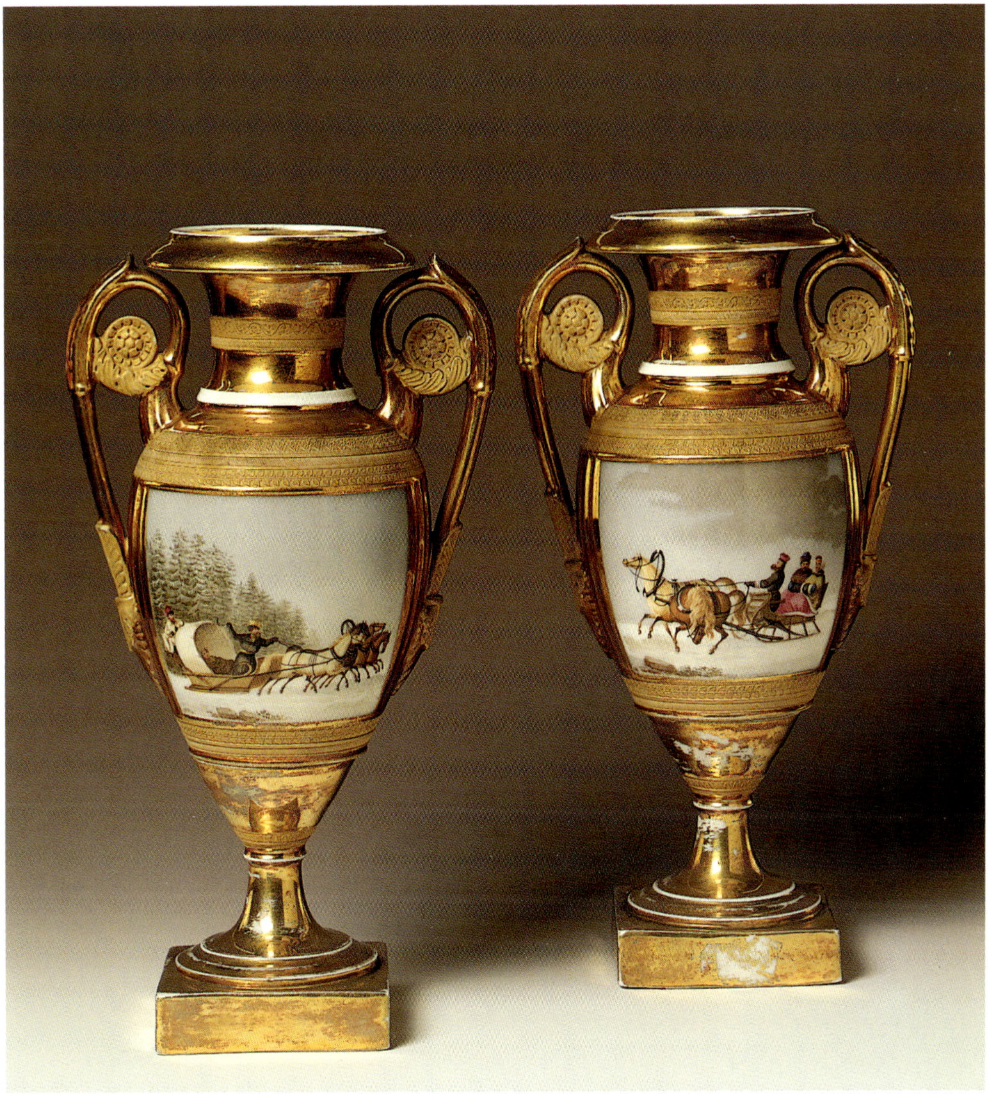

Abb. 96: St. Petersburg (?), ein Paar doppelhenkeliger Amphoren-Vasen mit Bildern russischer Schlittenfahrten, um 1820

Stehen auch die Figuren im Mittelpunkt der Präsentation, so war das Spektrum vor allem der Kaiserlichen Manufaktur breiter angelegt. Selbstverständlich gehörten zum Angebot auch Vasen unterschiedlichster Größen, deren Gestaltung – nicht anders als in westeuropäischen Manufakturen – stark vom Vorbild Sèvres geprägt wurde, wo man sich seinerseits an antike Vorlagen hielt. Ein kleines Paar ungemarkter *Amphorenvasen* zeigt innerhalb der Reserven des reichen Golddekors die Darstellungen landestypischer Schlittenfahrten.

Eine relativ späte Gründung ist die 1835 durch die *Brüder Kornilow* in *St. Petersburg* eingerichtete Porzellanfabrik, deren Waren an das gestalterische Niveau der Gardner-Manufaktur heranreichen.

G.-D. U.

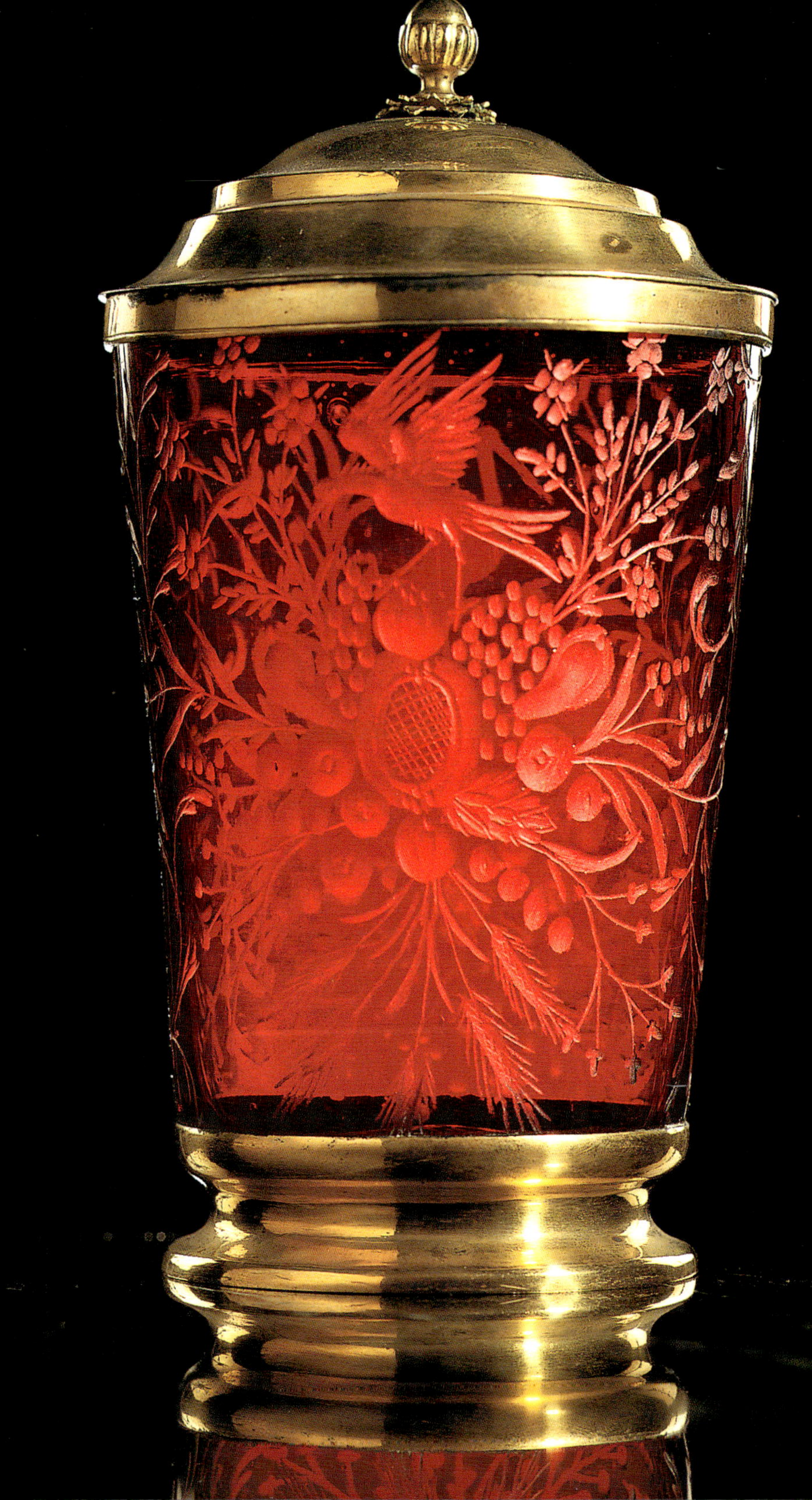

Glas

Im Vergleich zum Porzellan ist die abendländische Glasherstellung eine alte Kunst. Wie im Falle der keramischen Technik liegen die Wurzeln auch hierfür im Orient. Speziell in Syrien waren schon in vorchristlicher Zeit die Verfahren zur Glasherstellung und Glasveredelung bekannt. Die Kenntnisse verbreiteten sich im Römischen Reich, gerieten aber im nachantiken Europa größtenteils in Vergessenheit. Am Ende des Mittelalters begünstigten die Handelsbeziehungen der Seemacht Venedig ins östliche Mittelmeer die Wiedergewinnung des dort noch vorhandenen Wissens.

Die Erzeugung des Werkstoffes Glas ist ein technisches Verfahren, das – der Herstellung feinkeramischer Erzeugnisse ähnlich – auf der Verarbeitung der Rohstoffe Sand und Asche unter großer Hitzeeinwirkung beruht. Bei Temperaturen bis zu 1800°C werden Kieselerden, also Flußkiesel, Meeressand oder Quarzsand, mit natriumreichem Soda oder kaliumreicher Pottasche (Holzasche) als Flußmittel verschmolzen, wobei Zusätze wie Kalkstein oder Bleioxid das amorphe, nicht kristalline Erzeugnis chemisch stabilisieren. Die natürliche Farbe der Glasschmelze ist je nach den vorhandenen Eisenanteilen bräunlich oder grünlich. Die Entfärbung der nach der Abkühlung harten Schmelze zu einem wasserklaren Werkstoff, frei von Blasen und Unreinheiten, gelang den Venezianern auf dem Weg der Zuführung von Manganoxid. Nicht nur die Erzeugung, auch die Verarbeitung des Werkstoffes Glas setzt hohe Temperaturen voraus und basiert daher auf einer ausgereiften Ofentechnologie. Feuerfeste Tiegel und Schalen (»Häfen«) zur Aufbereitung der glühendheißen Rohmasse waren dazu ebenso notwendig wie Feuerungsmaterial, vor allem Holz, dessen Asche zugleich das kaliumreiche Flußmittel für die Schmelze liefern konnte.

Die Glasbläserpfeife, das charakteristische Werkzeug der Glasherstellung, wurde im 1. vorchristlichen Jahrhundert im syrischen Sidon entwickelt. Mittels des ca. 1 Meter langen Eisenrohrs mit Mundstück und Verdickung am anderen Ende konnte eine Portion zähflüssige Masse dem Schmelzofen entnommen, dünnwandig ausgeblasen und dann am Arbeitsofen mit Hilfe von Metallwerkzeugen geformt werden. Das in Venedig verarbeitete natriumhaltige Soda-Glas eignete sich, da es weicher ist, besonders gut zur plastischen Formung. Demgegenüber bot das nordalpine kaliumreiche Glas ebenso wie das später erzeugte Kristallglas durch seine größere Härte die besseren Voraussetzungen für eine mechanische Veredelung der Form. Glasschnitt und Glasschliff sind typische Bearbeitungstechniken mitteleuropäischer Barock- und Rokokogläser, deren Dekore außerhalb der Hütten oftmals in städtischen Zentren entstanden. Die Bemalung mit aufgebrannten Farben, vor allem mit Emailfarben, kam ebenfalls im 15. Jahrhundert in Vendig auf und verbreitete sich von dort in Europa. Diese bei einer Hitze von ungefähr 500°C aufgeschmolzenen Farben hatten auch bei häufigem Gebrauch der Gläser eine recht gute Beständigkeit. Die Kaltmalerei mit Ölfarben war zwar technisch einfacher zu handhaben, dafür jedoch weniger dauerhaft.

Die Bestände der Kunstsammlungen zu Weimar an alten Hohlgläsern bestehen aus Beispielen aus wichtigen Zentren der Glasherstellung, wobei Erzeugnisse von Glashütten aus dem deutschsprachigen Raum am umfangreichsten vertreten sind. Die Präsentation der Gläser kann daher Einblicke in vierhundert Jahre Produktion des wohl ältesten Kunststoffes bieten. Sie setzt mit venezianischen Glasgefäßen der Renaissance ein und reicht über die Erzeugnisse der mitteleuropäischen Verarbeitungszentren des 17. und 18. Jahrhunderts bis ins frühe 19. Jahrhundert mit bürgerlichen Dekoren des Biedermeiers.

Abb. 97: Süddeutschland / Böhmen (?), Rubinglasbecher mit Fruchtbündeln, Blüten und Vögeln, Fuß und Deckel vergoldetes Messing, Ende 17. Jahrhundert

Venezianisches Glas und Glas nach venezianischer Art

Die Venezianer hatten gute Gründe, die Glaserzeugung als Staatsgeheimnis zu behandeln, denn dieser Teil der Luxuswarenherstellung warf großen Gewinn ab. Ihre weitgespannten Handelsbeziehungen im Mittelmeerraum hatten ihnen den Zugang zu den Grundlagen der Glastechnologie erleichtert. Den Rohstoff Soda konnten sie überwiegend aus Ägypten einführen. Der Schlüssel zum Erfolg der Venezianer war das seit der Antike bekannte Rezept zur Entfärbung der Masse mittels Zusatz von Manganoxid. Das farblos wasserklare Glas hob sich dadurch ästhetisch von den Gläsern der nordalpinen Waldhütten ab.

Venezianisches Glas bezeichnet eigentlich die auf der Venedig vorgelagerten Insel Murano hergestellte Ware. Die Ausgliederung der Glasbläser aus dem Stadtgebiet war nicht nur eine Vorsichtsmaßnahme gegenüber der Brandgefahr, die von den immer zahlreicher werdenden Hütten ausging. Die Isolation der Glaskünstler erleichterte auch die Durchsetzung des von der Stadtrepublik per Gesetz verfügten Verbots der Weitergabe glastechnologischer Kenntnisse. Dennoch kam es zur Verbreitung venezianischer Glasmacherkunst. Die Sammlung im Belvedere bewahrt eine Reihe schöner Beispiele von Gläsern, die »à la facon de Venise«, d. h., die andernorts nach venezianischer Art hergestellt wurden. Vor allem in den wirtschaftlich prosperierenden Niederlanden mit einer zahlungskräftigen Käuferschicht entwickelte sich in der frühen Neuzeit eine qualitätvolle Produktion, die auf den Markt des deutschsprachigen Raums ausstrahlte.

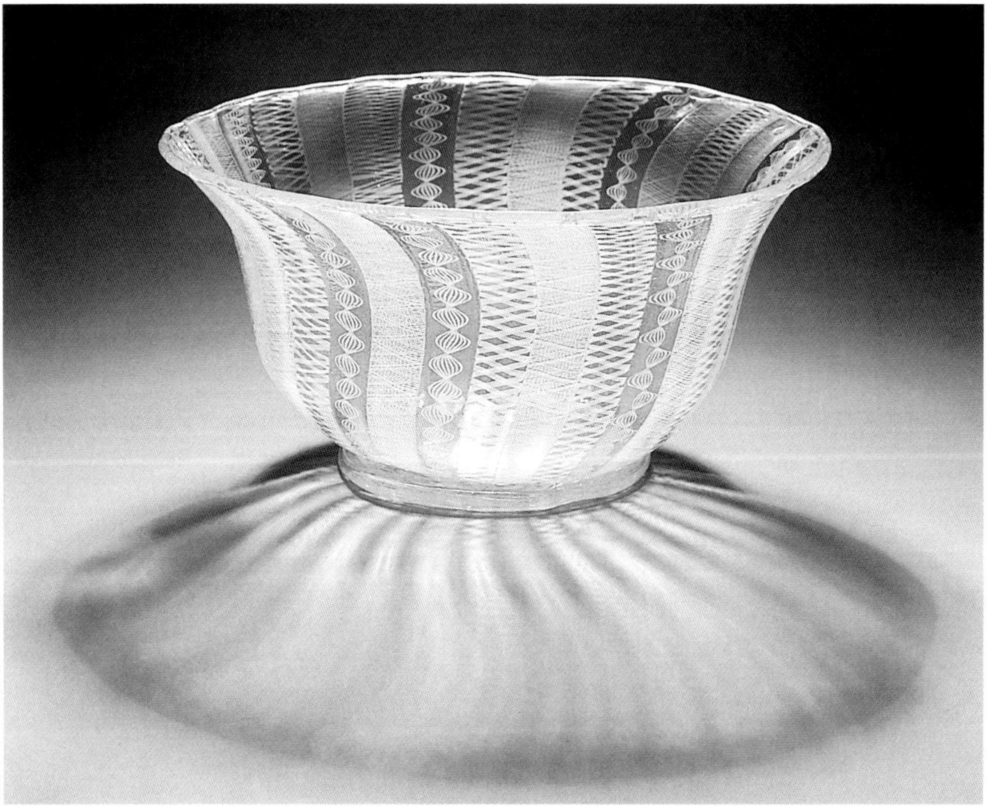

Abb. 98: Venedig (?), Fadenglas-Schale, 17. Jahrhundert

Zunächst aber entstanden innerhalb Italiens selbst weitere Glashütten. Vor allem Altare bei Genua sorgte für die Weitergabe des Wissens nach Norden. Die zeitweilige Beschäftigung von Italienern wird heute vor allem durch Gläser der 2. Hälfte des 16. Jahrhunderts aus Tirol überliefert, die aus der Hütte von Hall und der Hofglashütte Innsbruck stammen. Die Wanderung der Glaskünstler macht es schwierig, Gläser venezianischer Art dieser Epoche genau zu lokalisieren, denn mit den Künstlern verbreitete sich deren Arbeitsstil. Eine Möglichkeit zur Abgrenzung und Unterscheidung bietet oft allein die Beschaffenheit des Glases selbst, die außerhalb Italiens eine andere war und selten die Qualität der in Venedig entstandenen Ware erreichte.

Die venezianische Glaskunst, deren Anfänge in das 11. Jahrhundert zurückreichen, erreichte um 1500 ihre volle Ausprägung. Alle künstlerischen Möglichkeiten des leichten und lichtdurchlässigen Werkstoffs waren entfaltet. Fein ausgeblasene Gefäßformen, die durch den schlichten Umriß wirken, sind durch Email- und Goldmalerei veredelt. Diamantgravierungen von teils reicher Ornamentik sind allerdings für außerhalb Venedigs hergestellte Gläser typischer. Ab der Mitte des 16. Jahrhunderts treten die Schmelzfarbendekore zugunsten einer Gestaltung zurück, die entschiedener die Eigenschaften des Materials betont. Fadengläser (Vetro a filigrana) und die noch komplizierter herzustellenden Netzgläser (Vetro a reticello) verbinden die klare Farbmasse mit einem streng durchgeführten Ornament aus farbigem oder oft weißem Glas, das durch den Zusatz von Zinkoxid opak gefärbt erscheint. Fein ausgezogene Glasfäden werden spiralförmig auf den am Ofen gedrehten heißen Glaskörper eingeschmolzen. Die in der Fertigung komplizierteren Netzgläser sind mit einem dichten, an geklöppelte Spitzen erinnernden Muster überzogen. Von der aufgebrochenen Struktur ihrer Oberfläche dagegen leben die Eisgläser (Vetro a ghiaccio), deren unregelmäßig reliefierte Wandung an gesplittertes Eis erinnert. Die Wirkung ist das Ergebnis eines Verfahrens, bei dem die geblasene heiße Glasmasse abrupt in kaltem Wasser abgekühlt wird. Die hochstehenden Grate werden bei der anschließenden neuerlichen Erwärmung zu weicheren Formen verschmolzen. Ein ähnlicher Effekt entsteht durch das Aufstreuen und Verschmelzen von Glassplittern auf die Gefäßwandung.

Neben Beispielen venezianischer bzw. in venezianischer Art entstandener Gläser des 16. und 17. Jahrhunderts bewahrt die Sammlung im Belvedere weitere für die italienische Glasherstellung typische Produkte. Flügelgläser erhielten ihre Bezeichnung nach der auffälligen Ausformung des Schaftes, der Fuß und Kuppa der meist kelchförmigen Gefäße verbindet. Die zentrische Form des Schaftes gliedert sich in eine Vielzahl von gezogenen, gekniffenen und kammartig geformten Glassträngen auf. Flügelartig strebt die zerfaserte Glasmasse nach außen und läßt den Schaft als filigranartiges Gebilde erscheinen. Diese exaltierte Form entstand auch nördlich der Alpen in größerer Zahl.

Am Ende des 16. Jahrhunderts überschreitet die venezianische Glaskunst ihren Höhepunkt. Die künstlerischen Formen, die nun gefragt sind, zeigen neue Veredelungsverfahren, die weniger von der plastischen und polychromen Gestaltung der Glasmasse ausgehen. Der sich seit 1600 entwickelnde Glasschnitt sieht in den Gefäßwandungen einen transluziden Bildträger, der durch Schnitt und Schliff im Sinne graphischer Gestaltung dekoriert werden kann. Neuartige Techniken kommen zur Anwendung, und die Trennung der Werkstätten für Glasherstellung und Glasveredelung wird eher zur Regel.

Geschnittene und geschliffene Gläser des 17. und 18. Jahrhunderts

Nürnberg

Um 1600 war Prag europäisches Zentrum der Künste. Kaiser Rudolf II. zog Künstler vieler Länder in seine Residenz. Zu den Spezialisten gehörten italienische Steinschneider, die am Hof des Habsburgers ihre Kunst ausübten.

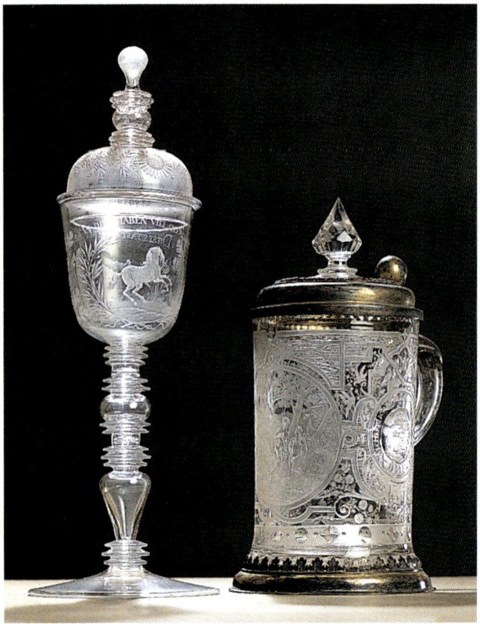

Abb. 99: Nürnberg, links: Hohlbalusterpokal mit Deckel, Heinrich Schwanhardt, um 1680; rechts: Deckelhumpen mit silbervergoldeter Fassung, Anton Wilhelm Mäuerl, Nürnberger Beschau- und Meistermarke, um 1715

Unter ihnen sind diejenigen zu finden, die sich mit der Erfahrung ihres Handwerks und dem Werkzeug der Steinbearbeitung im Glasschnitt versuchten. Mit Caspar Lehmann, der seit 1588 in Prag tätig war, steht eine historische Person vor uns, in der sicher nicht der Erfinder des Glasschnitts zu sehen ist. Er erhält aber 1609 ein Privileg des Kaisers, das ihn als »Cammer-Edelstein- und Glasschneider« ausweist und ihm Exklusivität in der Ausübung seines Handwerks zusicherte. Mit der Übertragung bewährter Techniken in die neue Disziplin treten auch Künstlerpersönlichkeiten aus der Anonymität heraus, vereinzelt werden Gläser jetzt auch signiert.

Schüler Lehmanns wurde 1618 Georg Schwanhardt (1601–1667), der nach dem Tod des Lehrmeisters 1622 dessen Erbschaft übernimmt. Er bringt, das Arbeitsgerät aus Lehmanns Werkstatt im Gepäck, die Glasschneidekunst nach Nürnberg und begründet hier eine fast einhundertjährige Blüte hochspezialisierten Kunsthandwerks. Abseits der Fürstenhöfe findet in der Freien Reichsstadt die Glasveredelung einen neuerlichen Höhepunkt. Höfische, wie patrizische Auftraggeber veranlassen bildliche Darstellungen von bis dahin ungewohnter Thematik. Standesgemäße Feste, familiäre Ereignisse oder persönliche Ehrenbezeugungen, dieses vor allem im Dienste fürstlicher Diplomatie, sind die Anlässe solcher Aufträge. Inschriften auf den Gläsern künden noch heute davon. Träger der in Glas geschnittenen Bilder war in Nürnberg typischerweise der Hohlbalusterpokal, der durch den Aufbau seines Schaftes charakterisiert ist. Diese geradezu klassisch zu nennende Form des Pokals variiert gewöhnlich eine Abfolge überaus kunstvoll miteinander verbundener Hohlpuffen und Zwischenscheiben, deren präzise Zentrik die Standfestigkeit des repräsentativen Trinkgefäßes bestimmt.

Man muß zugestehen, daß Schwanhardt in Nürnberg auf keinen unvorbereiteten Boden traf. Goldschmiede, Siegel- und Medaillenschneider hatten Erfahrung mit miniaturhaften Darstellungen in hartem Material und schnitten gelegentlich Bergkristall und auch das weniger kostbare Glas. Die weiterentwickelte Schneidetechnik, die auf dem Instrumentarium Lehmanns gründet, ermöglichte allerdings erst die differenzierten Bearbeitungsweisen, die Mattierungen und Blänkungen, die die spezifischen Wirkungen des Werkstoffes Glas hervorbringen.

Die Gravuren werden mit Hilfe kleiner, verschieden geformter Kupferscheiben ausgeführt, die auf einer Achse sitzen. Illustrierte Beschreibungen aus jener Zeit veranschaulichen den Vorgang und zeigen eine Werkbank, an der die Scheiben per Fußantrieb zum Drehen gebracht werden. Das zu dekorierende Glas wird vom erfahrenen Glasschneider mit dem nötigen Druck an die scharfen Metallprofile herangeführt, die aber erst durch eine aufzutragende Glaspulverpaste, Schmirgel genannt, ihre schneidende Wirkung erhalten. Der Kraftaufwand, insbesondere beim Glasschliff, wurde in späterer Zeit teils durch mit Wasserkraft betriebene Schneid- und Schleifwerke übernommen.

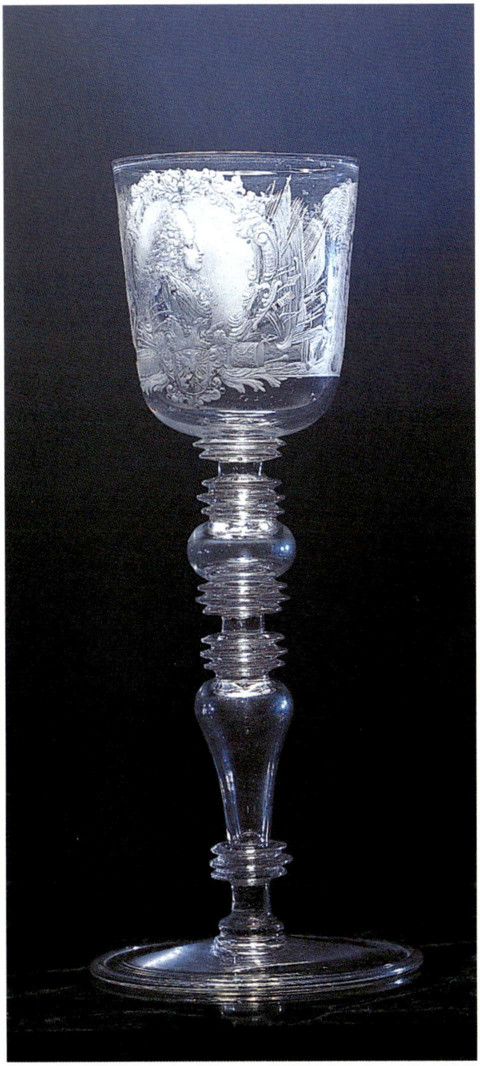

Abb. 100: Nürnberg, Hohlbalusterpokal mit Profilbildnis Kaiser Josephs I. und Darstellung einer Türkenschlacht, Hans Wolfgang Schmidt, um 1700

Man unterscheidet zwischen Tief- und Hochschnitt. Der Tiefschnitt entspricht am ehesten dem Intaglio des Steinschnitts. Die Liniengravur wird mit unterschiedlicher Intensität in den Glaskörper eingetieft. Beim Hochschnitt, dessen Ergebnis mit den Kameen des Steinschnitts zu vergleichen wäre, ist die Bearbeitung aufwendiger und im Hinblick auf die künstlerische Konzeption wohl anspruchsvoller. Die Darstellung wird aus dem Material herausgearbeitet, die als schwaches Relief auf der Glaswandung stehenbleibt. Der Glasschliff, der vom Glasschnitt zu unterscheiden ist, bedeutet wiederum ein noch weitergehendes Eingreifen in die Substanz des Glases, dessen Umrißform dabei mehr oder weniger verändert wird. Eine Reihe von Schliffverzierungen können durch unterschiedliche Werkzeuge in variierenden Kombinationen zu charakteristischen Dekormustern zusammengefügt werden. Das Planschleifen ganzer Partien, das Anbringen von Rundungen oder Ecken, konkaver und konvexer Formen, ergibt je nach Dekorationssystem eine vielfältig facettierte und gemuschelte Gefäßoberfläche. Die Wirkung des Glaskörpers lebt von den wechselnden Lichtbrechungen.

Georg Schwanhardt hatte zwei Söhne, den talentierten Georg d.J., der 1676 früh verstarb, und Heinrich (1640–1693), der das künstlerische Erbe seines Vaters weiterführte. Eine akademische Ausbildung machte ihn freier für Figurenkompositionen. Der ihm zugeschriebene *Pokal* in unserer Sammlung kann hierfür als Beispiel gelten. Palm- und Lorbeerzweige, in Mattschnitt angelegte Weinranken, in denen die Beeren als Blänkungen erscheinen, umfassen die Darstellung eines Mädchens mit einer Weinflasche, begleitet von einem springenden Roß. Der erhaltene Deckel mit Hohlpuffenknauf gibt darüber hinaus einen guten Eindruck von der vollständigen Wirkung der Nürnberger Pokale, deren vielgliedriger Aufbau sich folgerichtig in der Deckelbekrönung fortsetzt. Nachhaltig wirkte Heinrich Schwanhardt durch seine frühen Stadtveduten, womit ein neues Feld für die Glasdekoration eröffnet wurde.

Einer jüngeren Generation der Nürnberger Glasschneider, zugleich wohl deren Hauptrepräsentant um 1700, gehört Hans Wolfgang Schmidt (1676–1710 in Nürnberg tätig) an. Seine Darstellungen entstammen einem relativ eng gefaßten Themenkreis. Im Zeitalter der erfolgreich geführten Türkenkriege, in denen sich Feldherren, wie der in habsburgischen Diensten stehende Prinz Eugen von Savoyen, unsterblichen Ruhm erwarben, entwickelte sich Schmidt zum Meister der Schlachtenszenen auf repräsentativen Gläsern. Auch ein *Hohlbalusterpokal* in unserer Sammlung mit dem Brustbild Kaiser Josephs I. und der Darstellung einer Türkenschlacht in baumbestandener Landschaft ist ihm zugeschrieben. Die Darstellung erscheint in Mattschnitt, akzentuiert durch polierte Details. Jünger als Schmidt ist Georg Friedrich Killinger (1696–1726), der insbesondere den Vedutenschnitt fortführt. Die Schloßruine mit Parklandschaft auf einem ihm zugeschriebenen Hohlbalusterpokal ist freilich unbestimmt. Am Ende der nürnbergisch geprägten Glasschneidekunst steht ein um 1715 zu datierender *Deckelhumpen* mit silbervergoldeter Fassung. Er gehört zu den wenigen bekannten signierten Arbeiten Anton Wilhelm Mäuerls (1672–1737). Hier wird deutlich, daß der um 1700 weitverbreitete Dekor aus Laub- und Bandelwerk auch für die Veredelung von Gläsern Verwendung findet. Die reichhaltige Ornamentik umschließt drei Medaillons, das mittlere und größte zeigt eine Darstellung des Sündenfalls.

Böhmen und Schlesien

Klein ist die Zahl der Gläser aus Böhmen und Schlesien in der Sammlung, gemessen an der historischen Bedeutung der Produktion aus diesen Regionen. Böhmisches und schlesisches Glas war an der Wende zum 18. Jahrhundert allgemein begehrt, und das nicht nur im deutschsprachigen Raum, sondern weit darüber hinaus. So nahm die Glasherstellung Böhmens und Schlesiens auch über große Entfernungen Einfluß. Die fast schon serielle Fertigung war nicht an Auftraggeber gebunden und arbeitete für einen überregionalen Markt, der über ein gut ausgebautes Vertriebsnetz bedient wurde. Vereinfacht gesehen bestand eine Aufgabenteilung: Solange Schlesien und Böhmen habsburgische Länder waren, wurde in böhmischen Hütten das Rohglas erzeugt, während jenseits der Grenze im Riesengebirge die qualitätvolle Veredelung der Gefäße erfolgte. Eine Unterscheidung der Herkunftsorte innerhalb dieses geographisch geschlossenen Gebiets ist für die Frühzeit kaum möglich und wenig sinnvoll. Dies ändert sich seit 1742, als die für die Glasproduktion als Einheit zu betrachtende Region im Riesengebirge durch die Ereignisse des Ersten Schlesischen Krieges geteilt wird. Schlesien gehört fortan zu

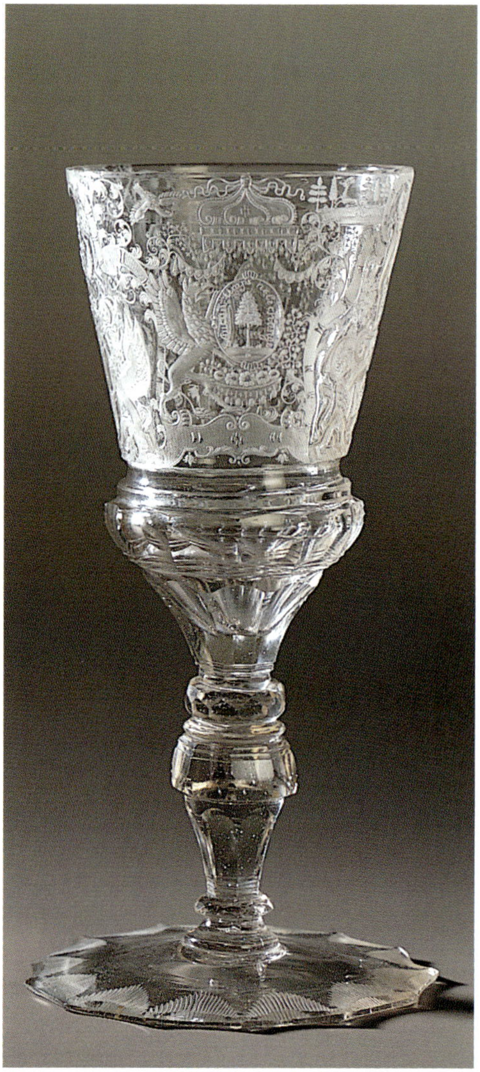

Abb. 101: Schlesien, Pokal mit Wappen der Grafen Schaffgotsch und von Obbendorf, zwischen den Wappen das tiefeingeschnittene Medaillon mit Tannenbaum und der Familiendevise »Aucun temps ne le change«, um 1710

Preußen, das die Grenzen verschließt. Auf sich selbst angewiesen, entwickelt der hochwertige, auf gehobene Ansprüche ausgerichtete schlesische Glasschnitt nun eigene Merkmale. Die konsequente Entwicklung geht von den wuchtigen Barockgläsern, bei denen die plastische Gestaltung der Glasveredelung den Gläsern Schwere verleiht, zu den im Ornament teils überreichen, durch französischen Geschmack geprägten Laub- und Bandelwerkdekoren und schließlich zu den schlanken, im Umriß klaren Formen des Rokokoglases in der Mitte des 18. Jahrhunderts. Eigens für die Glasveredelung herausgegebene Stichwerke, vornehmlich die in Nürnberg und Augsburg edierten graphischen Ornamentvorlagen, lieferten den Glasschneidern vielfältige gestalterische Anregungen. Auf diesem Weg vermittelte Bildwelten mit allegorischer Bedeutung oder emblematischem Sinn entstammen den nicht nur im Kunsthandwerk der Zeit allgemein verbindlichen Motivkreisen.

Der Glasschnitt in Böhmen und Schlesien erlebt nach erfolgreichem Anfang in der 2. Hälfte des 17. Jahrhunderts infolge der politischen Turbulenzen des Dreißigjährigen Krieges einen Niedergang. Dabei spielt auch die Verlegung der habsburgischen Residenz von Prag nach Wien eine Rolle. Die Neuentwicklung eines klaren und harten Glases um 1680, was durch den Zusatz von Kreide gelingt, bringt den böhmischen Hütten den neuerlichen, geradezu bahnbrechenden Erfolg. Das böhmische Kristallglas zeichnet sich durch größere Brillanz aus und eignet sich aufgrund seiner Härte bestens für den Hochschnitt und Glasschliff. Beide Eigenschaften erlauben Gestaltungen von höchstem optischen Reiz.

Eine der technischen Voraussetzungen für diese kraftaufwendige Art der Glasveredelung war die Nutzung der wasserbetriebenen Schleifmühle. Dazu ging man in verschiedenen deutschen Glaszentren um 1700 über. Neue Form- und Dekorationsprinzipien entwickelte Friedrich Winter im Hirschberger Tal im schlesischen Teil des Riesengebirges. Hier haben sich die Grafen Schaffgotsch, vor allem Christoph Leopold und ihm nachfolgend Johann Anton Graf Schaffgotsch (1675–1742), auf ihrer Herrschaft Kynast besonders um die Förderung der Glaskunst bemüht. In Petersdorf richtete Winter um 1690 eine Schleifmühle ein.

Zu den schlesischen Gläsern unserer Sammlung gehört ein *Pokal* mit auffällig gezacktem Fuß, der vermutlich aus der Petersdorfer Winter-Werkstatt stammt. Die Kuppa zeigt reiche Verzierungen in Hoch- und Tiefschnitt. Im Mittelpunkt steht das Wappen der Familie Schaffgotsch sowie das Wappen der Schellart von Obbendorf. Es scheint ein Charakteristikum der Gläser zu sein, die der Schaffgotschen Mühle entstammen, daß bei vielen das Familienwappen oder als Kürzel ein vom Wappen übernommener Tannenbaum mit der Familiendevise »Aucun temps ne le change« erscheint. In einigen Fällen – dazu gehört unser Stück – tritt ein weiteres Wappen einer Familie hinzu, die mit den Schaffgotsch in Verbindung zu bringen ist. Weitere Beispiele für schlesisches Glas sind ein Jagdbecher mit der Darstellung einer Sauhatz und ein Pokal mit einer Hirschjagd. Beide zeigen

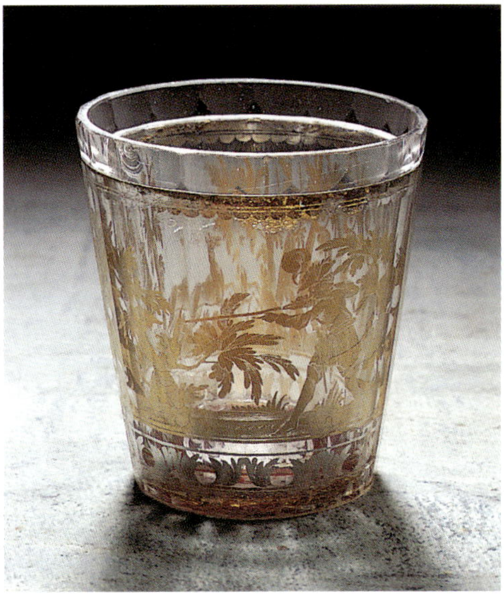

Abb. 102: Böhmen, Zwischengoldbecher mit goldradierter Hirschjagd, 2. Viertel 18. Jahrhundert

den szenischen Reichtum und die Verarbeitung von Motiven, die wie die höhere Jagd als Adelsprivileg dem höfischen Themenkreis angehören. Bei einer *Konfektschale* mit gefeldertem Korpus treten die Ornamente gegenüber den kleineren Landschaftsdarstellungen in den Vordergrund. Das üppige Laub- und Bandelwerk läßt an eine Entstehung des Glases um 1720/30 denken.

Eine böhmische Besonderheit, die als Exkurs zu behandeln ist, stellen die *Zwischengold- und Doppelgläser* dar. Sie weichen vom hier vorgestellten Dekor der geschnittenen und geschliffenen Gläser ab. Die Technik beruht auf der Herstellung zweier präzis ineinander gepaßter Gläser, zwischen denen sich ein hauchdünner Golddekor befindet, der auf die Außenseite des inneren Glases aufgetragen wird. Die ausradierte Binnenzeichnung ähnelt auf bemerkenswerte Weise zeitgleichen Porzellandekoren, die vor allem von Hausmalern ausgeführt wurden. Die Zwischengoldgläser entstanden im 2. Viertel des 18. Jahrhunderts in Böhmen, offenbar in Klöstern, wo die Gläser in dilletierender »Nebentätigkeit« mit nicht hohem thematischen Anspruch dekoriert wurden. Beliebt waren Jagdszenen, eingefaßt von einem relativ einfachen Ornament. Die ineinandergefügten Gläser, überwiegend sind es Becher, wurden unterhalb der Lippe mit Hilfe von Glasmasse verklebt. Der Boden des äußeren Glases ist oft in Form eines Medaillons eingesetzt und verkittet.

Davon zu unterscheiden sind die durchaus ähnlichen Doppelgläser mit deutlich höherem künstlerischen Anspruch. Auch bei ihnen handelt es sich um zwei paßgenau ineinandergefügte und miteinander verklebte Gläser. Rein äußerlich unterscheiden sie sich dadurch, daß sie unfacettiert sind. Eine im Zwischenraum aufgetragene dunkle bis sogar schwarze Marmorierung bildet den Hintergrund für zumeist delikate Dekore. Die Doppelgläser sind vermutlich nach 1710 für den künstlerisch anspruchsvollen sächsischen Hof entstanden. Eine bemerkenswert kleine Gruppe dieser Gläser ist überliefert oder überhaupt entstanden. Zu den bekannten, nur ein gutes Dutzend umfassenden Stücken zählt auch der Doppelwandbecher mit Achatmalerei, darauf in Goldradierung ein Schmetterling und ein fliegendes Insekt. Das Glas stammt aus der Sammlung der Grafen von Wintzingerode auf Schloß Bodenstein.

Brandenburg

Zu wirklicher Bedeutung gelangte die zwischen Potsdam und Drewitz an der Nuthe auf dem Hakendamm gelegene, 1674 vom Großen Kurfürsten gegründete Hütte, als 1678 Johann Kunckel die Leitung übernahm.

Johann Kunckel (um 1630–1703) gehört zu den »schillernden« Gestalten der Glasgeschichte. Er stammte aus einer der von Hessen gen Norden nach Holstein gewanderten Glasmacherfamilien. Als Apotheker und Naturforscher mit alchimistischen Kenntnissen

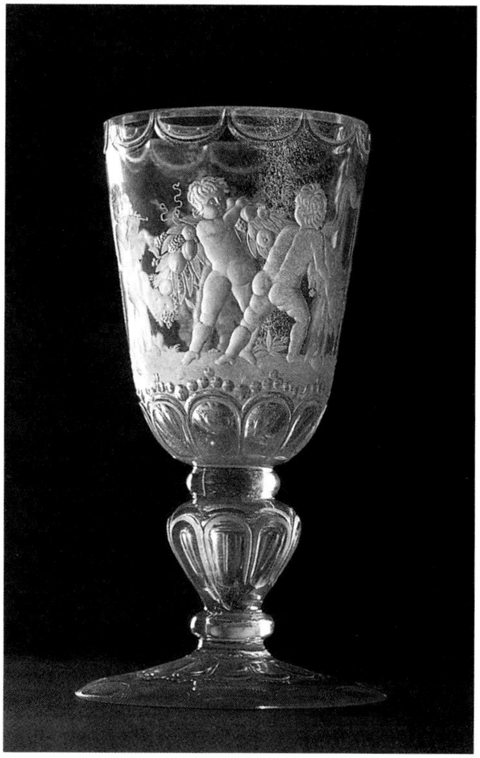

Abb. 103: Brandenburg, Pokal mit Darstellung Weinranken tragender und musizierender Putten, Gottfried Spiller (?), 1715–1720

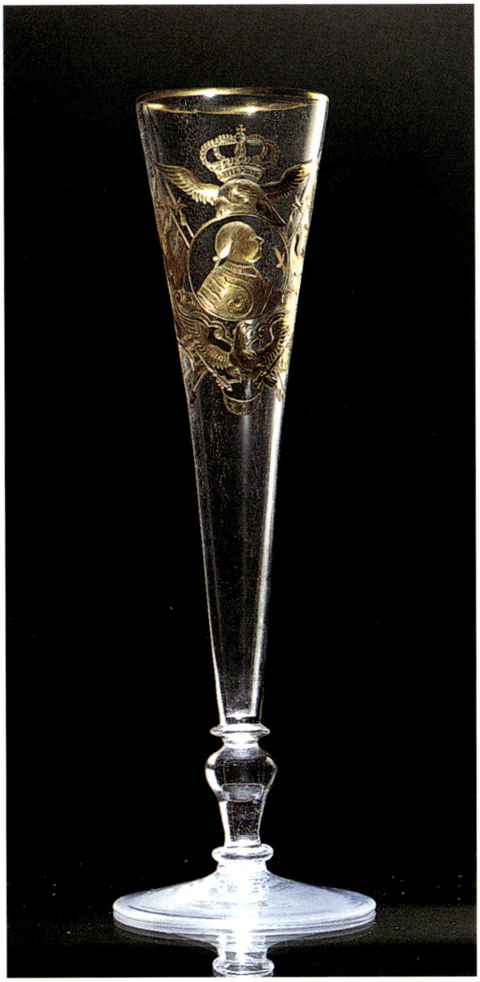

Abb. 104: Brandenburg, Champagnerglas mit Bildnis König Friedrich Wilhelms I., preußischem Adler und Trophäen, um 1735

stand er zunächst in Diensten der Herzöge von Sachsen-Lauenburg, unternahm eine Bildungsreise in die Niederlande, wo er in Amsterdam möglicherweise die bedeutende Rozengracht-Hütte kennenlernte. 1668 trat er am Dresdner Hof für zwei Jahre in den Dienst des sächsischen Kurfürsten Johann Georg II., lehrte an der Universität Wittenberg und ging dann nach Brandenburg. Das frühe Interesse an der Glasherstellung in Brandenburg spricht auch aus der Korrespondenz des Kurfürsten Friedrich Wilhelm mit dem Grafen Schaffgotsch, wo sich Verbindungen nach Schlesien und die Weitergabe von Wissen andeuten. Kunckels Fähigkeiten waren aber nach dem Tod seines Förderers 1688, der ihm drei Jahre zuvor die Pfaueninsel bei Potsdam als geheimen Ort für ein Laboratorium überlassen hatte, nicht mehr gefragt. Er wandte sich daraufhin nach Schweden, wo er für seine Verdienste in den Adelsstand erhoben wurde.

Kunckel stellte ein dickwandiges Kristallglas her, das für extremen Tiefschnitt, Hochschnitt und Glasschliff bestens geeignet war. Sein für die Geschichte der Glastechnologie bedeutendstes Vermächtnis ist das von ihm übersetzte und kommentierte theoretische Werk *Arte Vetraria* des Antonio Neri von 1612, das 1679 unter dem Titel *Ars vitraria experimentalis* von Kunckel herausgebracht wurde. Es überliefert die zeitgenössischen Rezepturen und bildete für lange Zeit die Grundlage des Wissens um die Glasherstellung. Die Anweisungen Neris beziehen sich hauptsächlich auf die Herstellung farbigen Glases, dessen Geheimnis die Venezianer zu hüten trachteten. Kunckels kommentierte Ausgabe der Schrift reflektiert vor allem dessen Bemühen um die Erzeugung von Rubinglas.

Der Beginn qualitätvoller Glasveredelung in Brandenburg ist mit den Namen zweier Kunsthandwerker verbunden, die beide auf die eben angesprochenen Verbindungen des Großen Kurfürsten zu Schlesien hindeuten. Es sind die Glasschneider Martin Winter, der Bruder des Friedrich Winter, der die Schaffgotsche Schleifmühle in Petersdorf anfangs betrieb, und dessen naher Verwandter Gottfried Spiller, wohl ein Neffe Friedrich Winters, der in Schlesien als Glasschneider ausgebildet worden war. 1683 holte ihn Martin Winter als Geselle in seine Werkstatt. Eine Schleifmühle wurde schon seit 1680 von Winter auf dem Friedrichswerder bei Potsdam betrieben, also bereits bevor das Schleifwerk im Hirschberger Tal in Schlesien seine Arbeit aufnahm. Martin Winter verstarb 1702, Spiller ist bis mindestens 1721 in Potsdam tätig. Über sein nicht gesichertes Todesdatum 1728 und eine mögliche Rückkehr nach Schlesien bestehen Unklarheiten. Unsicherheiten bleiben auch bei der Frage der Zuweisungen bestimmter Gläser, da beide Meister eng zusammmenarbeiteten. Zudem sind von Winter keine signierten Gläser überliefert, die als Ausgangspunkt für eine stilistische Analyse dienen könnten.

Spiller wird allgemein mit den gravierten Kinderdarstellungen, Putten, die verschiedenen Tätigkeiten nachgehen, in Verbindung gebracht. Die Darstellungen sind in extrem tiefem Mattschnitt angelegt und erhalten dadurch eine eigentümliche Plastizität. Dazu gehört auch ein 1715/20 datierter *Pokal* in unserer Sammlung mit musizierenden Putten. Zumindest dem Einfluß Spillers sind weitere Gläser mit ähnlicher Thematik zuzuordnen, deren Gravuren seinen Stil zeigen. Aus den Quellen ist bekannt, daß um 1700 in Potsdam und Berlin neben Winter und Spiller eine ganze Anzahl von Glasschneidern tätig war, die sich zur Zunft zusammenschlossen.

Die Feinheit der Gravuren der Potsdamer Gläser steht in manchmal auffälligem Gegensatz zur Schwere der Gefäße. Die Ornamentik zeichnet sich nicht durch Vielfalt, sondern markante Ausführung geläufiger Dekorationsmuster aus. Rundbogen- und Spitzblattfriese, Kugelungen und einfache Facettierungen sind kräftig geschliffen und aus dem dickwandigen Glas plastisch herausgearbeitet. Die Pokalschäfte wirken teils wuchtig; um 1720 kommen trichterförmige Pokale auf, bei denen die Kontur von Kuppa und Schaft ineinanderläuft und die deshalb auch als Trichterbecher bezeichnet werden.

1736 wurde die Glashütte von Potsdam nach Zechlin bei Rheinsberg verlegt. Zu deren besonderen Leistungen gehören die Vergoldungen des Glasschnitts. Ein *Champagnerglas*, wohl in den dreißiger Jahren entstanden, zeigt eine vollständig vergoldete Gravur. Eingefaßt von Trophäen, überfangen von den ausgebreiteten Schwingen des bekrönten preußischen Adlers erscheint der Soldatenkönig Friedrich Wilhelm I. im Brustbild mit den Insignien seiner Macht. Auffallend ist die Form eines Sturzbecher-Paars mit den Büsten eines Mönches und einer Nonne. Zwei ebenfalls zusammengehörige, fast identische Gläser haben sich noch im Kestner-Museum Hannover erhalten. Sucht man nach Vorbildern für diesen eigentümlichen Typ von Glas, findet man Anregungen dafür in ganz ähnlich plastisch gestalteten, älteren Goldschmiedearbeiten.

Thüringen

Aus naheliegenden Gründen bildet das Thüringer Glas einen Schwerpunkt der Weimarer Bestände. Die waldreichen Gebiete Mitteldeutschlands waren von jeher aufgrund der natürlichen Ressourcen eine Region der Glasproduktion. Auch Glasschnitt ist hier abseits der bekannten Zentren früh geübt worden.

Gleichsam eine Inkunabel thüringischer Glasveredelung ist die *sechspassige Flasche*, deren gebuchtete Wandungen Elias Fritzsche um 1635 mit allegorischen Darstellungen der Monate Januar bis Juni gravierte. Die Flasche gehört zu einer Gruppe, die italienischen Vorbildern folgt und die unter dem Namen »Tambacher Flaschen« zusammengefaßt ist. Prominentestes Stück ist die heute in Stockholm bewahrte Flasche mit den Porträts Gustav Adolfs und des Herzogs Bernhard von Sachsen-Weimar, der an der Seite des Schwedenkönigs im Dreißigjährigen Krieg ruhmreich gefochten hat. Die Gläser stammen aus der thüringischen Hütte Tambach, wo 1633 italienische Glasbläser zeitweilig ihre Arbeit aufnahmen. Als Glasschneider ist dort außer Elias Fritzsche für das Jahr 1639 Johann Heß bezeugt. Daß die Glasveredelung in Thüringen im weiteren Verlauf des 17. Jahrhunderts zunächst an Qualität einbüßte, wofür auch die schwierigen politischen Verhältnisse verantwortlich waren, wird angesichts des 1664 inschriftlich datierten Bechers auf drei Kugelfüßen deutlich. Das gleichwohl kulturhistorisch bedeutende Stück zeigt in Mattschnitt das Porträt des Herzogs Ernst des Frommen und auf der Rückseite eine Ansicht seiner Residenz Schloß Friedenstein in Gotha. Die Darstellung schließt an vergleichbare Nürnberger Veduten an, wie überhaupt der Glasschnitt in Thüringen vor dem Hintergrund des prägenden Vorbilds

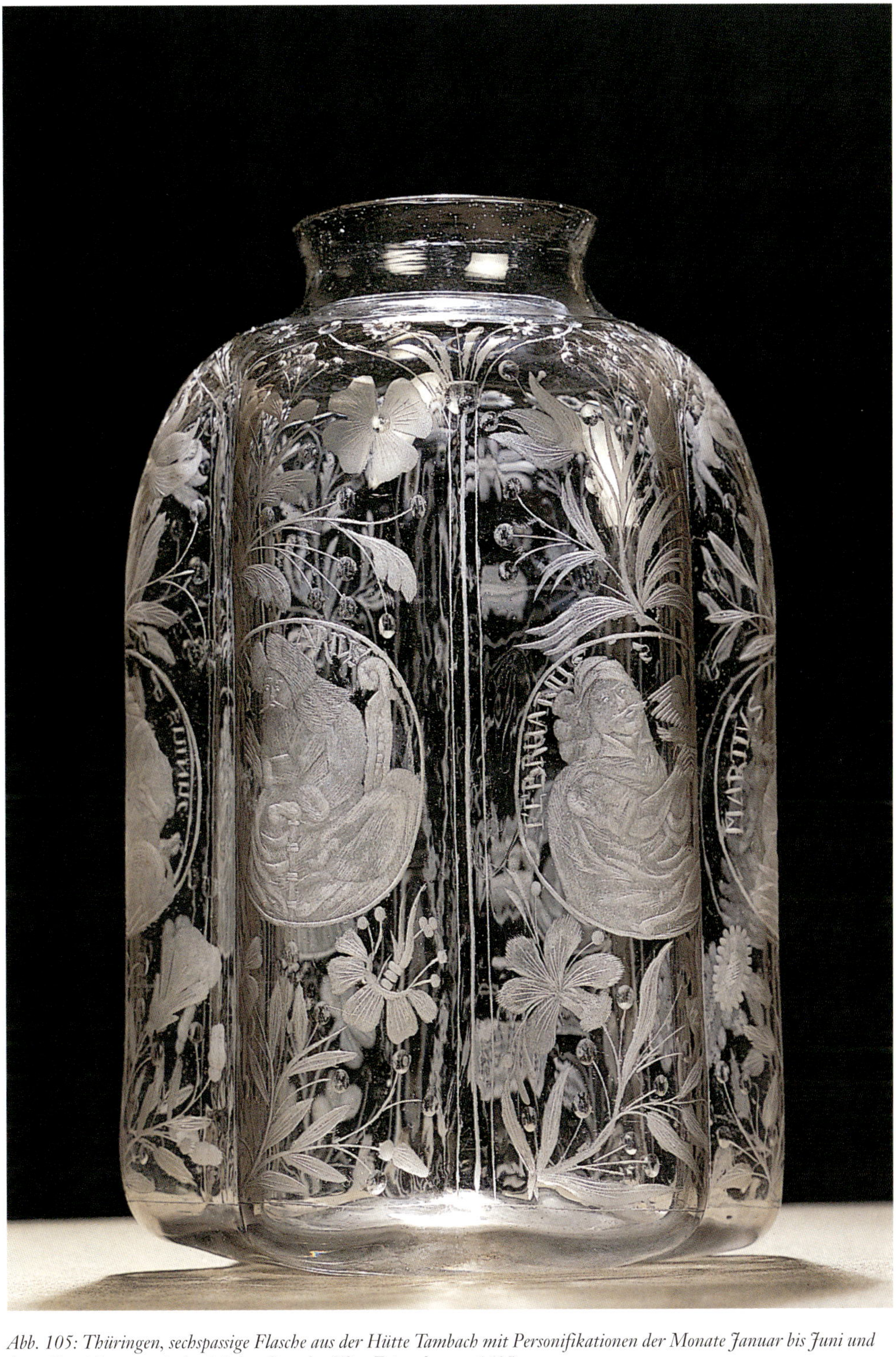

Abb. 105: Thüringen, sechspassige Flasche aus der Hütte Tambach mit Personifikationen der Monate Januar bis Juni und deren Bezeichnungen in lateinischer Sprache, Elias Fritzsche, um 1635

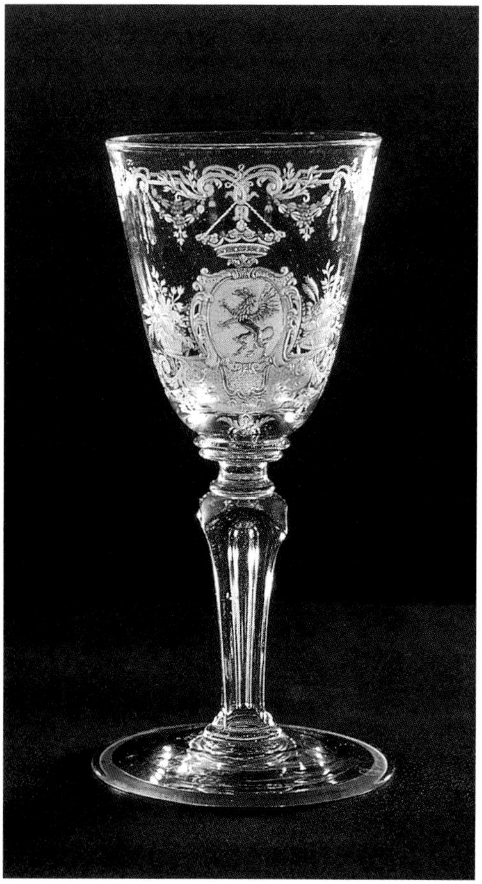

Abb. 106: Thüringen, Pokal mit Greifenwappen, Georg Ernst Kunckel, 1720–1730

Nürnberg zu sehen ist. Dies gilt insbesondere für einen Thüringer Glaskünstler vom Ende des 17. Jahrhunderts: Caspar Creutzburg, als Hofglasschneider in Gotha erwähnt, ging vermutlich bei Hermann Schwinger (1640–1683) in die Lehre. Sein Werk ist in der bedeutenden Glassammlung der Veste Coburg wohl am besten dokumentiert.

Ein Belegstück für die Arbeit des Glasschneiders, der in Thüringen gleichrangig auf Creutzburg folgte, ist dagegen in unserer Sammlung vertreten. Georg Ernst Kunckel (1692–1750), Mitglied der seit dem 15. Jahrhundert in Hessen nachweisbaren Glasmacherfamilie, wurde 1721 von Friedrich II. von Sachsen-Gotha zum Hofglasschneider berufen. Der in der Form schlichte *Pokal* von seiner Hand dürfte im dritten Jahrzehnt des 18. Jahrhunderts entstanden sein. Er zeigt in Tiefschnitt ein Greifenwappen unter einer Fürstenkrone, am Oberrand der Kuppa einen umlaufenden Dekor aus Laub- und Bandelwerk. Die Form des Glases ist typisch für Kunckel und für die Thüringer Glasveredelung dieser Jahre überhaupt. Es sind keine Hohlbalusterpokale nürnbergischen Typs, sondern Gläser mit hohem Schaft, der in vier- oder sechskantige Pseudofacetten gekniffen wurde. Es handelt sich also dabei nicht um geschliffene Flächen, denn der Glasschliff ist in Thüringen kaum ausgeübt worden. Die Art zu dekorieren ist allerdings ohne künstlerischen Austausch mit Nürnberg kaum vorstellbar. Kunckel rückt mit seinen Gravuren aber zugleich in unmittelbare Nähe zu Killinger und Mäuerl, dessen Vorliebe für das Laub- und Bandelwerk er auf verwirrende Weise teilt.

Die territoriale Zergliederung Thüringens mit der Herausbildung eigenständiger Residenzen führte auch zu einer besonderen Förderung der Glasmacherkunst als Teil standesgemäßer Repräsentation. Außer im Umkreis der wettinischen Hofhaltungen in Gotha und Weimar waren Glaskünstler in den Residenzen des schwarzburgischen Fürstenhauses in Rudolstadt, wie auch in Sondershausen und Arnstadt tätig. Eindeutige Zuweisungen aufgrund von Signaturen oder die Nennung von Künstlernamen sind nur in seltenen Fällen möglich. Eine relativ fest umrissene Vorstellung gewinnt man vom Werk des Samuel Schwartz (1681–1737), des Zeitgenossen Kunckels, der in Diensten des Hofs in Arnstadt stand.

Mit Sachsen-Weimar ist die auch durch die Biographien ihrer Mitglieder bemerkenswerte Glasschneider-Familie Sang, die auf Andreas Friedrich Sang zurückgeht, verbunden. Sang heiratete nachweislich 1719 in Erfurt und arbeitete seit 1723 in Weimar für die Herzöge Wilhelm Ernst und Ernst August, den Erbauer von Schloß Belvedere. Der Sohn Johann Heinrich Balthasar, anfangs wie seine Eltern –

auch die Mutter war als Glaskünstlerin tätig – in der Ilmenauer Spiegelfabrik beschäftigt, tritt 1747 in die Dienste des Braunschweiger Herzogs und ist außerdem in dem Luxuswaren produzierenden, mit herzoglichem Privileg ausgestatteten Betrieb der Spiegel- und Kartonfabrik des Thomas Körblein beschäftigt. Um diese Zeit, als Herzog Ernst August sein Interesse von Weimar auf die neugewonnene Residenz Eisenach richtet, scheint auch Andreas Friedrich Sang Thüringen verlassen zu haben. 1749 ist er dann in Amsterdam nachweisbar, wo weitere Mitglieder der Familie Sang in der Glasveredelung tätig sind. Verschiedene Arbeiten, die Andreas Friedrich Sang oder seiner Werkstatt zuzuweisen sind, gehören zur Glassammlung im Belvedere. Die *Konfektschale* ist hinsichtlich Form und Dekoration ein hervorragendes Werk. Auffällig scheint, daß sich die Anordnung der bildlichen Darstellung an den vertrauten Schmuckformen der Pokale orientiert. In der Achse von Fuß und Schaft graviert Sang schildförmige Felder, in denen ein Medaillon von Rankenwerk umfangen wird. Auf der einen Seite ist die Allegorie des Friedens, auf der gegenüberliegenden Wandung der Schale die des Überflusses dargestellt. Die ausschwingenden Formen beiderseits der Bildfelder sind in Felder mit Zellenfacetten und geschliffenen Schuppen gegliedert. Signierte Arbeiten Sangs zeigen, daß er gelegentlich zu eigenwilligen Formen neigte, die sich zudem durch eine teils überreiche Dekoration auszeichnen.

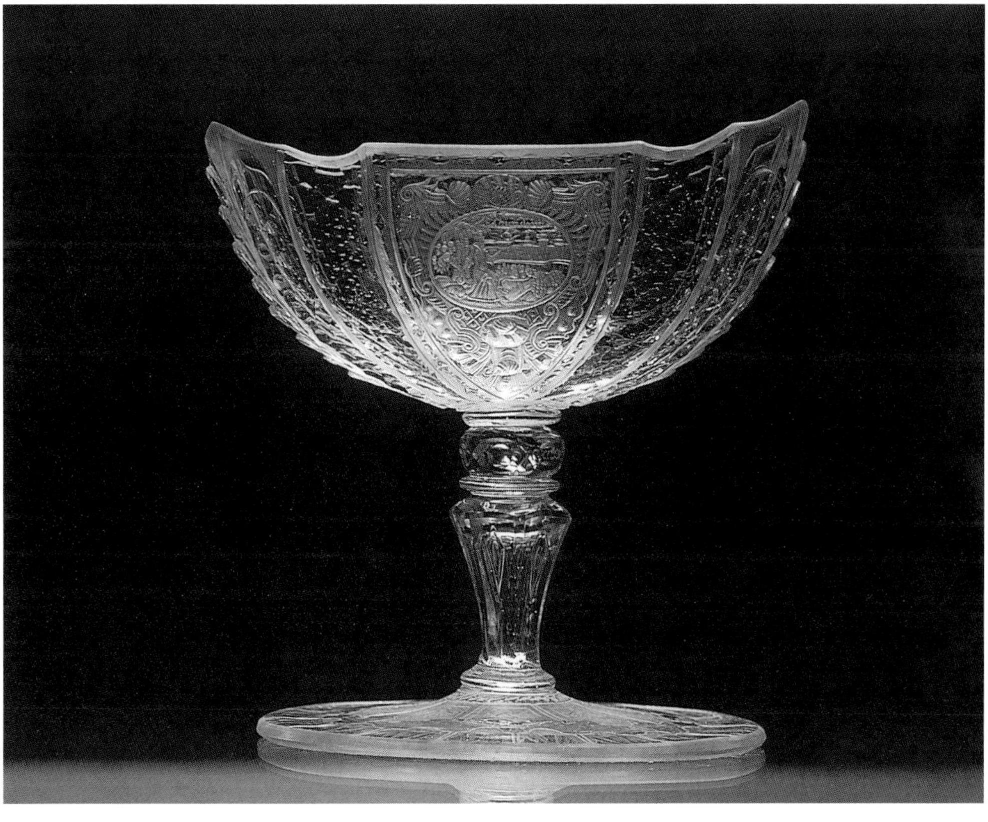

Abb. 107: Thüringen, Konfektschale mit Allegorien des Friedens (»Pax«) und des Überflusses (»Abundantia«), Andreas Friedrich Sang, 1740–1750

Sachsen

Das Bindeglied zwischen den Thüringer Gläsern und dem Bestand von Gläsern sächsischer Herkunft bildet ein Deckelpokal aus Weißenfels. Dort war Johann Neumann aus Zittau 1680–1697 Glasschneider des Herzogs Johann Adolph I. von Sachsen-Weißenfels. Der Pokal in der Nürnberger Form mit Hohlbalusterschaft, die Kuppa graviert mit dem sächsischen Allianzwappen und dem Monogramm des Fürsten, wurde 1694, wie die Inschrift mitteilt, bei einem Büchsenschießen im Garten des Schlosses Weißenfels als Preis verliehen. Dies war eine häufiger anzutreffende Form der Ehrung, wie eine Anzahl ähnlicher Pokale belegt. Wird von sächsischem Glas gesprochen, meint man gemeinhin Produkte der Glashütten von Neuostra bei Dresden oder Glücksberg bei Wittenberg, wo einfache, sogenannte Landgläser hergestellt wurden.

1699 begründete August der Starke die Dresdner Hütte bei (Neu) Ostra. Man muß diese Gründung im Sinne der wirtschaftsfördernden Maßnahmen des Merkantilismus in Sachsen um 1700 sehen. Die Produktion von Luxuswaren zum Nutzen der eigenen Hofhaltung, aber ebenso für den Export, gehörte zu den vitalen Interessen des sächsischen Kurfür-

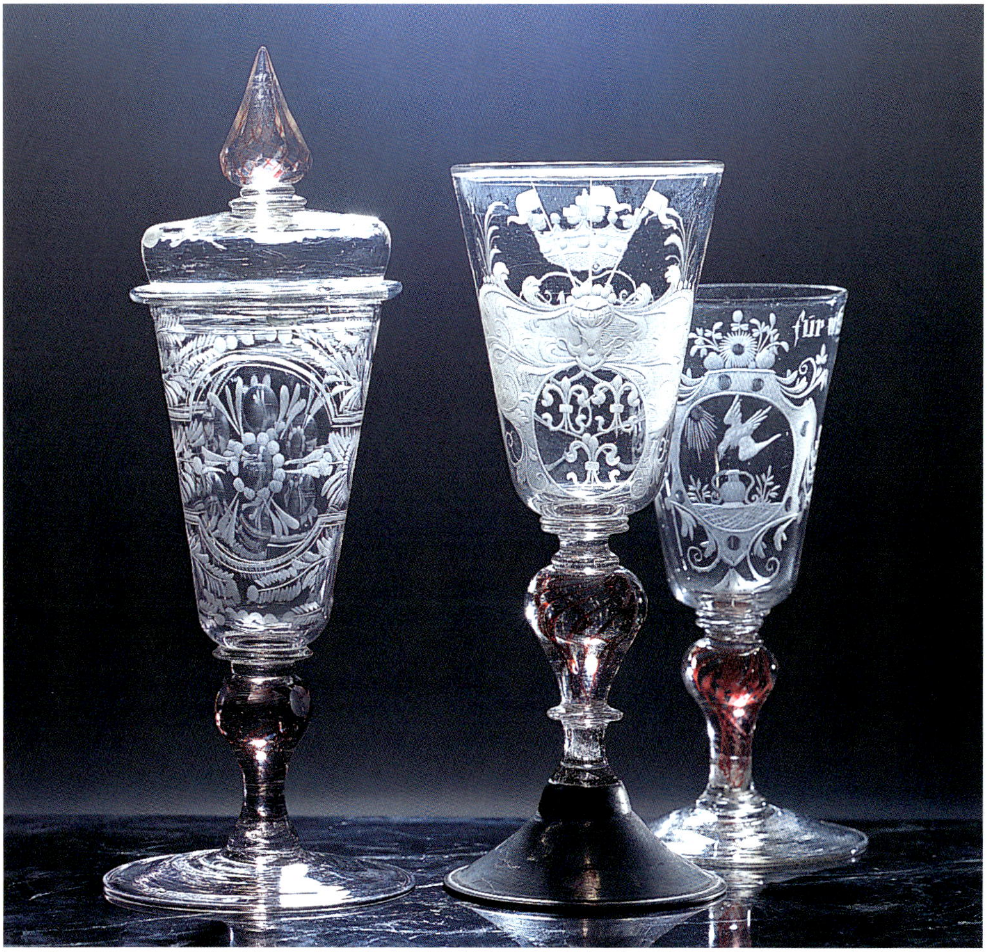

Abb. 108: Sachsen (links) und deutsch, Pokale mit rotfädigem Schaft, um 1700 bzw. 1. Hälfte 18. Jahrhundert

sten, der in Personalunion König von Polen war. Viele Anregungen, die Wirtschaftskraft des Landes zu fördern, gingen von Ehrenfried Walther von Tschirnhaus aus. Der bedeutende Naturforscher gab nicht nur Böttger bei der Entwicklung einer verwendbaren Porzellanmasse entscheidende Anstöße. Der technologisch versierte Tschirnhaus hatte am Ende des 17. Jahrhunderts mit optischen Gläsern und Spiegeln Experimente durchgeführt, die ihn befähigten, die hohen Temperaturen zu erzeugen, die für seine Versuchsreihen mit verschiedenen Rohstoffen die Voraussetzungen bildeten.

Die Glasveredelung in Sachsen entwickelte sich im geographischen Beziehungsgeflecht und im Austausch mit den Nachbarregionen. Aus den Unterlagen der Manufaktur Meißen geht hervor, daß etwa zwei Dutzend Glasschneider und Glasschleifer aus Böhmen und Schlesien herangezogen wurden, um das harte Böttgersteinzeug mit ihren speziellen Werkzeugen zu dekorieren. Die Nachbarschaft zu den auf hohem Niveau arbeitenden Werkstätten in Böhmen und Schlesien einerseits, der Einfluß der Potsdamer Hütte im nördlich gelegenen Brandenburg andererseits blieben nicht ohne Folgen. Letzteren vor allem meint man bei einem Meister zu verspüren, der um 1700 eine Gruppe von Gläsern dekoriert hat, die freilich nicht sicher mit einem nachweisbaren Künstlernamen zu verbinden sind. Die Untersuchungen zum sächsischen Glas erlauben auch weiterhin noch nicht die Zuweisung an bestimmte Glaskünstler; signierte Gläser gibt es kaum. Als Persönlichkeit herauszustellen ist auf jeden Fall Johann Christoph Kießling, doch kann ihm der Ruhm nicht allein gelten.

Daß die Geschichte der Glaskunst in Sachsen zeitlich vor die Gründung der Hütte von Neuostra zurückreicht, belegt die Tatsache, daß Caspar Lehmann, als er 1606 in Prag vorübergehend in Ungnade gefallen war, für zwei Jahre eine ehrenvolle Anstellung in Dresden fand. Hier gehen die Anfänge des Glasschnitts wie andernorts auf den Steinschnitt zurück. In der 1. Hälfte des 18. Jahrhunderts entwickelt sich dann in Sachsen eine Glasproduktion von europäischem Zuschnitt, die sich an den Bedürfnissen der Höfe orientiert. Mythologische und allegorische Darstellungen in Verbindung mit Inschriften, die einem mehrsprachig gebildeten Publikum verständlich waren und dem Bildungsanspruch genügten, machten die Gläser über ihren Gebrauchswert hinaus zu Gegenständen gelehrter Betrachtung.

Die Abgrenzung sächsischen Glases zu den Erzeugnissen der Nachbarregionen bleibt, wie erwähnt, schwierig. Die überregionale Orientierung begünstigte entsprechende Einflüsse. Wenn es sich um eines der recht zahlreich überlieferten Wappen-, Monogramm- oder Porträtgläser handelt, kann gegebenenfalls mit Hilfe der historischen Bezüge eine Bestimmung vorgenommen werden. Dies gilt ebenso für die in fremdem Auftrag oder als Geschenke im Dienste sächsischer Diplomatie entstandenen Gläser. Freilich sind kennerschaftlich typische Merkmale in der Form und im Dekorationsstil zu nennen. Dazu gehört, daß schlanke Kuppaformen auftreten; auch die Form der Flöten ist auffällig beliebt. Andere Pokalformen zeigen am Ansatz der Kuppa eine geschliffene, korbähnliche Ausbuchtung. An Beispielen unserer Sammlung aus den ersten Jahrzehnten des 18. Jahrhunderts ist dies nachzuvollziehen.

Hessen und Lauenstein

Zur Sammlung gehört auch ein kleiner Bestand hessischer bzw. Lauensteiner Gläser. Es sind vornehmlich Stücke aus der 2. Hälfte des 18. Jahrhunderts. Eine genaue Bestimmung ihrer Herkunft aus Hessen oder Lauenstein, das auf dem Territorium des ehemaligen braunschweigisch-lüneburgischen Fürstentums Calenberg lag, fällt schwer und ist oft nicht möglich. Die typologischen Unterschiede sind gering.

Einen historischen Höhepunkt der Glasveredelung in Hessen bildet die Tätigkeit von Franz Gondelach (1663–1716), der 1689 durch Landgraf Karl von Hessen zum Hofglasschneider in Kassel berufen wurde. Er übte sein Handwerk in der dortigen Edelstein-

Schleifmühle aus. Neben den zeitgleich in Potsdam und Schlesien betriebenen Schleifereien lag hier ein weiteres Entstehungszentrum von Hohlschnittgläsern. Gondelach bezog Rohglas aus Potsdam, das seinem Qualitätsanspruch entsprach und seiner Arbeitstechnik entgegenkam. Heute erschwert diese Eigenart die Bemühungen, die von ihm geschnittenen Gläser von den in Brandenburg veredelten zu unterscheiden, namentlich von denjenigen Spillers, dem Gondelach stilistisch nahesteht, wobei diesem die größere Virtuosität zugebilligt wird. Eine Fortsetzung der Glasveredelung auf solch hohem Niveau bis in die Zeit, aus der unsere hessischen Gläser stammen, gibt es allerdings nicht.

Im waldreichen Gebiet des Weserberglandes entstand auf der Höhe der Stadt Hameln am Abhang des Ith die Lauensteiner Glashütte. Arbeitskräfte wurden von auswärts angeworben, die technische Leitung wurde der Überlieferung nach von dem aus Lothringen zugewanderten Glasmeister Tisag übernommen, der ursprünglich aus England stammte. Dies kann englische Einflüsse auf die Art der Lauensteiner Glasherstellung erklären. Die Lauensteiner Pokale haben einige typische Merkmale. Es handelt sich überwiegend um schwere Pokale mit facettiertem Schaft, der sich aus Baluster und meist nur einem Knauf zusammensetzt. Der Fuß ist glockenförmig gebildet. Dies gilt ebenso häufig für die Kuppa, wobei der kräftige Boden Facetten und eingestochene Luftblasen aufweist. Prägnant sind die auffällig flachen Deckel der Pokale, bekrönt von einem relativ hohen Knauf.

1768 gelangte Lauenstein unter die landesherrliche Verwaltung des mit Großbritannien in Personalunion regierten Kurfürstentums Hannover. Seither wurden die Gläser in der Regel gemarkt, und zwar mit dem Zeichen des nach links steigenden Löwen. Die Annahme, daß alle ungemarkten Gläser des Lauensteiner Typs, deren Entstehung im letzten Drittel des 18. Jahrhunderts zu vermuten ist, ins benachbarte Hessen zu verweisen sind, wo ähnliches Glas produziert wurde, ist aber nicht unbedingt gültig.

Gefärbte Gläser

Als eine Steigerung der Wirkung geschnittener Gläser des Barock erscheinen die *Goldrubingläser*. Die Herstellung des intensiv rot gefärbten Glases geht wesentlich auf die Entdeckung Johann Kunckels in Potsdam zurück. Farbige Gläser, deren Masse mit Hilfe von Metalloxidverbindungen eine weiße, manganviolette, dunkelgrüne oder kobaltblaue Färbung erhielt, waren eine Spezialität der italienischen Glaskünstler. Trotz der Bemühungen um Geheimhaltung des Wissens kam es auch nördlich der Alpen, insbesondere in den Niederlanden, aber auch in Böhmen, zur Erzeugung farbigen Glases. Die Entwicklung rubinroten Glases jedoch ist vor allem eine Leistung der Experimente in den alchimistischen Laboratorien, deren Betreibung an den deutschen Fürstenhöfen des 17. Jahrhunderts beinahe zur Selbstverständlichkeit wurde. Bei der Herstellung von Rubinglas ist indessen zwischen der wohl schon älteren Erzeugung einer für den Schliff künstlicher Edelsteine geeigneten Glasmasse und derjenigen von geblasenen Hohlgläsern zu unterscheiden.

In der Faszination des rotgefärbten Glases schwingt noch die Magie des Rubins mit, dem geheimnisvolle Kräfte zugeschrieben wurden. Was Johann Kunckel vor anderen Alchimisten seiner Zeit, die mehr oder minder erfolgreich nach dem »Stein der Weisen« suchten und dabei durchaus unerwartet interessante Entdeckungen machten, zum Vorteil gereichte, waren seine Erfahrungen mit der Glasherstellung. Spätestens 1685 muß er in der Lage gewesen sein, hohlgeblasenes rubinrotes Glas herzustellen. Möglicherweise ist die Überlassung der Pfaueninsel bei Potsdam in eben diesem Jahr als Belobigung des Großen Kurfürsten zu verstehen. Allerdings ist bis auf einige Bruchstücke, die bei Grabungen in dem 1688 abgebrannten Laboratorium auf der Pfaueninsel gefunden wurden, kein Rubinglas mit Kunckel direkt in Verbindung zu bringen. Was wir über seine Kenntnisse auf diesem Gebiet wissen, leitet sich aus den theoretischen Schriften ab. 1679 legte er die kommentierte

Übersetzung der sieben Bücher des Italieners Antonio Neri mit Rezepten zur Bereitung von Farbglas unter dem Titel *Ars vitraria experimentalis, Oder Vollkommene Glasmacher=Kunst* vor. Neris 1612 gedruckte *Arte Vetraria* war längst auch in anderen Sprachen zugänglich.

Das Problem nordalpiner Glaskünstler freilich bestand darin, daß die Rezepte nicht ohne weiteres zu übertragen waren. Die regionalen Unterschiede in der Herstellung, ob nun bei der Massezubereitung oder der variierenden Ofentechnik, führten zu abweichenden Resultaten. Kunckels Erfolg lag darin, daß er auch älteres Schrifttum berücksichtigte, etwa Georg Agricola, der 1546 in *De natura fossilium* über die färbenden Eigenschaften von Goldlösungen schrieb, und darüber hinaus die von Neri beschriebenen Rezepte im Experiment selber erprobte. Dem Arzt Andreas Cassius war schon zuvor die Erzeugung eines Goldpurpurs gelungen, jedoch hatte er keinen Erfolg mit der dauerhaften Färbung des Glases. Kunckel griff auf die Erfahrungen von Cassius zurück. Er löste Gold mittels Salz- und Salpetersäure in kleinste Partikel auf, die in der Glasmasse eine Rotfärbung erzeugten, die die Wirkung mit Hilfe von Kupfer gefärbten Rubins auch in der gleichmäßigen Erscheinung übertraf. Es kam entscheidend auf das der Glaskonsistenz angemessene Mischungsverhältnis und die geeignete thermische Behandlung der Glasmasse an. Sie mußte zunächst weißglühend erhitzt werden. Aber erst nach dem Erkalten und einer dann folgenden neuerlichen Erwärmung tritt die purpurrote Farbe dauerhaft hervor.

Kunckels theoretisches Werk wurde zur Grundlage der Rubinglaserzeugung nicht nur in Potsdam; sein Wissen fand bald Verbreitung. Rubinglas wurde in Potsdam auf der Basis des dort produzierten farblosen Kristallglases hergestellt, das ja in besonderer Weise für Schnitt und Schliff geeignet war. Man darf davon ausgehen, daß in allen Glaszentren, in denen nach diesem Verfahren Glas veredelt wurde, auch Rubinglas verarbeitet wurde. Die Zuschreibung und Bestimmung von Herstellungsorten wird dadurch erschwert. Einige

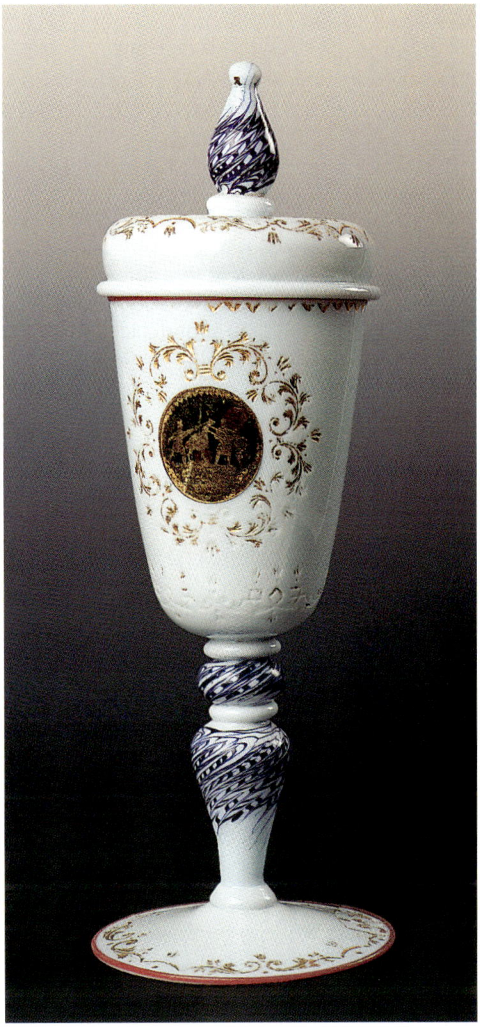

Abb. 109: Böhmen, Milchglas-Deckelpokal mit eingeglasten Zwischengoldmedaillons mit der Darstellung einer Straußenjagd, 1. Hälfte 18. Jahrhundert

Gläser können aufgrund ihres Dekors eindeutig nach Potsdam verwiesen werden, wo nach dem Fortgang Kunckels Glasschneider wie Gottfried Spiller einen charakteristischen Stil pflegten. Eine ganze Reihe von Gläsern haben Edelmetallfassungen erhalten, deren Stempel und Marken ohne Zweifel auf süddeutsche Goldschmiedewerkstätten hinweisen. Ein wohl aus dem 2. Viertel des 18. Jahrhunderts stammender ungeschliffener Rubinglasbecher mit einem gravierten, silbervergoldeten Fuß und Deckel erhielt seine Montierung offenbar 1736/37 in der Werkstatt des Augsburgers Elias Adam. Süddeutsche Gold- und Silbermontierungen wie bei unserem Stück müssen aber noch nicht die Herstellung des Glases in dieser Region beweisen. Die Beziehungen zwischen Augsburg, einem Zentrum für die Veredelung von kunsthandwerklichen Produkten durch Goldschmiede, und dem Berliner Hof sind bekannt. Lieferungen von hochwertigen Handwerkserzeugnissen in beide Handelsrichtungen sind vorstellbar. Dennoch gibt es archivalische Nachrichten über süddeutsche Rubinglasherstellung, insbesondere in Freising und am kurfürstlichen Hof von München. Unsicher aber bleibt weiterhin, wieweit die Veredelung des Rubinglases dort reichte und ob es sich nicht lediglich um Arbeitsproben handelte.

Die Rubingläser unserer Sammlung weisen die geläufigen Dekorationsformen des Glasschnitts und Glasschliffs des 18. Jahrhunderts auf und werden traditionell überwiegend Potsdam zugeschrieben. Eine Ausnahme bildet ein in seiner ganzen Verarbeitung auffallendes, frühes Glas mit Goldmontierung, die nicht gemarkt ist. Die Montierung verweist auf Süddeutschland. Gleichwohl könnte der Schnitt des Glases mit den Motiven der Vögel, der Frucht- und Blattbündel auf eine Herkunft aus Böhmen hindeuten, wie Vergleichsstücke nahelegen.

Eine weitere geschlossene Gruppe der gefärbten Gläser stellt das *Milchglas* dar. Johann Kunckel führt in der *Ars vitraria experimentalis* von 1679 ein Rezept zur Herstellung von Milch- bzw. Beinglas auf. Er griff dabei auch hier auf älteres Wissen zurück. Das venezianische Milchglas erhielt die Färbung durch den Zusatz von Zinn und Blei sowie von Calcium zur Glasmasse. Kunckel empfahl für die Herstellung eines zwar durchscheinenden, aber nicht durchsichtigen Milchglases die Beimischung von Knochen- oder Hirschhornasche, deren phosphorsaure Kalkanteile die gewünschte Färbung bewirkten. Die Bezeichnung für das deutlicher transluzide, leicht wachsfarbene Beinglas beruht freilich nicht auf der Verwendung von Beinasche, sondern spielt auf die elfenbeinähnliche Erscheinung des Glases an.

Besonders im Hinblick auf das Milchglas ist zu bedenken, daß es nicht zuletzt als Ersatzstoff, als Imitat für das anfangs nicht zu erzeugende und bis in die 2. Hälfte des 18. Jahrhunderts als kostbar einzuschätzende Porzellan verarbeitet wurde. Die Gefäßformen – in unserer Sammlung ein Paar Kugelflaschen und eine Doppelhenkelvase – eifern eindeutig Vorbildern aus dem keramischen Bereich nach. Ebenso erinnert der typische Emaildekor an die Porzellan- oder Fayencemalerei mit Aufglasurfarben, oft mit volkstümlicher Motivik, die dem Geschmack breiter Käuferschichten entsprach. Gleichwohl kam es zu eigenständigen, gleichsam materialgerechten Entwürfen bei der Erzeugung und Veredelung von Milchglas. Ein herausragendes Beispiel dafür ist der wohl in der 1. Hälfte des 18. Jahrhunderts in Böhmen entstandene Deckelpokal, darin eingeglast Zwischengoldmedaillons auf grünem bzw. rotem Grund mit Szenen einer Straußenjagd. Die geschnittenen Ornamente waren ursprünglich völlig vergoldet. Die Wirkung des Glases wird durch die außen auf dem Balusterschaft aufgekämmten blauen Fäden verfeinert, die auch beim balusterförmigen Deckelknauf erscheinen.

Transparentgläser

Typisch für die Zeit des Biedermeiers sind die Gläser mit Transparentmalerei. Das Vorherrschen von Blumendekoren, aber auch eine deutliche Vorliebe für Veduten und topographische Darstellungen mit persönlichem Erinnerungswert entsprachen dem Zug ins Bürgerliche, der auch in der Glaskunst seit der Napoleonischen Ära zu verspüren ist. Die Transparentgläser bilden chronologisch den Auslauf unserer Sammlung ins 19. Jahrhundert.

Das um 1800 aufkommende Interesse an der Transparentmalerei ist im Zusammenhang mit dem Neuaufleben einer Glasmalerei mit »alt-

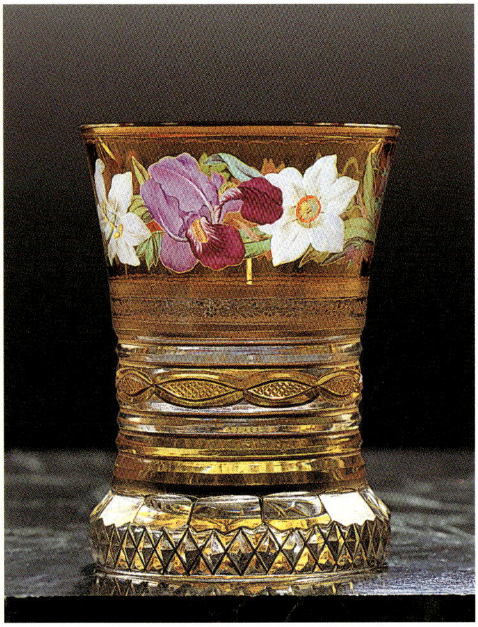

Abb. 110: Wien, Ranftbecher mit Blumenfries in Transparentmalerei, Anton Kothgasser (Umkreis), um 1825

deutschen« Motiven im Sinne romantischer Mittelalterbegeisterung zu sehen. In entsprechender Absicht erhielten in gotischen Formen neuauszustattende Schlösser und Herrensitze Glasfenster mit sakralen und profanen Themen im »Stil der Alten«.

Unter den Künstlern, die diesen Bedarf decken konnten, ist vor allem Samuel Mohn (1761–1815) zu nennen. Mohn kam aus der Porzellanmalerei, war in Berlin, aber auch in Sachsen tätig. 1809 ließ er sich in Dresden nieder. Zahlreiche Trinkgläser bemalte er mit Stadtansichten. Unter den Sehenswürdigkeiten, die er vornehmlich auf Bechern für ein zahlenmäßig wachsendes Publikum von Reisenden festhielt, dominieren die Berliner Ansichten. Belegt ist neben anderen auch seine Beschäftigung mit Weimarer Motiven. Sein Sohn Gottlob Samuel Mohn (1789–1825) ging 1815 nach Wien und führte dort die Transparentmalerei ein. In der habsburgischen Residenz, die mit dem Wiener Kongreß als europäische Metropole erneut aufgewertet wurde, erreichte diese Art der Glasmalerei ihre höchste Blüte; sie wurde allerdings auch in anderen Regionen des deutschsprachigen Raums geübt. Der Becher mit der Darstellung der Heimsuchung Mariens, der in der Art des in Lichtenfels nachzuweisenden Franz Anton Siebel ausgeführt ist, liefert dafür in unserer Sammlung ein schönes Beispiel.

Der führende Meister der Wiener Transparentmalerei ist Anton Kothgasser (1769 bis 1851), der – wie zuvor Samuel Mohn – von der Porzellanmalerei kam. Ohnehin nahm die Wiener Porzellanmanufaktur für die Malerei mit transluziden und auf Glas einzubrennenden Farben eine wichtige Rolle ein. Die Arkanisten stellten die speziellen Glasfarben her, am Ende wurde auch das Handelsnetz der Manufaktur für den Vertrieb der Gläser mit großem Erfolg genutzt. Kothgasser wurde 1816 von seiner Tätigkeit als Porzellanmaler entbunden und arbeitete hauptsächlich als Glasmaler.

Zahlreiche »Kothgasser-Gläser« sind überliefert, die mit Sicherheit nicht alle als eigenhändig zu betrachten sind. Selbst in den Fällen, in denen sie mit seinem Monogramm gekennzeichnet sind, muß damit gerechnet werden, daß er an der Herstellung lediglich beteiligt war, vielleicht die Aufsicht führte. Denn eine ganze Reihe weiterer Glasmaler war in Wien beschäftigt. Sicherlich fand auch hier – wie in der Porzellanmalerei – eine Arbeitsteilung zwischen den Spezialisten statt, die für Blumendekore oder Veduten und anderes zuständig waren. Sinnvoll ist die Bezeichnung »Kothgasser-Gläser« für eine bestimmte Gruppe von Gläsern, die rein äußerlich und unabhängig vom charakteristischen Dekor durch ihre Form gekennzeichnet sind. Um 1815 setzen sich die Ranftbecher als bevorzugte Gefäßform für die Malerei mit Transparentfarben durch. Sie haben eine eingezogene, zur Lippe hin leicht auskragende glatte Wandung, die sich ideal durch Bildfelder und Bordüren gliedern läßt. Der Gefäßboden bei dieser typisch biedermeierlichen Glasform steht wulstig vor und zeigt gleichmäßige Schliffmuster.

G.-D. U.

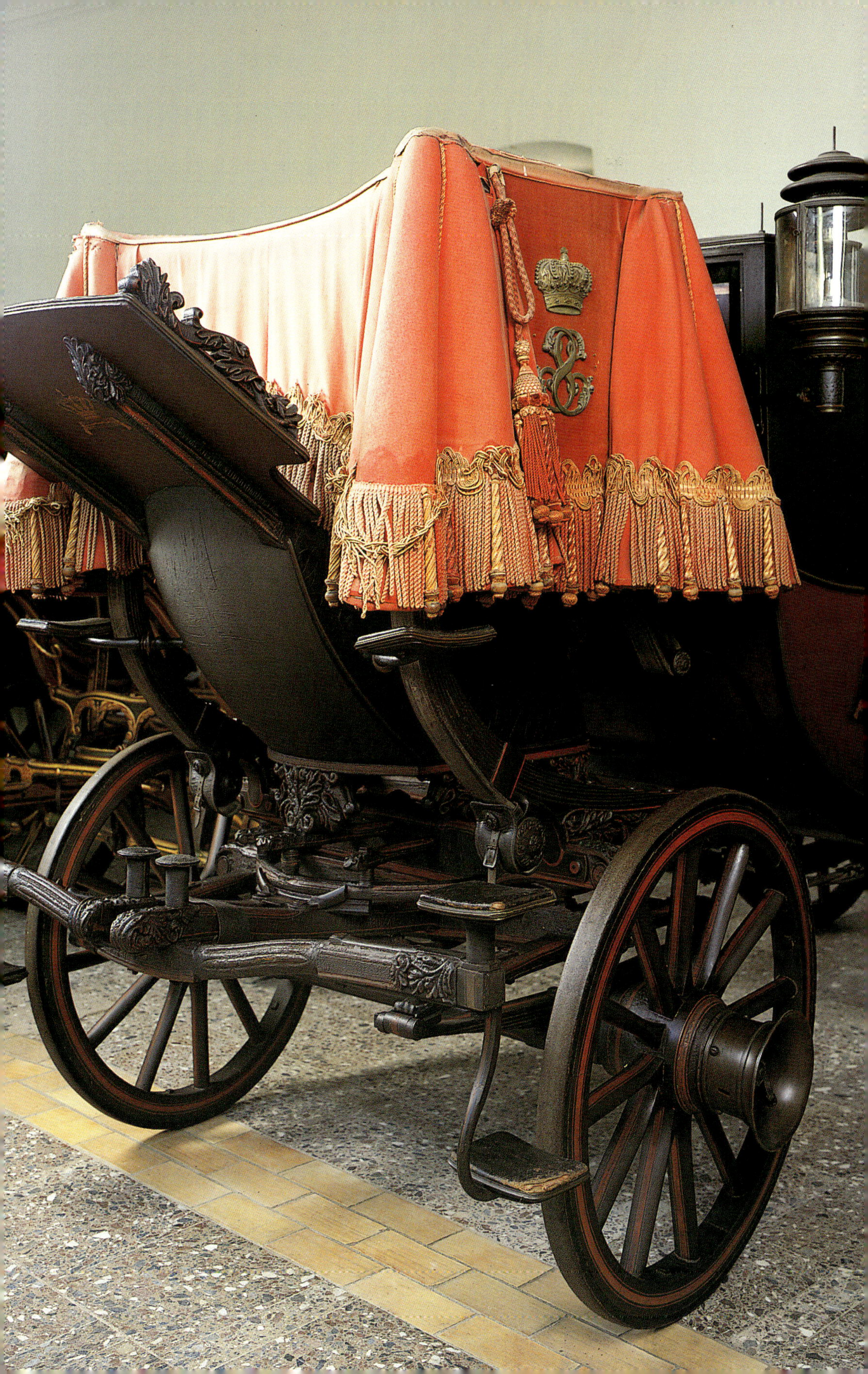

Die Sammlung historischer Wagen in der Orangerie

Die lange Reihe der hier aufgestellten historischen Fahrzeuge bildet den Restbestand des ehemals sehr viel reicher bestückten Fuhrparks am herzoglichen Hof von Sachsen-Weimar-Eisenach, dessen Anfänge sich bis in die ersten Jahrzehnte des 18. Jahrhunderts zurückverfolgen lassen. Eine für Herzog Ernst August, den verschwenderischen Bauherrn von Belvedere, erstellte und in das Jahr 1735 zu datierende *Specificatio derer vorhandenen fürstlichen Wagen und Schlitten* listet 48 gebrauchstüchtige Fahrzeuge auf. Das ist für eine so kleine höfische Residenzstadt wie Weimar mit seinen damals 6000 Einwohnern eine erstaunliche Anzahl.

Die Wagen und Schlitten, deren Bestand bis um die Mitte des 19. Jahrhunderts trotz beträchtlicher Abgänge auf etwa 80 Fahrzeuge angewachsen war, waren zum größten Teil im »Fürstlichen Vorwerk«, in geringerer Anzahl auch im Jagdzeughaus in Bad Berka untergestellt. Im Vorwerk, an dessen Stelle 1873–78 nach Plänen von Ferdinand Streichhan das neue Marstallgebäude gegenüber der Nordfront des Weimarer Stadtschlosses errichtet wurde, war der herzogliche Wagenpark seit dem 15. Jahrhundert stationiert. Hier wurden die eleganten Equipagen und die Galawagen für besondere Anlässe ebenso wie die soliden Kutschen für den täglichen Gebrauch und die bequemen Reisewagen, aber auch die landwirtschaftlichen Fahrzeuge bereitgehalten, während in Bad Berka neben den Jagdwagen die ausrangierten und ausgedienten, aber historisch interessanten Fahrzeuge deponiert und von Zeit zu Zeit sogar restauratorisch betreut wurden.

Die Weimarer Fahrzeuge stammen zum überwiegenden Teil aus den Jahrzehnten zwischen 1800 und 1860, der unwiederbringlich letzten Epoche des Kutschenzeitalters, das freilich in diesen Jahrzehnten wesentlicher geprägt ist durch so widersprüchliche Erscheinungen wie die industrielle Revolution und die politische Restauration, das Biedermeier und die Eisenbahn. Entsprechend ist auch die zu Ende gehende Ära des von Pferden gezogenen Personenwagens schon auffällig bestimmt durch das Industriezeitalter, durch serielle Fabrikation verschiedener Modellreihen, Formen- und Typenvielfalt und durch ein länderübergreifend aufgezogenes Verkaufsnetz.

Auch die Weimarer Kutschen wurden zu einem beträchtlichen Anteil bei spezialisierten auswärtigen Wagenbaubetrieben bestellt. An den Namensgebungen der Wagen in den Inventar-Verzeichnissen – wie »Dresdner«, »Geraer« oder »Gothaer« – ist ablesbar, woher die Fahrzeuge bezogen wurden. Einige der besonders luxuriös ausgestatteten Kutschen stammen aus Amsterdam und aus St. Petersburg. Die russischen Equipagen waren sehr wahrscheinlich Teil der Aussteuer der Großfürstin Maria Pawlowna; der Amsterdamer Wagen ist ein Geschenk der Stadt Amsterdam an die Großherzogin Sophie. Es war Tradition, daß jede Prinzessin aus dem Hause Oranien, die an einen ausländischen Hof verheiratet wurde, eine solche Ehrengabe der Stadt Amsterdam erhielt.

Den einheimischen Weimarischen Hofwerkstätten oblag vor allem die Wartung und Pflege. Die Werkstätten befanden sich im Zeughaus; dieses 1753 errichtete, im letzten Krieg restlos zerstörte Gebäude befand sich unmittelbar hinter der von Clemens Wenzeslaus Coudray errichteten Wagenremise – dem heutigen Bauhaus-Museum. In der Wagenbauwerkstatt waren drei traditionelle Meister-

Abb. 111: Galawagen aus Amsterdam, Bocksitz mit roter Decke, um 1842. Traditionell erhielten die oranischen Prinzessinnen anläßlich ihrer Vermählung von der Stadt Amsterdam einen prunkvollen Wagen zum Geschenk, so auch die Großherzogin Sophie, die 1842 den Weimarer Erbgroßherzog Carl Alexander ehelichte.

betriebe – eine Sattlerei, eine Schmiede und eine Wagnerei – zusammengefaßt. Die Werkstätten waren angehalten, alle anfallenden Arbeiten für den Hof »elegant, dauerhaft und für billige Preise« auszuführen und selbstverständlich für den »Großherzoglichen Marstall auf das beste und für den reellsten Preis zu liefern«. Um auf ihre Kosten zu kommen, stand es den Meistern allerdings frei, »unbegrenzt Privatkundschaft zu bedienen«, über welche unliebsame Konkurrenz es dann häufig zu Klagen seitens der in der Stadt ansässigen Zunftbetriebe kam.

Aufbau und Unterhalt eines solchen Wagenparks, zu dem ein entsprechend gut bestellter und gepflegter Marstall mit Reit- und Zugpferden notwendig dazugehörte, waren ein kostspieliges Vergnügen. So mußten beispielsweise im Jahre 1810 für die »Erbauung eines neuen Stadtwagens« an Kosten für das Material, die anfallenden Arbeitsstunden und als »Douceur« (Geldgeschenk an die Handwerksmeister für die rechtzeitige Fertigstellung) insgesamt 1345 Reichstaler, 12 Groschen und 3 Pfennige aufgewendet werden. Ein »neuer Cavalierwagen«, in den alte Fahrzeugteile eingearbeitet werden konnten, kostete immerhin noch 392 Taler, 2 Groschen, während beim Verkauf von Gebrauchtfahrzeugen damals wie heute mit erheblichen Abschreibungsverlusten zu rechnen war. Ein um 1830 für 637 Taler, 12 Groschen erworbenes Gefährt brachte um die Jahrhundertmitte nicht einmal mehr 50 Taler.

In der gleichen Zeit, 1853, wurden im Katalog der Fa. Dick & Kirschten in Offenbach, einem expandierenden Wagen- und Achsbau-Unternehmen, für einen einzelnen Wagen zwischen 1000 und 1200 Taler, für einen

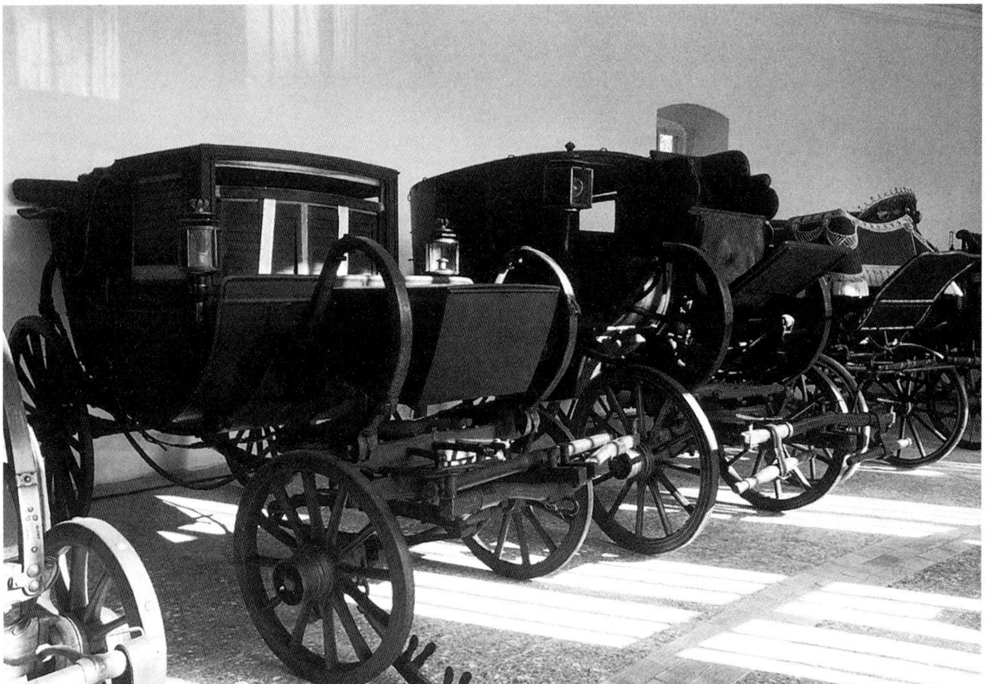

Abb. 112: Blick in die Sammlung historischer Wagen in der Orangerie. Im Vordergrund Reise-Coupé aus Amsterdam, um 1842; dahinter Hochzeitsreisewagen des Erbprinzen Carl Friedrich und seiner Gemahlin, der russischen Großfürstin Maria Pawlowna, um 1804. Der Wagen war ein Geschenk Zar Alexanders. Das neuvermählte Paar reiste damit 1804 nach der Hochzeit in St. Petersburg in vier Wochen nach Weimar.

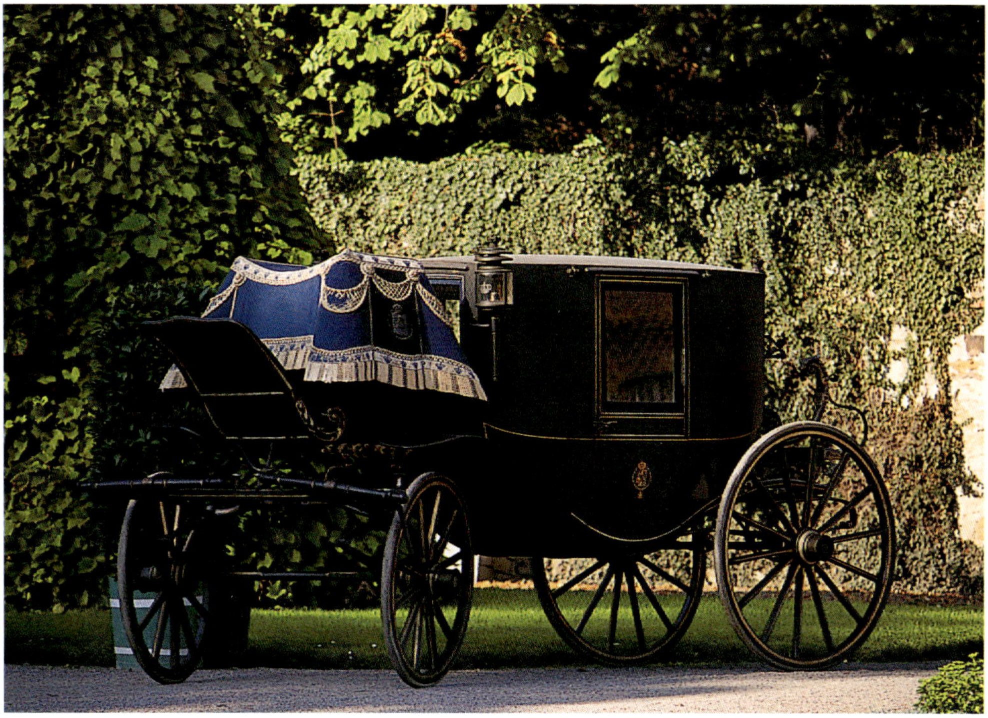

Abb. 113: Viersitziger Stadtwagen, um 1892. Der »Stadtwagen No. 2« wurde anläßlich der Goldenen Hochzeit der Großherzogin Sophie und des Großherzogs Carl Alexander angeschafft.

Luxuswagen jedoch 3000 Taler und mehr gefordert. Im Vergleich dazu verdiente ein Handwerksmeister etwa 14 Groschen am Tage; ein Wagner-Gehilfe kam auf etwa 21 Groschen in der Woche, abzüglich des Kostgeldes, und ein Lehrling brachte es auf 16 Groschen wöchentlich (1 Taler = 24 Groschen; 1 Groschen = 12 Pfennige; 1 Pfennig = 2 Heller).

Auch in der Benutzung der teuren Fahrzeuge wurde größter Wert auf Sparsamkeit gelegt. Die Hofkutschen hatten bis 1833 des Nachts grundsätzlich ohne Beleuchtung zu fahren. Erst nach einem Unfall in eben diesem Jahr wurde »allerhöchst befohlen, an sämtliche Hofstadtwagen Laternen anzumachen und durch Erleuchtung derselben ähnlichen Unfällen vorzubeugen«. Als dadurch aber der Verbrauch an teuren Wagenlichten auf 230 Pfund im halben Jahr gestiegen war, erging 1854 ein Erlaß, »daß bis auf weiteres in den Herrschaftswagen bei hellem Mondschein und in den Kavalier- und anderen Wagen, solange die Laternen in den Straßen brennen, keine Lichter angezündet werden dürfen«.

Die Bezeichnung von Fahrzeugtyp und Bauart nach dem Herkunftsort hat eine lange Tradition. So wird seit dem 18. Jahrhundert diskutiert, ob sich der Name *Kutsche* für den geläufigsten Reisewagentypus der Neuzeit tatsächlich von dem ungarischen Flecken Kocs bei Györ ableitet. Der Ruf der dort gebauten, neuartigen, seit den Tagen des Königs Matthias Corvinus (1458–1490) in Schrift- und Bildquellen überlieferten Transport- und Personenwagen verbreitete sich rasch an den Höfen Europas. Es handelte sich dabei um leichte und vergleichsweise wendige, dreispannige Gefährte mit einem direkt auf die Achsen montierten, ungefederten Leiterwagenaufsatz, Seitenwänden aus Korbgeflecht

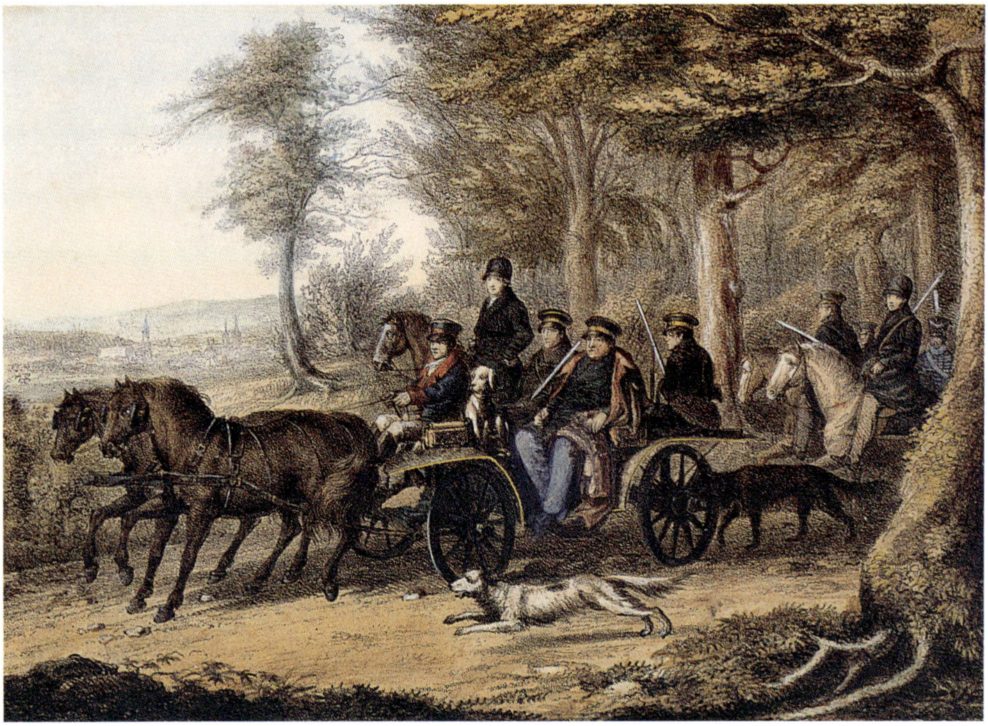

Abb. 114: Jagddroschke des Herzogs Carl August, um 1780; Farblithographie von Carl August Schwerdgeburth, 1830. Der mit einem tiefgelegten, bequemen Einstieg ausgestattete Pürschwagen eignete sich für große Jagden. Carl August wird von dem rechts neben ihm sitzenden General von Seebach, dem Leibjäger Möbius auf dem Dienersitz hinten und dem Oberlandjägermeister von Fritsch zu Pferde begleitet. Die weitere Jagdgesellschaft zu Pferde und die Hunde folgen der Droschke, die der Leibkutscher Hake lenkt.

und, bei Bedarf, losen Sitzkissen. »Ungarische Gutschiwagen« oder Gutschen, carette da Cocchia, coches oder coaches hießen danach bald alle Personenwagen, auch wenn die Bauart längst nichts mehr mit den legendären Reisewagen aus Kocs gemein hatte.

Die Kutsche löste den im Mittelalter allerorts gebräuchlichen *Kobelwagen* ab. Der Kobel ist ein schwerfälliger und ungelenker Leiterwagen auf hohen Rädern, der auf Abbildungen zumeist als Planwagen gezeigt wird. Solche Planwagen, die in ländlichen Bereichen bis weit ins 19. Jahrhundert im wesentlichen unverändert weitergebaut wurden, boten hinreichend Transportkapazität und Schutz; prunkvoll ausgestattet, dienten sie vor allem der Beförderung der Damen von Rang und Adel. Für den Herrn von Stand blieb das Reitpferd das alleinige Fortbewegungsmittel. Wer keines hatte, ging zu Fuß; sich fahren zu lassen galt für Männer in jedem Fall als unschicklich. Diese Einstellung änderte sich allmählich mit der Verbreitung der Gutsch-Wagen an den höfischen Zentren, wenngleich die neue Mode, nicht mehr zu Pferd, sondern in bequemen Wagen zu reisen, noch einige Zeit als Zeichen einer höchst verderblichen Abkehr von den uralten Mannestugenden und ritterlichen Standesauffassungen galt.

Kobel und Gutsche variierten in der Folgezeit vor allem die Wagenkästen. Auf eine Verbesserung oder Weiterentwicklung des Fahrgestells wurde weniger Wert gelegt. Die ungefederten Fahrzeuge behielten im wesentlichen die lasttragende Verbindung der Gestelle von Vorder- und Hinterachse durch einen massiven hölzernen Langbaum bei. Die Vorderradachse, mit einem Reibscheit gelenkt, erlaubte nur einen geringen Einschlag und damit eine begrenzte Beweglichkeit.

Der gemeinhin bekannteste Wagentypus des 17. Jahrhunderts ist die *Karosse*. In Italien entwickelt und hoffähig gemacht, avancierte die »Grand Carrosse« im absolutistischen Frankreich Ludwigs XIV. zum Königswagen schlechthin. Die sechs- oder gar achtspännig auffahrende Karosse war Teil des höfischen Zeremoniells, der man, selbst wenn sie leer auffuhr, stellvertretend für den Souverän seine Reverenz zu erweisen hatte.

Karossen bieten ein überaus prägnantes Erscheinungsbild:

1. durch eine prunkvolle, plastisch-architektonische Gestaltung des meist trapezförmigen Wagenkastens mit seinem umlaufenden Fensterband;

2. durch die federnde Aufhängung des Wagenkastens mittels Kettengeschirren oder Riemen zwischen den beiden weit auseinanderstehenden, ebenfalls reich skulpierten Gestellbrücken

und 3. durch den gleichmäßig unter dem Kasten durchgebogenen Langbaum, der, vorn zweigeteilt und zum sogenannten Schwanenhals hochgedrückt, über dem Drehkreuz der Vorderachse aufgesetzt wird.

Die daraus sich ergebenden technischen Vorteile liegen auf der Hand. Die erheblich verkleinerten, voll einschlagbaren und mühelos unter dem Schwanenhals durchgehenden Vorderräder machten das Fahrzeug trotz beträchtlicher Ausmaße wendiger und leichter lenkbar, und überdies erlaubte die federnde Kastenaufhängung erstmals ein bequemeres Reisen auch über längere Distanzen.

Mit der Einführung und rasanten Verbreitung der *Berline* begann gegen Ende des 17. Jahrhunderts das eigentliche Zeitalter der Kutsche. Im Gegensatz zur Karosse ist die Berline ein Fahrzeug, dessen vielfach zu variierende Grundform, durch keine zeremoniellen oder repräsentativen Anforderungen eingeschränkt, sich aus funktionellen Bedürfnissen, technischen Entwicklungen und modischen Ansprüchen ergeben hat. Dazu zählt insbesondere die über einem doppelten Langwieden tiefaufliegende, im Bodenbereich gerundete Kastenform, die das Fahrzeug aufgrund des abgesenkten Schwerpunktes gegenüber der Karosse sicherer und fahrtüchtiger erscheinen ließ. Neuartig war auch die Befestigung des Kastens an Riemenauflegern, die über Zahnradwinden am Hintergestell nachgespannt werden konnten.

Mit der Berline lag ein konstruktiv innovatives wie technisch ausgereiftes Grundmodell für einen mehrsitzigen Reisewagen vor, von dem sich nahezu alle gängigen Wagenformen der Folgezeit ableiten lassen:

- der große, offene, mit zwei gegenseitigen Klappverdecken zu schließende Reisewagen, der seit dem 18. Jahrhundert unter der Bezeichnung *Landauer* firmierte;
- die zweisitzigen (um eine Sitzbank »abgeschnittenen«) *Coupés* als die für den zunehmenden Stadtverkehr entwickelten kleinen, wendigen und auch billigeren Fahrzeuge;
- die *Kalesche* (nach der serbischen Bezeichnung Kolitsa = »Wägelchen«), ein leichter, eleganter Wagentyp, zwei- oder viersitzig, mit abnehmbarem Klappverdeck, für die Stadt, für die Jagd und zum Spazierenfahren.

Die jeweils aktuellen Wagenformen wie auch alle technischen Neuerungen wurden durch Publikation rasch Allgemeingut. Abbildungen und Beschreibungen finden sich in Diderots und d'Alemberts großer wissenschaftlicher *Encyclopédie* ebenso wie in den zahlreichen Modejournalen der Zeit nach Art von Bertuchs *Journal des Luxus und der Moden*, Weimar 1786–1827.

Etwa gleichzeitig mit der Einführung der Berline wurde auch das bislang unzureichend gelöste Problem der Wagenfederung entscheidend vorangetrieben mit der Einführung schmiedeeiserner Blattfedern in den Wagenbau, deren Erfindung dem Pariser Schlosser André Dalême (1647–1727) zugeschrieben wird. Das neue Federsystem besteht aus paarig angeordneten Paketen von je mindestens fünf schmalen Stahlfederblättern, die von einer

Manschette zusammengehalten werden. Diese Federbündel, c- oder s-förmig gebogen (daher ihr Name C- oder S-Federn), wurden senkrecht stehend so an die Gestellbrücken montiert, daß der Wagenkasten mit relativ kurzen Riemen an diese Federbeine gehängt werden konnte.

Von da aus war es nur ein kleiner Schritt zu einer weiteren Neuerung, die ebenfalls noch ins 18. Jahrhundert zu datieren ist: die selbsttragende Karosserie. Dabei wurden statt eines tragenden Langbaums und der C- oder S-Federn elliptisch zusammengefügte Federbögen unmittelbar auf die Achsen gesetzt und fest mit dem darauf montierten Wagenkasten verbunden. Technische Erfindungen wie diese Druck- oder Quetschfedern hatten indessen ebensowenig Einfluß auf die Entwicklung neuer Wagentypen wie die Einführung geradezu revolutionärer Achsenkonstruktionen mit Gleitlagerung und Fettschmierung bei völlig abgekapselter, also »wartungsfreier« Radlagerung nach einer Serie von Patenten des englischen Konstrukteurs John Collinge seit 1787.

Als gegen Ende des 19. Jahrhunderts die Zeit der Kutschen und Pferdewagen endgültig abgelaufen war, mutet es fast schon wie eine Ironie der Geschichte an, daß 1886 die »Daimler Motor-Wagen Kutscherei« in Stuttgart ihren Verbrennungsmotor in eine amerikanische Victoria-Kutsche vom Typ Landaulet einbaute, die bis in die 1930er Jahre als »Americaine«-Pferdekutsche ebenso wie das daraus entwickelte Automobil in großer Stückzahl hergestellt wurde. In der Werbeschrift des am 29. Januar 1886 patentierten »Verbrennungsmotors auf Rädern« von Carl Benz (1844 bis 1929) hatte es geheißen: »Vollständiger Ersatz für Wagen mit Pferden. Erspart den Kutscher, die theuere Ausstattung, Wartung und Unterhaltung der Pferde. Bequem und absolut gefahrlos.«

In Weimar blieb das Kutschefahren eine Angelegenheit des Hofes. 1841 hatten die Thüringer Staaten und Preußen den Bau der Thüringischen Eisenbahn beschlossen; damit war Weimar, nicht ohne Protest aus solchen Fortschritt ablehnenden Kreisen, an den wichtigsten zukunftsorientierten Verkehrs- und Transportweg angeschlossen. Die Eisenbahn zwischen Weimar und Weißenfels wurde am 19. Dezember 1846 und zwischen Weimar und Erfurt am 1. April 1847 in Betrieb genommen.

B. V.

Jagdwaffen und Jagdgeschichte im 18. Jahrhundert. Ein Ausblick

Die dem Adel vorbehaltene Hohe Jagd verdeutlicht in besonderer Weise den Wunsch nach Repräsentation und absolutistischer Prachtentfaltung. Über die Beschaffung von Wildbret zur kulinarischen Verfeinerung der Tafel hinaus war sie ein fürstliches Vergnügen, das fest in den Ablauf des Hoflebens eingebunden war. Ihre Organisation ist ein Spiegel der sozialen Struktur des Hofstaats. Extrem aufwendig war die Vorbereitung und Durchführung der als gesellschaftliches Ereignis zelebrierten Prunkjagden. An der Spitze der Rangordnung, die vom Oberlandesjägermeister bis zum Büchsenspanner und einfachen Forstknecht reichte, stand der Landesfürst als oberster Jagdherr; er war Eigentümer der Forsten und des darin lebenden Wildes.

Neben der in Frankreich zur Parforcejagd verfeinerten Hetzjagd zu Pferde, unterstützt durch eine Hundemeute, wurde in den wildreichen Wäldern Deutschlands, und so auch im Weimarer Land, die »eingestellte Jagd« betrieben. Bereits Tage vor der eigentlichen Jagd wurde das Wild mit Hilfe einer großen Zahl zur Jagdfron verpflichteter Bauern auf kleinem Areal zusammengetrieben. Dazu dienten in den Forsten wandartig aufgespannte »Jagdtücher« und »Jagdlappen«. Am Jagdtage selbst konnten die Tiere auf einer

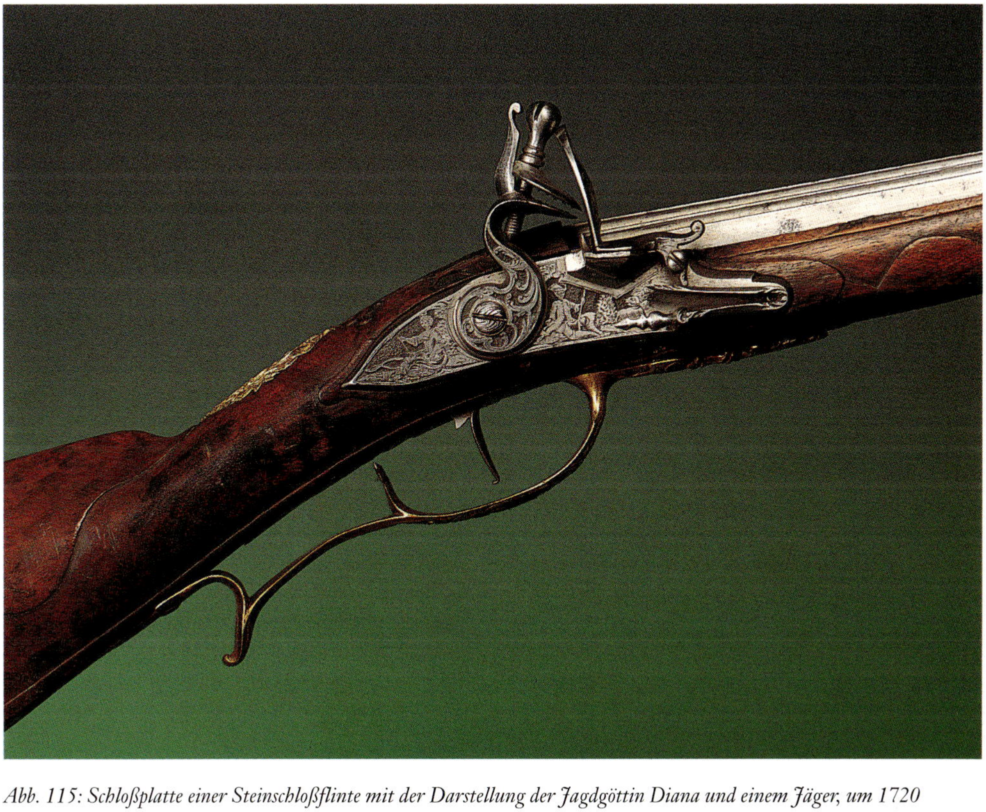

Abb. 115: Schloßplatte einer Steinschloßflinte mit der Darstellung der Jagdgöttin Diana und einem Jäger, um 1720

in dieser Weise »eingestellten« Lichtung oder Wiese von einem eigens für den Landesherrn und seine Gäste errichteten Jagdschirm im Beisein des Hofstaats abgejagt werden. Nicht selten wurden dabei Hunderte von Tieren getötet. Musik sorgte für Unterhaltung, und die geblasenen Signale gaben der feierlich inszenierten Veranstaltung festlichen Glanz. Illustrationen in der zeitgenössischen Jagdliteratur überliefern uns detailliert den Ablauf solcher Ereignisse. Eine prominente Darstellung ist das in der Graphischen Sammlung der Kunstsammlungen zu Weimar bewahrte Blatt, das ein *Großes Hauptjagen* wiedergibt, das Herzog Ernst Friedrich III. Carl von Sachsen-Hildburghausen in der Mitte des 18. Jahrhunderts veranstaltete.

Die Jagdleidenschaft des Adels wird noch heute angesichts einer Reihe von Bauten deutlich. Auch Schloß Belvedere hat ja seinen Ursprung in einem Jagdsitz Herzog Ernst Augusts. Neben solchen repräsentativen, zum Aufenthalt der Jagdgesellschaft bestimmten Gebäuden existierten weitere Funktionsbauten zur Aufnahme des umfangreichen Jagdzeugs oder, wie das Große und Kleine Jägerhaus in der Weimarer Marienstraße, zur Beherbergung des vielköpfigen Personals.

Zur Jagdausrüstung gehört die *Waffe*, die mehr als ein bloßes Instrument zum Erlegen des Wildes war. Reich verziert war sie auch ein Schmuckstück zur Zierde der Männer und besonders prunkvoll gestaltet ein beliebtes Geschenk von durchaus fürstlichem Rang. Verschiedene handwerkliche Künste waren an der Veredelung der Büchsen und Flinten beteiligt. Die Herstellung der Gewehrschlösser erforderte technische Präzision, Feuervergolder und Graveure besorgten den Schmuck.

Die reichen Bestände an Jagdwaffen des sächsisch-weimarischen Herzogshauses aus der Gewehrkammer auf Schloß Ettersburg kamen bei deren Auflösung überwiegend in die Kunstsammlungen zu Weimar. In der zukünftigen Präsentation der Jagd- und Waffengeschichte im ebenerdigen Geschoß des östlichen Pavillons von Schloß Belvedere werden sie den Mittelpunkt der kulturhistorischen Bearbeitung des Themas »Jagd im Weimarer Land« bilden, dessen Realisierung aufgrund von Bausanierungsmaßnahmen bislang nicht erfolgen konnte.

G.-D. U.

Chronik von Belvedere

1722 Jagd des Herzogs Ernst August von Sachsen-Weimar (reg. seit 1707 gemeinsam mit seinem Onkel Wilhelm Ernst) auf der Eichenleite südöstlich der Residenzstadt; Plan zum Bau eines Jagdschlosses

1724 Verlegung der Fasanerie vom Jagdhaus München bei (Bad) Berka auf die Eichenleite; Bau erster Vogelhäuser
26. 6. Grundsteinlegung für das Jagdschloß, Entwurf: Oberlandbaumeister Johann Adolph Richter

1726 19. 7. Richtfest des Mittelbaues des Corps de Logis
Tod der Herzogin Eleonore Wilhelmine (geb. von Anhalt-Köthen, verw. von Sachsen-Merseburg, 1716 Heirat mit Ernst August)

1727 Wienreise von Herzog Ernst August

1728 Tod des Herzogs Wilhelm Ernst, Alleinherrschaft von Ernst August; Gottfried Heinrich Krohne nimmt entscheidenden Einfluß auf die Bauplanung

1729 Reise Ernst Augusts nach Versailles
Wienreise von Gottfried Heinrich Krohne, Studium des Oberen Belvedere für Prinz Eugen von Lucas von Hildebrandt; in der Folgezeit Ausbau der Schloßanlage von Belvedere mit Menagerie nebst Tiergarten und Orangerie (bis zum Tod des Herzogs)

1734 zweite Heirat des Herzogs Ernst August mit Sophie Charlotte Albertine von Brandenburg-Bayreuth

1748 Tod des Herzogs Ernst August, vormundschaftliche Regierung durch die Herzöge von Sachsen-Gotha und Sachsen-Coburg-Saalfeld; Auflösung der Menagerie

1756 Einzug des Thronfolgers Ernst August II. Constantin in Weimar, Heirat mit Anna Amalia von Braunschweig-Wolfenbüttel; Belvedere wird Sommerresidenz

1757 Geburt des Erbprinzen Carl August

1758 Tod des Herzogs Ernst August II. Constantin; in den folgenden Jahren durch Herzogin Anna Amalia allmähliche Umgestaltung und Erweiterung der barocken Gartenanlage in einen englischen Landschaftsgarten (bis 1775)

1772 Christoph Martin Wieland wird als Erzieher des Erbprinzen nach Weimar berufen, alljährlicher Sommeraufenthalt in Belvedere

1775 Regierungsantritt des Herzogs Carl August, Vermählung mit Luise von Hessen-Darmstadt; Belvedere erneut Sommersitz, auch der Weimarer Dichterkreis weilt oft dort zu Gast

1789 Johann Wolfgang Goethe vollendet in Belvedere sein Drama *Torquato Tasso*

1796 Herzog Carl August überläßt dem ehem. Präsidenten der französischen Nationalversammlung, Jean Joseph Mounier, das Schloß zur Einrichtung eines Erziehungsinstituts für Zöglinge höherer Stände (meist junge Engländer); mit Johann Conrad Sckell beginnt die über mehrere Generationen fortdauernde Tätigkeit der Hofgärtner bzw. Garteninspektoren von Belvedere aus dieser sachsen-weimarischen Gärtnerfamilie, vorher Johann Ernst Gentsch (1739–1777) und Johannes Friedrich Reichert (1777–1796)

1801 Fortführung der Erziehungsanstalt durch den Schweizer Baron Albrecht David Daniel von Groß (bis 1806)

1806 Plünderungen in der Orangerie durch die napoleonischen Truppen nach der Schlacht von Jena

1811 Herzog Carl August überläßt dem Erbprinzen Carl Friedrich und seiner Gemahlin, der russischen Zarentochter Maria Pawlowna, endgültig Schloß und Park von Belvedere, in der Folgezeit umfassende Umgestaltung der Gartenanlagen in einen Landschaftspark romantischer Prägung; Carl August baut unter reger Anteilnahme Goethes die Orangerie zu einem botanischen Garten aus

1820 Herausgabe des *Hortus Belvedereanus*, eines wissenschaftlichen Verzeichnisses der Pflanzenbestände des großherzoglichen Gartens von Belvedere, durch den Botaniker August Wilhelm Dennstedt

1828 Tod des Großherzogs Carl August

1835 Besuch des botanischen Gartens durch die in Jena tagende Gesellschaft deutscher Naturforscher und Ärzte (darunter auch Alexander von Humboldt)

1845 letzter Besuch des Gartengestalters Hermann Fürst von Pückler-Muskau in Belvedere

1853 Tod des Großherzogs Carl Friedrich in Belvedere

1859 Tod der Großherzogin Maria Pawlowna in Belvedere, das Sterbezimmer (Obergeschoß im westlichen Pavillon des Corps de Logis) wird vomThronfolger Carl Alexander unberührt gelassen; unter diesem in der Folgezeit hauptsächlich Erhaltungsarbeiten in Schloß und Park

1861 erstes Künstlersommerfest der großherzoglichen Kunstschule in Belvedere

1894 letzte Bewohnerin des Schlosses ist die verwitwete Erbgroßherzogin Pauline (bis 1904)

1901 Tod des Großherzogs Carl Alexander

1918 Abdankung des Großherzogs Wilhelm Ernst, die Liegenschaft Belvedere wird 1919 verstaatlicht

1921 im Auseinandersetzungsvertrag zwischen dem letzten Großherzog und dem Gebiet Weimar wird die weitere Nutzung von Schloß Belvedere festgelegt; Oskar Schlemmer wohnt als Bauhausmeister in einem der Kavalierhäuser (bis 1923)

1923 die Staatlichen Kunstsammlungen in Weimar richten unter dem ersten Direktor Wilhelm Köhler im Schloß ein Rokoko-Museum mit kunstgewerblichem Sammlungsschwerpunkt ein

1928 Thüringer Gartenbau-Ausstellung auf dem Gelände der historischen Gartenanlagen

1944 Schließung des Museums, teilweise Bergung des Kunstgutes

1945 nach dem Ende des Zweiten Weltkrieges untersteht Belvedere der amerikanischen bzw. sowjetischen Besatzungsmacht (bis 1947); es kommt zu Plünderungen an den dort verbliebenen Kunstgegenständen

1947 Einrichtung des Deutschen Theaterinstituts unter Maxim Vallentin (bis 1953)

1953 die Musikschule Weimar, heute Musikgymnasium, bezieht die Gebäude des Schlosses

1954 Nutzungsvertrag der Staatlichen Kunstsammlungen mit dem neuen Eigentümer von Schloß Belvedere, den Nationalen Forschungs- und Gedenkstätten der klassischen deutschen Literatur in Weimar (NFG), heute Stiftung Weimarer Klassik

1959 Wiedereröffnung des Rokokomuseums Schloß Belvedere

1974 Schließung des Museums wegen grundlegender baulicher Sanierungs- und Restaurierungsmaßnahmen (bis heute andauernd); Beginn umfangreicher gartendenkmalpflegerischer Arbeiten im Park (bis 1982)

1992 erneute Eröffnung des Museums

1995 Errichtung eines neuen Schulgebäudes mit Konzertsaal für das Musikgymnasium Belvedere (Entwurf: Architekturbüro Thomas van den Valentyn, Köln)

Ausgewählte Literatur

Zur Geschichte von Schloß und Park Belvedere

Helga Baier-Schröcke, Der Stuckdekor in Thüringen vom 16. bis zum 18. Jahrhundert, Berlin 1968

Werner Deetjen, Schloß Belvedere, Leipzig 1926

Friedrich Facius, Alte Gartenkunst in Thüringen, in: Forschungen zur thüringischen Landesgeschichte, Weimar 1958, S. 295–327

Hans-Herbert Möller, Gottfried Heinrich Krohne und die Baukunst des 18. Jahrhunderts in Thüringen, Berlin 1956

Bettina Paust, Die Menagerie des Lustschlosses Belvedere bei Weimar, in: Die Gartenkunst, 6. Jg., 1994, Heft 2, S. 237–247

Walther Scheidig / Eckart Mießner, Schloß Belvedere, 3. Auflage, Weimar 1969

Eberhard Freiherr Schenk zu Schweinsberg, Amtlicher Führer durch die Sammlungen im Schloß Belvedere. Rokoko-Museum, Staatliche Kunstsammlungen in Weimar, Weimar 1929

Otto Sckell, 200 Jahre Belvedere. Ein Rückblick auf seine Entwicklung unter besonderer Berücksichtigung seiner Gartenkunst, Weimar 1928

Franz Voigt, Die Entstehung der Jagd- und Lustschloßbauten des Herzogs Ernst August von Sachsen-Weimar. Ein Beitrag zur Geschichte der Thüringer Barock-Architektur, Erfurt 1938

Werner Vollrath, Die Schloßanlagen bei Weimar. Ein Stück der Entwicklungsgeschichte des Herrschaftssitzes in den letzten 300 Jahren, Jena 1928

Weimarer Klassikerstätten. Geschichte und Denkmalpflege, bearb. v. Jürgen Beyer u. Jürgen Seifert, hrsg. v. Thüringischen Landesamt für Denkmalpflege, Bad Homburg/Leipzig 1995

Fayencen

Bettina u. Hendrik Bärnighausen, Abtsbessinger Fayencen, hrsg. v. Thüringer Landesmuseum Heidecksburg Rudolstadt, Rudolstadt 1997

Bayreuther Fayencen. Sammlung Burkhardt, Bestandskatalog bearb. v. Sylvia Harbermann, hrsg. v. Verein der Freunde des Stadtmuseums Bayreuth e. V., Bayreuth 1997

Eduard Fuchs / Paul Heiland, Die deutsche Fayence-Kultur, München 1925

Konrad Hüseler, Deutsche Fayencen. Ein Handbuch der Fabriken, ihrer Meister und Werke, 3 Bde., Stuttgart 1956–1958

C. H. de Jonge, Delfter Keramik, Tübingen 1969

Adelheid Mahnert, Thüringer Fayencen des 18. Jahrhunderts, Leipzig 1993

Albrecht Miller, Bayreuther Fayencen, Landshut/Ergolding 1994

Otto Riesebieter, Die deutschen Fayencen des 17. und 18. Jahrhunderts, Leipzig 1921

August Stoehr, Deutsche Fayencen und deutsches Steingut, Berlin 1920

Porzellan

Sigfried Asche, Die Dresdner Bildhauer des frühen achtzehnten Jahrhunderts als Meister des Böttgersteinzeugs und des Böttgerporzellans, in: Keramos, Heft 49, 1970, S. 67–92

Winfried Baer / Ilse Baer / Suzanne Grosskopf-Knaack, Von Gotzkowsky zur KPM. Aus der Frühzeit des friderizianischen Porzellans, Ausst. Kat. Verwaltung der Staatlichen Schlösser und Gärten Berlin, Staatliche Porzellan-Manufaktur Berlin (KPM), Berlin 1986

Winfried Baer, Berliner Porzellan aus dem Belvedere / Schloß Charlottenburg, Berlin 1989

Anthony du Boulay, Chinesisches Porzellan, Essen 1987

Stefan Bursche, Tafelzier des Barock, München 1974

Ders., Meissen. Steinzeug und Porzellan des 18. Jahrhunderts, Kunstgewerbemuseum Berlin, Berlin 1980

China und Europa. Chinaverständnis und Chinamode im 17. und 18. Jahrhundert, Ausst. Kat. Verwaltung der Staatlichen Schlösser und Gärten Berlin, Berlin 1973

Ludwig Danckert, Handbuch des Europäischen Porzellans, Neuausgabe München 1992

Manfred Donhof, Böttgersteinzeug. Böttgerporzellan, Bestandskatalog Schloßmuseum Arnstadt, Arnstadt 1982

Siegfried Ducret, Keramik und Graphik des 18. Jahrhunderts. Vorlagen für Maler und Modelleure, Braunschweig 1973

Richard Graul / Albrecht Kurzwelly, Altthüringer Porzellan. Beiträge zur Geschichte der Porzellankunst im XVIII. Jahrhundert, Leipzig 1909, Nachdruck Berlin 1992

Helmuth Gröger, Johann Joachim Kaendler. Der Meister des Porzellans. Zur zweihundertfünfzigsten Wiederkehr seines Geburtsjahres, Dresden 1956

Friedrich H. Hofmann, Frankenthaler Porzellan, 2 Bde., München 1911

Ders., Das Porzellan der europäischen Manufakturen, Neuausgabe Frankfurt a. M./Berlin/Wien 1980

Edgar J. Hürkey, Frankenthaler Porzellan, München/Zürich 1990

Hermann Jedding, Europäisches Porzellan, Bd. 1: Von den Anfängen bis 1800, 2. Auflage, München 1974

Erich Köllmann / Margarete Jarchow, Berliner Porzellan, 2 Bde., München 1987

Peter Meister / Horst Reber, Europäisches Porzellan, Stuttgart / Fribourg 1980

Johann Peter Melchior 1747–1825. Bildhauer und Modellmeister in Höchst, Frankenthal und Nymphenburg, Ausst. Kat. Höchster Porzellan-Manufaktur, Landesmuseum Mainz u. a. O. 1997/98, Gelsenkirchen 1997

Renate Müller-Krumbach, Porzellan des 18. Jahrhunderts. Die Sammlung in Schloß Belvedere, Kunstsammlungen zu Weimar, Weimar 1973

Dies., Altes Porzellan. Aus den Beständen der Nationalen Forschungs- und Gedenkstätten der klassischen deutschen Literatur in Weimar, Weimar 1987

Waltraud Neuwirth, Wiener Porzellan 1718–1864, Ausst. Kat. Staatliche Museen zu Berlin, Kunstgewerbemuseum im Schloß Köpenick, Berlin 1982

Dies., Wiener Porzellan vom Spätbarock bis zum Art Déco, Wien 1990

Klaus Pechstein, Böttgersteinzeug und frühes Meißener Porzellan, Ausst. Kat. Germanisches Nationalmuseum Nürnberg, Nürnberg 1982

Ulrich Pietsch, Meissener Porzellan und seine ostasiatischen Vorbilder, Leipzig 1996

Ders., Johann Gregorius Höroldt 1696–1775 und die Meissener Porzellanmalerei, Ausst. Kat. Staatliche Kunstsammlungen Dresden, Porzellansammlung im Zwinger, Leipzig 1996

W. A. Popow, Russisches Porzellan aus privaten Manufakturen, Leipzig 1984

Friedrich Reichel, Die Porzellansammlung Augusts des Starken. Porzellankunst aus China - Die Rosa Familie, München 1993

Rainer Rückert, Meissener Porzellan 1710–1810, Ausst. Kat. Bayerisches Nationalmuseum München, München 1966

Ders., Biographische Daten der Meißener Manufakturisten des 18. Jahrhunderts, Bayerisches Nationalmuseum München, München 1990

Max Sauerlandt, Deutsche Porzellanfiguren des XVIII. Jahrhunderts, Köln 1923

Günter Schade, Berliner Porzellan. Zur Kunst- und Kulturgeschichte der Berliner Porzellanmanufakturen im 18. und 19. Jahrhundert, Leipzig 1978

Helmut Scherf, Thüringer Porzellan. Geschichte, Fabriken und Erzeugnisse, hrsg. v. Museum Leuchtenburg, Jena 1978

Ders., Thüringer Porzellan, unter besonderer Berücksichtigung der Erzeugnisse des 18. und frühen 19. Jahrhunderts, Leipzig 1980

Sèvres-Porzellan. Vom 18. Jahrhundert bis zur Gegenwart, Ausst. Kat. Hetjens-Museum Düsseldorf, Düsseldorf 1975

Patricia Stahl / Stefanie Ohlig, Höchster Porzellan 1746–1796, Ausst. Kat. Historisches Museum der Stadt Frankfurt am Main, Heidelberg 1994

Otto Walcha, Meißner Porzellan, hrsg. u. bearb. v. Helmut Reibig, Dresden 1973

Gisela Zick, Berliner Porzellan der Manufaktur von Wilhelm Caspar Wegely 1751–1757, Berlin 1978

225 Jahre Porzellan aus Volkstedt, Ausst. Kat. Staatliche Museen Heidecksburg Rudolstadt u. a. O., Rudolstadt 1989

Glas

Olga Drahotová, Europäisches Glas, Prag 1982

Franz-Adrian Dreier, Venezianische Gläser und »Façon de Venise«, Kunstgewerbemuseum Berlin, Berlin 1989

Gisela Haase, Sächsisches Glas, Leipzig 1988

Jutta Hörning, Gläser vom XVI. bis XIX. Jahrhundert. Aus dem Bestand der Kunstsammlungen zu Weimar, Weimar 1978

Brigitte Klesse / Axel von Saldern, 500 Jahre Glaskunst. Sammlung Biemann, Rastatt 1978

Erich Meyer-Heisig, Die Nürnberger Glaskunst des 17. Jahrhunderts, Nürnberg 1963

Susanne Netzer, Die Glassammlung. Kunstsammlungen der Veste Coburg, München/Zürich 1986

Alheidis von Rohr, Lauensteiner Glas 1701–1827. Ein Beitrag zur Wirtschafts- und Kulturgeschichte Niedersachsens, Ausst. Kat. Historisches Museum am Hohen Ufer 1991/92, Hannover 1991

Eberhard Freiherr Schenk zu Schweinsberg, Die Gläsersammlung in Belvedere, in: Glastechnische Berichte, hrsg. v. d. Deutschen Glastechnischen Gesellschaft Frankfurt am Main, Bd. V, 1927, Heft 7, S. 293 – 297

Robert Schmidt, Das Glas, Berlin 1912

Rudolf von Strasser / Walter Spiegl, Dekoriertes Glas. Renaissance bis Biedermeier. Meister und Werkstätten, Katalog Raisonné der Sammlung Rudolf von Strasser, München 1989

Wagensammlung

Renate Barth, Sammlung historischer Wagen. Kunstsammlungen zu Weimar, Rokokomuseum Schloß Belvedere, Orangerie, 4. Auflage, Weimar 1992

Alfred Nesselmann, Historische und moderne Wagen des Grossherzoglichen Hofes zu Weimar, Berlin 1899

László Tarr, Karren, Kutsche, Karosse. Eine Geschichte des Wagens, Berlin 1970

Wilhelm Treue (Hrsg.), Achse, Rad und Wagen. Fünftausend Jahre Kultur- und Technikgeschichte, Göttingen 1986

Jagdgeschichte

Jutta Hörning, Halali im Rokoko. Jagdwaffen und Jagddarstellungen des 18. Jahrhunderts, Kunstsammlungen zu Weimar, Weimar 1969

Hans-Herbert Möller, Jagd um Weimar. Fürstliche Jägerei und Jagdschlösser im 18. und frühen 19. Jahrhundert, in: Jahrbuch der Sammlung Kippenberg, Neue Folge, 1. Bd., Frankfurt a. M. 1963, S. 196 – 232

Ilse-Sibylle Stapff, Jagd im weimarischen Land. Vom Mittelalter bis ins neunzehnte Jahrhundert, Weimar 1992

Personenregister

Abbildungsnachweis

Fotoatelier Louis Held, Eberhard und Stefan Renno, Weimar: 5–8, 10–12, 15, 17, 27, 29, 30, 32, 33, 57, 59, 95. – Helga Baier-Schröcke, Berlin: 13, 14. – Stiftung Weimarer Klassik (Sigrid Geske): 18–20, 22, 24. – Kunstsammlungen zu Weimar (Fotoarchiv): 31. – Dirk Urban, Erfurt: 43, 46. – Jürgen Lehr, München: 112, 113.
Alle übrigen Aufnahmen fertigte Roland Dreßler, Weimar.
Den Plan von Schloß und Park Belvedere in der hinteren Umschlagklappe zeichnete Klaus Nerlich, Weimar.

Sigel

KuSa	Kunstsammlungen zu Weimar
ThHStAW	Thüringisches Hauptstaatsarchiv Weimar
WA	Goethes Werke, hrsg. im Auftrage der Großherzogin Sophie von Sachsen, Weimar 1887–1919 (sog. Weimarer Ausgabe)